행복한 말씀 묵상 학교

행복한 말씀 묵상 학교

지은이 | 박관수
초판 발행 | 2023. 5. 10
등록번호 | 제1988-000080호
등록된 곳 | 서울특별시 용산구 서빙고로 65길 38
발행처 | 사단법인 두란노서원
영업부 | 2078-3352 FAX | 080-749-3705
출판부 | 2078-3331

책값은 뒤표지에 있습니다.
ISBN 978-89-531-4473-6 03230

독자의 의견을 기다립니다.
tpress@duranno.com www.duranno.com

두란노서원은 바울 사도가 3차 전도여행 때 에베소에서 성령 받은 제자들을 따로 세워 하나님의
말씀으로 양육하던 장소입니다. 사도행전 19장 8-20절의 정신에 따라 첫째 목회자를 돕는 사역과
평신도를 훈련시키는 사역, 둘째 세계선교(TIM)와 문서선교(단행본·잡지) 사역, 셋째 예수문화 및 경배
와 찬양 사역, 그리고 가정·상담 사역 등을 감당하고 있습니다. 1980년 12월 22일에 창립된 두란
노서원은 주님 오실 때까지 이 사역들을 계속할 것입니다.

행복한
말씀 묵상
학교

묵상하는 삶을 위한
8가지 방법

박관수 지음

두란노

목차

-¦-

**이 책은 예수 그리스도의 성품을 형성하도록 인도하는
말씀 묵상의 안내서이다.**

말씀 묵상은 철학적 성찰이나 초월적 명상과는 구별된다. 포도 알을 입에 넣
어 씹고 또 씹어 단맛을 경험하고 몸에 유익을 주듯이, 말씀 묵상은 하나님의
숨결로 쓰인 말씀을 입에 넣어 씹고 또 씹어, 그렇게 씹은 말씀으로 그리스도
의 형상을 개인과 공동체 속에 빚어 가는 일이다. 그러므로 일상 가운데서 건
강한 삶을 살아가자면 기도와 더불어 말씀 묵상이 빠질 수 없다.

　이 책은 말씀이 우리 가운데 온전한 그리스도의 성품을 형성하도록 성령
하나님께 우리 자신을 맡기는 묵상으로 우리를 인도해 준다. 교회 전임 사역
자들뿐만 아니라 모든 하나님의 백성들에게 유익한 책이 될 것이다.

강영안 한동대학교 석좌교수, 미국 칼빈신학교 교수

이 책은 묵상이 무엇인지 물으면
대답할 수 있게 해 주는 책이다.

"묵상은 침묵이 아니라 작은 소리로 읊조리는 것이다. 묵상은 명상이 아니라 하나님과 대화를 나누는 것이다. 묵상은 비우는 것이 아니라 말씀으로 채우는 것이다. 묵상은 습관이 아니라 훈련이다⋯." 묵상에 대한 정의가 이렇게 많은 것은 묵상이 단순한 훈련이 아니라는 것을 대변한다. 우리는 묵상에 대해 많이 얘기하지만 이 다양한 묵상의 모습을 구체적으로 자세히 보지는 못했다. 묵상을 가르쳤지만 늘 한쪽 면만 가르쳤다. 그래서 묵상을 하면서도 묵상을 물어보면 대답하기가 쉽지 않았다. 그런데 이번에 신실한 주님의 종, 말씀의 종 박관수 목사님을 통해 묵상의 다양한 모습을 볼 수 있게 되어 얼마나 감사한지 모른다.

 이 책을 통해 묵상이 뭔지 대답할 수 있는 성도를 양성하고, 습관으로서의 묵상이 아니라 훈련으로서의 묵상을 제대로 가르쳐 성도들을 성령의 은혜로 채우며, 외치고 훈련시켜 말씀의 종으로 세워 가기를 바란다. 기쁜 마음으로 이 책을 추천한다.

박정곤 고현교회 담임목사, UPMA(미전도종족 선교연대)이사장

이 책은 말씀 묵상의 본질과 실행 방안을 폭넓게 다룬 빼어난 작품이다.

《행복한 말씀 묵상 학교》는 성경의 묵상을 다룬, 빼어난 작품이다. 우선 묵상의 본질을 "낮게 읊조리다"에서 찾았을 뿐 아니라 묵상 행위가 작은 소리로 읊조리는 것임을 거듭거듭 강조한다(1-3장). 이렇게 출발을 옳게 했기 때문에 묵상의 실천과 실행 방안 또한 제자리를 잡을 수 있게 되었다.

이 책은 또 성경 묵상을 경건 훈련이라는 좀 더 넓은 맥락에서 풀어내고 있다. 구체적으로 소개하자면 성경 암송과 말씀기도(4장), 하나님의 음성 듣기(5장), 하나님과 나를 아는 지식의 함양(6장), 하나님의 인도 받기(7장) 등이다. 저자는 이런 중요한 경건 훈련의 주제들을 묵상과 연관시키고, 묵상이라는 하나의 흐름 속에 통합하고 있다. 묵상의 열매를 '변화되는 삶'으로 밝힌 것(8장)도 놓칠 수 없는 기여 사항이다. 이것은 한국 교회 내에서 흔히 목도되는 바, 경건과 삶 사이의 이분화 경향을 예방하고 치유하는 데 효과적으로 기여한다.

바라기는 이 책을 통해 건전하고 올바른 성경 묵상의 진면목이 그리스도인들 사이에 널리 알려지고 구현되기를!

송인규 합동신학대학원 대학교 은퇴교수

저는 모태 신앙인으로 자라서 신학을 하고 목회를 해 오고 있습니다. 교회에서나 신학교에서나 '기도'와 '말씀'이 신앙이라는 집을 세우는 두 기둥이라는 진리를 자주 들었습니다. 하지만 교회에서도 신학교에서도 기도를 구체적으로 어떻게 하는지, 성경 읽는 법이나 성경 묵상하는 법 등을 꼼꼼하게 배운 기억은 거의 없습니다. 다들 하라고 강조는 했지만 정작 어떻게 하면 되는지 실질적인 가르침은 별로 없었던 것 같습니다.

90여 년 전에 디트리히 본회퍼(Dietrich Bonhoeffer)도 칼 바르트(Karl Barth)에게 보낸 편지에서 이와 관련된 언급을 했습니다. "진지한 젊은 신학자들이 우리에게 제기해야 할 종류의 질문은 '어떻게 기도하기를 배울 수 있습니까?', '어떻게 성경 읽기를 배울 수 있습니까?'와 같은 것들입니다. 우리는 이들을 도울 수 있든지, 아니면 전혀 도울 수 없든지 둘 중 하나일 것입니다."[1]

본회퍼의 말을 빗대어 생각해 볼 때, 대다수의 목회자와 성도들은 피부에 와닿는 영적 성장의 길을 제대로 못 배운 것이 현실입니다. 현장 목회자로서 성도들로 하여금 기도하게 하고 성경을 가까이하게 하고 싶은데, 구체적인 방법론 없이 뜬구름 잡는 것 같은 강조만으로는 체계적인 영적 훈련을 하기에 막막했습니다. 그래서 도움을 얻기 위해 시중에 나온 많은 책을 살펴봤지만 목회 현장에서 실용적으로 활용할 만한 기도 지침서, 묵상 지침서 등을 발견하기는 어려웠습니다. 그래서 먼저 쓰게 된 책이 《기도가 어려운 당신에게》(대한기독교서회, 2019)와 《오늘도 기도로 숨을 쉽니다》(쿰란출판사, 2020)였습니다. 두 책은 쉬지 말고 기도해야 할 이유와 기도의 구체적인 훈련 단계와 방법에 대해 쓴 가이드북입니다.

두 권이 출간된 후 온라인 줌(Zoom)을 통해서 13주 과정의 '행복한 말씀기도학교'를 인도했습니다. 지금까지 243명이 온라인으로 기도 훈련을 수강했습니다. 말씀기도학교를 인도하면서 자연스럽게 그다음 단계인 '행복한 말씀묵상학교'를 하지 않을 수 없었습니다. 기도와 묵상은 동전의 양면과 같은 한 몸이기 때문입니다.

성경적으로 볼 때 기도가 바로 묵상이며, 묵상이 바로 기도와 같다고 할 수 있습니다. 기도 없이는 묵상이 열매를 맺기 어렵고, 묵상에 기초하지 않는 기도는 허공을 치는 기도가 되기 쉽기 때문입니다. 어린아이 같은 기도에서 성숙한 기도로 발전되기 위해서는 말씀 묵상이 바탕이 되어야 합니다. 그래서 13주 과정의 '행복한 말씀묵상학교'를 줌으로 진행하여 지금까지 178명이 수료했습니다. 말씀묵상학교에서 강의해 온 내용을 토대로 말씀 묵상을 배우려는 그리스도인들을 위한 기본적인 묵상 교과서 내지 지침서를 내자는 취지에서 이 책을 쓰기 시작했습니다.

이 책은 묵상의 가장 기본적인 교과서를 목적에 두고 썼기에 말씀 묵상의 모든 국면을 세세히 다루지는 못했습니다. 이 책에서 상세하게 다루지 못한 여러 관련 주제들에 대해서는 60권의 추천 도서 목록을 추려서 책 후반부에 수록했으니 더 깊은 독서를 원하는 분들은 참고하시면 좋을 것입니다. 그 책들 중에서 특히 김기현 목사님의 《모든 사람을 위한 성경 묵상법》(성서유니온, 2019)은 저에게도 큰 통찰력을 주었습니다.

저의 책 《행복한 말씀 묵상 학교》는 성경이 말하는 말씀 묵상의 본질이 무엇인가, 그리고 말씀 묵상의 필요성과 유익이 무엇인가, 말씀 묵상의 기본적인 방법이 무엇인가에 대해서 주로 소개하고 있습니다. 일반적으로 사람들은 말씀 묵상이라고 하면 성경 본문을 읽으면서 머리로 사색하는 방법을 연상합니다. 본문에 대해 깊이 생각해 본 후 적용할 것을 찾아서 노트에 기록하는 것을 가리켜 말씀 묵상 혹은 큐티(Quiet Time)라고 얘기하는 사람들이 많습니다.

그러나 필자는 이 책에서 성경이 말하는 말씀 묵상 그리고 성경의 인물들과 교회사의 영적 거성들이 했던 말씀 묵상은 우선적으로 작은 소리를 내면서 읊조리는 것이라고 주장합니다. 머리로 생각하는 것도 넓은 의미에서의 묵상이긴 하지만 그 방법은 이차적인 방법이며, 오히려 일차적인 말씀 묵상법은 입술을 벌려서 작은 소리로 하루 종일 말씀을 읊조리는 것이라고 소개하고 있습니다.

그렇게 함으로 하루 종일 말씀을 즐기고, 생각하며, 마음에 새길 수 있습니다. 그렇게 말씀을 머리에 저장하고 온몸으로 즐거워할 때 비로소 그 말씀이 생각과 감정과 행동을 지배하는 힘이 될 수 있습니다. 그리고 그 말씀이 삶을 구체적으로 인도하며, 매일 힘과 위로와 지혜를 공급하는 원천이 될 수 있습니다. 그렇게 주야로 말씀과 동행하면서 살아갈 때에 죄와 사탄과 세속의 정욕과 맞서 싸워 승리할 수 있는 권세를 누릴 수 있습니다.

'입술로 읊조리는 묵상'을 기초로 삼고 그 토대 위에 머리로 '사색하는 묵상'을 더한다면 금상첨화일 것입니다. 그리고 그러한 묵상은 반드시 실천의 열매를 맺어야 온전할 것입니다. 결국 그리스도인이 기도하는 것이나, 말씀을 묵상하는 것이나, 예배하는 것이나 그 모든 궁극적인 목적은 주 예수님을 닮아 거룩해지는 것이기 때문입니다. 삶의 변화가 나타나지 않는 영적 성장의 방법들은 의미가 없다고 볼 수 있습니다. 그러기에 이 책에서는 말씀의 실천에 대해서도 반복하여 강조하고 있습니다.

그런 점에서 이 책이 교재로 쓰일 것을 염두에 두고 스터디 가이드를 첨부하였습니다. 책을 읽기만 해도 깨달음과 도전을 받을 수는 있지만, 기도의 사람이나 묵상의 사람으로 변화되기는 쉽지 않기 때문입니다. 이 책을 개인적으로 읽고 활용해도 괜찮지만 가능하다면 소그룹으로 읽고 나눔을 가지면서 책에 제시된 과제대로 매일 묵상을 실습하면 가장 좋을 것입니다. 특히 대학·청년부나 고등부 등에서 이 책으로 실천적인 스터디를 한다면 매우 유익할 것입니다. 묵상을 훈련하는 초창기에는 매일 본문을 바꾸기보다는 한 주에 하나의 본문에 깊이 몰입하는 것이 더 효과적일 것으로 판단되어 한 주에 하나의 본문으로 묵상 과제를 제안했습니다.

필자의 부족한 원고를 읽고 과분한 추천의 글을 써 주신 강영안 교수님, 박정곤 목사님, 송인규 교수님께 깊은 감사를 드립니다. 또한 미리 원고를 읽고 소감과 더불어 정성 어린 비평과 제언을 해 주신 목사님들(강대근, 고신철, 김태길, 윤병익, 이강주, 이종수, 최만수, 최철영)과 사모님들(김은숙, 제행신), 집사님들(김주연, 문서란, 황미숙)께 고개 숙여 감사드립니다. 이 원고를 기꺼이 출판해 주신 두란노에도 큰 감사를 드립니다.

무엇보다도 그동안 온라인으로 저의 강의를 경청해 주시고 함께 여러 가지 실습을 해 오신 말씀묵상학교 수강생들을 비롯해서 말씀기도학교와 귀납적 성경연구학교 수강생들께 감사드립니다. 그분들의 성실한 참여, 질문, 피드백 그리고 집필 과정을 위한 기도 덕분에 이 책이 세상에 나오게 되었습니다.

기도와 묵상에 관해서 본격적인 연구를 시작한 지 10년째 되는 해에 책이 나오게 되어 감회가 새롭습니다. 지난 13개월 동안 집필의 긴 여정 가운데서 코로나19에 감염되기도 했고, 어머니와 남동생의 장례식을 연달아 치르기도 했습니다. 개인적으로 몸과 마음이 매우 힘든 시기를 통과하면서 집필했기에 더더욱 애착이 가는 원고입니다.

이제 이 땀과 눈물이 묻은 원고를 세상으로 떠나보냅니다. 이 책이 하나님의 말씀을 더욱 사랑하고, 그 말씀을 바로 이해하며, 그 말씀대로 실천하는 믿음의 사람들을 세우는 일에 이바지하게 된다면 더 바랄 것이 없습니다. 이 책을 통하여 단 한 명이라도 하나님의 말씀에 침잠하게 되고, 그 말씀으로 영혼의 환희를 맛보며, 그 말씀으로 인생이 변혁되는 은혜를 체험한다면 필자는 두 손 들고 하나님께 감사 찬송할 것입니다. 하나님께서 이 책을 통하여 크게 영광 받으시길 간절히 기원합니다. 아멘.

2023년 파도 소리가 들려오는 거제도 바닷가에서

박관수

1강

×

묵상의 본질은
읊조리는 것이다

내가 '묵상', '큐티'라는 말을 처음 접한 것은 대학교 2학년 때였다. 고신대 신학과 2학년 올라가서 3월 신학기 즈음이었다. 학교 복도 게시판에 광고가 붙었는데, "큐티(성경 묵상) 세미나"라고 적혀 있었다. '큐티'라는 단어도 처음 들어 보고, '묵상'이라는 개념도 처음이었다. 중학생 시절부터 성경 읽기와 성경 공부를 좋아했던 나는 성경과 관련된 세미나라니 관심이 가서 참석했다.

성서유니온선교회 간사님이 큐티의 필요성과 방법을 설명하셨다. 성경 본문을 읽으면서 "하나님은 누구신가?", "나에게 주시는 교훈은 무엇인가?", "어떻게 삶에 적용할 것인가?" 등 질문을 던지면서 생각하고 노트에 적어 보라는 가르침이었다. '아, 이런 식으로 실천해 보면 정말 좋겠다'는 기쁨이 느껴졌다. 신학교에 다니던 20대 시절, 그야말로 성실하게 큐티를 했다. 빼곡하게 묵상 내용을 쓴 내 큐티 책자를 보고 급우들이 감탄한 적도 여러 번이었다. 날마다 큐티하는 즐거움이 쏠쏠했다.

하지만 얼마 안 가서 큐티가 버거운 짐으로 다가오기 시작했다. 특히 레위기나 에스겔서나 욥기나 요한계시록 등과 같이 뜻 파악도 어렵고 적용하기도 까다로운 본문이 한동안 이어질 때면 몇 날 며칠 큐티를 거르기도 했다. 아주 바쁘거나 몸이 안 좋을 때도 큐티를 빼먹었다. 한참 큐티를 거르고 나면 재개하기가 힘들었다. 그리고 매 본문에서 구체적인 적용을 찾아내는 것도 쉽지 않았다. 큐티를 안 할 때보다야 삶에 약간의 변화가 따르긴 했지만 큐티로 기대했던 만큼 큰 삶의 변화는 없는 것 같았다. 그러다 보니 마음에 민망함과 낙심이 스며들었다. 말씀 묵상이 주는 달콤한 행복도, 말씀 묵상에 수반되어야 하는 삶의 변화도 초반보다는 서서히 약해져 갔다.

이 모든 아쉬움은 내가 큐티를 성실하게 하지 않은 탓이 가장 컸다. 그래서 순간순간 '이건 아니야. 이래선 안 돼!' 하는 외침이 영혼 속에서 솟구쳤다. '이왕 할 바엔 제대로 해야 해. 제대로만 한다면 분명히 내 영혼이 다시 강건해질 거야' 하는 결심을 자주 하곤 했다. 하지만 다시 신발 끈을 동여매고 큐티에 몰입해 봐도 막상 말씀이 내 영혼에 깊이 침투하지 못하고, 말씀으로 내 성품과 삶이 변화되는 일은 더디기만 했다.

그러면서 한 가지 의문이 자라기 시작했다. '청교도들을 비롯해서 교회사 속 믿음의 선배들은 다들 묵상을 하면서 살았다. 그렇다면 성경 시대의 사람들은 어떻게 큐티란 걸 했을까?' 하는 의문이었다. '성경책이 손에 없었던 시대의 신앙인들은 성경을 읽고 노트에 적는 것이 불가능했을 텐데, 도대체 어떻게 말씀 묵상을 했을까?'라는 질문이 생긴 것이다. 그런 생각을 계속 하다 보니, "원래 성경 시대의 사람들이 했던 묵상이란 어떤 모습이었을까?" 하는 의문이 꼬리에 꼬리를 물었다.

그러다가 목회학 박사 과정을 시작하면서 논문 준비를 위해 영성과 관련된 여러 책들을 탐독하게 되었다. 영성, 기도, 묵상, 금식, 훈련 등 연관된 주제의 책들을 읽어 가면서, 내가 의문을 품었던 질문에 대한 답변들이 조금씩 보이기 시작했다. 여러 책을 읽다 보니, 그동안 해 오던 말씀 묵상의 개념에 대해 사실상 전면 재검토가 필요하다고 느꼈다. 그러면서 성경 본문이 가르쳐 주는 말씀 묵상의 본질과 방법론에 대해 본격적으로 연구하기 시작했다.

✝ 묵상의 일차적 의미는 말씀을 읊조리는 것이다

어떠한 개념의 정확한 의미를 알려면 번역된 단어보다는 원어의 뜻을 추적해 봐야 한다. 번역은 번역자의 문화적 배경과 사상과 감정이 스며들 수 있기에 불완전하고 오류에 물들 수밖에 없다. '그 단어를 처음 사용했던 사람들은 어떤 뜻으로 이해했는가?'를 파악하는 것이 그 단어의 진짜 의미에 가까워지는 첫걸음이다.

구약 시대의 사람들은 '묵상'을 어떻게 이해했을까?

구약 성경에서 '묵상하다'라는 말에 사용된 단어들 중에서 가장 자주 쓰인 단어는 '하가'(הָגָה)이다. 구약 성경에 25회 나오는 '하가'의 기본적인 뜻은 '말하다, 중얼거리다, 한탄하다, 묵상하다, 궁리하다, 계획하다'이다. '하가'는 이외에도 '상상하다, 생각하다, 포효하다, 한숨쉬다, 신음하다, 으르렁거리다, 입 밖으로 내어 말하다, 속삭이다, 귓속말하다, 고함치다, 이야기하다, 연구하다' 등 여러 가지 의미로 번역된다. 이 단어에서 나온 파생어 중에 하나가 시편 19편 14절 하반절 "내 입의 말과 마음의 묵상이 주님 앞에 열납되기를 원하나이다"에 쓰인 단어 '힉가욘'(הִגָּיוֹן)이다. '힉가욘'도 묵상과 관련하여 4회 나오는데, 이 말은 기본적으로 하프를 연주할 때 나는 소리를 뜻하는 의성어이다.

구약 성경에서 '묵상하다'의 의미로 '하가' 다음으로 많이 쓰인 단어는 '시아흐'(שִׂיחַ)이다. 구약 성경에 20회 나온다. 그 뜻은 '생각하다, 묵상하다, 대화하다, 말하다, 불평하다' 등인데, '기도하다, 읊조리다, 친하게 말하다, 숙고하다, 선포하다, 상념에 젖다'라는 뜻으로도 번역된다. 구약 성경에서 '묵상'의 의미로 3회 나오는 '시하'(שִׂיחָה)라는 단어 역시 '시아흐'에서 파생되었다.

이렇게 구약 성경에서 '묵상'에 주로 쓰인 단어들은 모두 네 개다. 이들 중에서 묵상의 가장 대표적인 단어인 '하가'에 대해서 원어 사전은 다음과 같이 설명한다.

'하가'의 기본적인 의미는 비둘기의 울음소리나(사 38:14, 59:11), 사자가 먹이를 보고 으르렁거리는 소리(사 31:4)와 같은, '낮은 소리'이다. 또한 이 용어는 때때로 모압에 대한 심판에 관한 비탄이나(사 16:7; 렘 48:31), 예루살렘 파멸 이후의 적들의 속삭임(애 3:62)과 같은 비탄스러운 상황들에 사용되었다. 마술사들은 마술을 행할 때 중얼거리며 속살거렸다(사 8:19). 그리고 시편 기자는 고난과 번민 중에 한숨을 쉬고 하나님께 그의 도우심을 호소했다(시 5:1). …

이 용어의 또 다른 용례는 사악한 자들의 책략(시 38:12)과 마찬가지로 주야로 계속

되는 하나님의 말씀에 대한 묵상을 가리키고 있다(시 1:2; 수 1:8). 아마도 사람들은 하나님의 말씀을 묵상할 때 성경을 작은 소리로 암송하였을 것이다.[2]

'하가'의 기본적인 의미가 '낮은 소리'임을 분명히 말해 준다. '시아흐'에 대해서도 원어 사전에는 이렇게 설명되어 있다.

기본 의미는 '자세히 이야기하다, 후회하다, 곰곰이 생각하다'이다. … 첫째로, 이 동사는 하나님의 행위(시 77:6)와 하나님의 말씀(시 119:15, 23, 27, 48, 78, 148)을 조용하게 성찰하는 것을 표현한다. … 둘째로, 이 단어는 하나님의 역사를 큰 소리로 말하는 것을 묘사한다(대상 16:9; 시 105:2, 145:5).[3]

이상의 단어 연구에서 알 수 있는 바와 같이, '하가'의 사전적 의미 18가지 정도 가운데 약 12가지가 소리를 내어 말하는 것과 관련되어 있다. '시아흐' 역시 11가지 사전적 의미 가운데 약 7가지가 입술로 소리가 나오는 상태를 묘사하고 있다. 그러므로 성경의 원어상 '묵상'이란 '무언가를 깊이 생각하다'라는 뜻의 '묵상'(meditating)이라기보다는, '중얼거림'(murmuring), '속삭임'(whispering)이라는 의미가 더 강하며, 본질적으로 말하는 '소리'와 '동작'을 묘사하는 단어이다.[4]

그 점에서 현재 예배용으로 널리 쓰이는 개역개정 성경에서 과거에 '묵상'으로만 번역되었던 단어들을 '작은 소리로 읊조리다'로 많이 수정 번역했다는 점이 다행스럽다. "내가 옛날을 기억하고 주의 모든 행하신 것을 읊조리며 주의 손이 행하는 일을 생각하고"(시 143:5).

"주의 말씀을 조용히 읊조리려고 내가 새벽녘에 눈을 떴나이다"(시 119:148). 또한 '묵상'은 기도와도 연관되기 때문에 '기도'로 번역되기도 했다. "나의 기도[히. 시아흐]를 기쁘게 여기시기를 바라나니 나는 여호와로 말미암아 즐거워하리로다"(시 104:34).

물론 여전히 '하가'나 '시아흐'가 '묵상'으로 번역된 구절도 많다. "이삭이 저물 때에 들에 나가 묵상하다가 눈을 들어 보매 낙타들이 오는지라"(창 24:63). "오직 여호와의 율법을 즐거워하여 그의 율법을 주야로 묵상하는도다"(시 1:2). 그러나 원어의 주된 의미를 살려서 '읊조리다'로 번역된 곳이 더 많은 점이 감사하다.

그리고 '묵상하다'로 번역하면서도 난하주에 원어의 뜻을 밝혀 준 것도 적절한 배려이다. 예를 들어, '묵상'에 관한 가장 대표적인 구절인 시편 1편 2절 난하주에는 "1) 히, 작은 소리로 읊조리다"라고 적혀 있어서, 히브리어의 원래적 의미는 묵상이 작은 소리를 내어서 읊조리는 행위임을 정확하게 알려 주고 있다.

✛ **묵상은 몸으로 즐겁게 말씀을 먹으면서 흡수하는 행위이다**

이렇게 개역개정 성경에서 '묵상'을 '읊조리다'로 더 많이 번역하긴 했지만, 여전히 사람들의 뇌리 속에 '묵상'은 '조용히 생각하다'라는 뜻으로 각인되어 있다. 그것은 성경이 처음 번역되었을 때부터 히브리어 단어 '하가'나 '시아흐'를 주로 '묵상'이라고 번역했기 때문이다. 오랜 세월 머리에 저장된 어의(語義)를 쉽게 떨쳐 내기란 어려운 법이다.

'묵상'(默想)이라는 말의 한자 뜻을 직역하면 '침묵하면서 생각하다'이다. 이와 유사한 말로 자주 쓰이는 단어가 '명상'(冥想)인데, 명상 역시 어두운 시간에 눈을 감고 고요히 상념에 잠기는 모습을 묘사한다. '명상'이라는 단어에서 '어두울 명'(冥) 자는 동이 트기 전 칠흑같이 캄캄한 새벽녘을 가리킨다. 불교나 힌두교 성직자들이 새벽 어두울 때 일어나서 가부좌를 틀고 앉아 눈을 감고 명상에 잠긴 모습을 떠올리게 하는 단어이다.

하지만 성경에서 쓰인 단어의 의미를 올바로 추론하려면, 성경이 기록된 배경으로 돌아가서 생각해 봐야 한다. 그 성경을 기록했던 저자의 머릿속에 이해된 개념, 그리고 당시 독자들이 그 글을 읽으면서 떠올렸던 처음 의미를 파악하는 것이 우선이어야 한다. 구약 성경이 기록된 배경은 이스라엘이다. 신약 성경 역시 거의 유대인들에 의해 쓰였다. 그러므로 구약 성경과 신약 성경의 원래 뜻을 알려면 유대인의 언어와 풍습, 문화에 대한 탐구부터 하는 것이 순서이다.

정통 유대인들은 예로부터 성경을 읽거나 기도할 때 소리를 내는 것이 자연스러웠다. 언젠가 정통 유대인들의 회당 예배와 안식일 가정 예배와 고등학교에 견학을 간 적이 있다. 그들은 성경을 눈으로만 읽지 않고 토라를 들고서 웅얼웅얼 작은 소리를 내어 읽고 있었다. 유대인들의 새벽 기도회에서도 그들은 눈을 감지 않고 토라를 읽으면서 소리를 내어서 기도하고 있었다. 당연히 개인 기도 시간에 회당은 불이 밝게 켜져 있었다. 기도문을 암송하여 기도할 때는 곡조를 붙여서 노래로 기도하고 있었다. 이처럼 소리 내어 성경 읽고, 소리 내어 기도하는 것이 수천 년 동안 이어져 온 정통 유대인들의 예배 모습이다. 이미 수천 년 전부터 성경 속 믿음의 조상들은 작은 소리를 내면서 기도하고, 소리 내어 성경을 묵상해 왔다.

그러기에 수천 년 전부터 묵상을 해 왔던 선배들의 모습을 유추해 본다면, 말씀을 묵상한다는 것은 마음이나 머리로 하는 것이기보다는 입술을 열어서 소리를 내면서 읊조리는 행위이다. 따라서 '하가'나 '시아흐'를 정확하게 다시 번역한다면 '묵상'(默想)보다는 '소리 내어 읊는다'는 의미의 '음송'(吟誦)이 더 정확할 것이다. 아니면 '소리 내어 읊는 행위'와 '조용히 머리로 생각하는 행위'를 결합하여 '음송묵상'(吟誦默想)이라고 불러야 옳지 않을까 여겨진다. 물론 낮은 소리를 내어 읊조리기 전에 본문을 소리 내어 읽는 것이 전제되어야 할 것이다.

먼저 소리 내어 읽고 나서 그 읽은 내용을 주야로 반복해서 중얼중얼 읊조리는 것이 성경적 의미의 묵상이다. 따라서 말씀 묵상에 대한 가장 정확한 정의는 시편 119편 97절이라고 생각된다. "내가 주의 법을 어찌 그리 사랑하는지요 내가 그것을 종일 작은 소리로 읊조리나이다."

그런 이유로 성경이 말하는 묵상은 머리로 본문을 분석하여 그 뜻을 찾아내는 것이 우선순위가 아니다. 말씀을 입으로 중얼거리면서, 그 말씀을 영혼 속에 빨아들이는 과정이다. 성경이 말하는 묵상의 핵심은 가만히 앉아서 하는 지성적인 활동이 아니다. 오히려 성경 말씀 한 단어, 한 단어를 마음에 새겨서 그 말씀이 내 피가 되고 살이 되게 하는 작업이다. 온몸을 다 동원하여 말씀을 씹어 먹어서 소화시키는 활동이다.

묵상에 관한 원조 격이라 평가되는 12세기 수도사 귀고 2세(Guigo II)가 쓴《성독-귀고 2세의 수도사의 사다리》(은성, 2018)에서는 묵상을 이렇게 묘사한다. "성경을 읽는 것은 입에 음식을 넣는 것이요, 묵상은 그것을 깨물어 씹는 것이요, 기도는 그것의 맛을 추출하는 것이요."[5] 그는 성경을 읽고 묵상하는 것을 머리가 아닌 몸으로 하는 행위에 비유했다. 유진 피터슨(Eugene H. Peterson)도 성경이 가르치는 묵상의 의미에 대해 몸을 움직이는 행동으로 규정했다.

> '묵상'(הָגָה, hagah)이란 몸의 행동이다. 우리는 묵상할 때 말씀을 중얼거리고, 소리를 내면서 일종의 신체적인 쾌락을 느끼며, 후두와 혀와 입술로 음절을 발음하면서 그 의미를 느낀다. 이사야는 이 단어를 사용하여 사자가 먹이를 보고 으르렁거리는 소리를 묘사했다(사 31:4). 사자가 먹이를 대하는 것과 사람이 토라를 대하는 행동은 유사하다. …
> 이것은 하나님의 말씀을 단순히 읽거나 그에 대해 생각하는 것과 차원이 다르다. 이것은 의미를 밝혀내는 지적인 과정이라기보다는, 다시 소리 내어 읽으면서 말씀을 듣고 또 들어 그 소리들이 근육과 뼛속 깊은 곳까지 파고들게 하는 생리적인 과정이다. 묵상은 씹는 행위[mastication, 저작(詛嚼)]이다.[6]

우리 집에서 주는 먹이를 얻어먹고 사는 고양이가 있다. 그 고양이는 생선이나 닭고기, 돼지고기 먹고 남은 것을 줄 때면 사료를 줄 때와 달리 '그르릉 그르릉' 소리를 내면서 뼈다귀들을 발라 먹는다. 무척 행복한 소리를 내는 것이다. 개에게도 뼈다귀 하나를 던져 주면 즐거운 소리를 내면서 몇 시간이고 그 뼈다귀를 굴려 가면서 놀고 핥는다.

말씀을 묵상하는 것은 이처럼 동물이 좋아하는 음식을 빨고 핥고 갖고 놀면서 즐기듯이 성경을 즐기며 성경과 더불어 노니는 모습이다. 숙제하듯이 의무감으로 노트에 채워 나가는 것이 아니라, 좋아하는 음식을 먹듯이 말씀을 행복하게 섭취하는 상태이다. 온몸으로 내가 먹는 음식의 맛과 향을 느끼고 즐기면서 그 영양을 몸으로 흡수하는 행위이다. 밥을 먹을 때 입이 움직이고, 이도 동원되고, 혀는 맛을 음미하고, 목구멍으로는 음식을 넘기며, 손가락 근육도 활동하듯이, 성경적인 묵상이란 머리만이 아니라 온몸을 동원하여 말씀이 가진 꿀 송이 같은 달콤한 맛에 푹 빠져드는 행복한 과정이다.

✢ 묵상은 하루 종일 말씀을 곱씹는 삶이다

시골에 와서 살면서 가장 예뻐하게 된 짐승이 염소이다. 마을 곳곳에 염소를 키우는데, 염소가 보이면 다가가서 입에 손도 대고, 털도 쓰다듬어 주고, 한참 관찰하기도 한다. 그들은 신속하게 많은 풀을 입에 집어넣고 대충 씹고는 네 개의 위(胃) 가운데 첫 번째 위로 음식을 보낸다. 그러고 나서 한가할 때 앉아서 그 풀들을 다시 게워 내 55초 동안 씹어서 죽처럼 만들어서는 마지막 네 번째 위에까지 도달하도록 보내는 과정을 하루 종일 반복한다. 많게는 하루 8시간에서 12시간까지도 한다. 이렇게 되새김질을 하는 초식동물을 '반추(反芻)동물'이라고 한다.

묵상의 본질이 하나님의 말씀을 반복하여 씹는 행위와 유사하기 때문에 묵상은 흔히 '되새김질'에 비유된다. 청교도 에드먼드 캘러미 (Edmund Calamy)는 "묵상하는 기독교인은 새김질, 즉 예수 그리스도의 진리에 관해 새김질하는데, 좋은 것을 들을 뿐 아니라 듣고 씹고 곰곰이 생각한다. 그래서 소화와 조합하는 데 알맞도록 하고 영적 증진에 알맞도록 한다"라고 말했다.[7]

반추 동물에서 묵상을 유추한 시기는 초대 교회 교부 시대부터였다. 아우구스티누스(Aurelius Augustinus)를 비롯한 초대 교부들도 영적 자양분을 얻고자 행하는 '되새김질'로 말씀 묵상을 이해했다. 구체적으로는 말씀을 계속 반복해서 되새김질하면서 하루 종일 기도하는 것이다. 묵상을 '반추기도'(ruminating prayer)라고 부르는 까닭도 여기에 있다.[8] 다른 말로 '말씀기도', '말씀묵상기도' 혹은 '말씀암송기도'라고도 한다.

말씀을 되새김질(반추, 反芻, ruminatio)한다는 것은 읽고 듣고 이해한 말씀을 자기 것으로 만드는 활동이라는 뜻이다. 말씀을 반복해서 종일 음미하며, 읊조린 그 말씀을 가슴 깊이 각인하는 것이다. 이렇게 말씀을 되새김질한다는 것은 영적으로 성경을 섭취하는 행위이며, 말씀을 자신에게 동화시키는 과정이며, 성경에 맛을 들이는 과정이다.[9] 14세기 주트펜의 제라드(Gerad of Zutphen)도 "묵상이란 읽었거나 들은 내용을 부지런히 곱씹으면서 그 내용을 진지하게 생각하고, 그래서 특정 방식으로 자신의 애정을 새로이 뜨겁게 하거나 자신의 이해를 깨우치는 것"[10]이라고 정의했다.

내가 재미있게 감상했던 드라마 중에 〈별에서 온 그대〉가 있다. 여주인공 천송이(전지현 분)는 도민준(김수현 분)을 자꾸 생각하고 그리워하는 마음에 혼란을 느낀다. 도민준과의 키스를 떠올리자마자 소스라치게 스스로에게 놀란다. "나 지금 그 인간과의 키스를 곱씹은 거야? 내가 그 인간 그리워하고 있는 거야? 나, 천송인데?" 하며 현실을 부정하고자 몸부림친다. 그리고는 결국 도민준을 발코니로 불러내어 사랑의 고백을 한다. "도민준 씨, 나한테 무슨 짓을 한 거야? 나한테 무슨 짓을 했지?" 그러면서 이렇게 혼잣말하듯 묻는다. "내가 왜 도민준 씨를 곱씹어야 하지? 나는 늘 곱씹히던 여자야. 나의 공항 패션, 나의 립스틱, 나의 빛나는 머릿결…. 늘 사람들한테 곱씹히던 난데, 내가 왜 그쪽이 했던 말을, 내가 왜 그쪽을, 그쪽이 했던 키스를…. 나 미친 건가?"라고 털어놓았다.

천송이는 여자로서 그리고 톱스타라는 자존심상 자신이 먼저 그 남자를 좋아한다는 것을 인정하기 싫어서 계속 자기 마음을 부정하고 싶었다. 그러나 도저히 부정할 수 없는 현실이 보였다. 자기도 모르게 자꾸 그 남자를 곱씹고 있었던 것이다. 늘 머릿속에 그 사람 생각이 떠나지 않고, 그 사람이 했던 말과 행동을 떠올리는 것, 이것이 바로 사랑이고, 이것이 바로 묵상이다.

묵상이란 자신도 모르게 늘 곱씹고 있는 상태이다. 내가 그것을 좋아하기 때문이다. 사람은 자기가 즐거워하는 것을 묵상하지 않을 수 없다. 게임을 좋아하는 사람은 늘 게임 생각이 머릿속에서 떠나지 않는다. 노래에 빠진 사람은 하루 종일 노래를 흥얼거린다. 골프에 빠진 사람은 늘 천장에서 골프공이 빙빙 돈다고 한다. 연인을 사모하는 사람은 머릿속이 연인 생각으로 가득하다. 마찬가지로 말씀을 즐거워하는 사람은 종일토록 그 말씀을 떠올린다. 주야로 그 말씀을 음미하느라 입으로 중얼거리고 머리로 계속 생각하는 것이다.

그런 점에서 시편 1편 2절은 정곡을 찌르는 표현이다. "오직 여호와의 율법을 즐거워하여 그의 율법을 주야로 묵상하는도다." 종일 하나님의 말씀을 곱씹으면서 하나님과 교제하기를 즐거워하는 사람이 진정으로 "복 있는 사람"(시 1:1)이다. 하나님이 인정하시는 '의인'이란 성경을 즐거워하면서 성경을 주야로 읊조리는 사람이다.

그러므로 성경이 말하는 묵상은 30분 정도 본문을 읽고 생각하여 노트에 적고 끝내는 행위가 아니다. 노트에 적고 기도 한마디 하고 나서 하루 종일 읽었던 구절이 생각나지 않는다면 온전한 의미의 묵상이라고 하기 어렵다. 성경적 의미에서의 묵상은 하루 종일 그 말씀을 입술로 중얼중얼 읊조리는 가운데 그 말씀의 뜻을 곱씹으면서 자기 영혼 속에 그 말씀을 침투시키는 행위이다. 그래서 그 말씀을 서서히 자신의 생각과 삶에 스며들게 하는 과정이다. 성경이 말하는 묵상, 다시 말해서 신앙 선조들이 오래전부터 해 왔던 묵상의 의미를 종합하여 정리한 글을 소개하면 다음과 같다.

히브리어에서 묵상은 기본적으로 말하거나 중얼거린다는 뜻이다. 이것이 마음에서 이루어질 때, 이것을 가리켜 숙고(熟考) 또는 묵상이라고 한다. 그러므로 하나님의 말씀을 주야로 묵상한다는 것은 자신에게 하나님의 말씀을 주야로 말하는 것이다. 그리고 그 말씀을 곰곰이 생각하고, 그 말씀에 관해 질문을 던지고, 성경 자체로부터 해답을 찾으며, 그 말씀이 자신과 다른 사람들에게 어떻게 적용될 수 있는지 스스로 물으며, 그 말씀이 삶과 교회와 문화와 선교에 대해 함축하고 있는 의미를 깊이 생각하는 것이다.[11]

✛ 묵상은 말씀을 마음에 새겨 말씀에 의해 생각이 지배되는 것이다

'세뇌'(洗腦)라는 말이 있다. 세뇌란 대상이 가진 기존의 정신 구조를 파괴하고, 거기에 새로운 사상을 불어넣는 것이다. 세뇌라는 말은 흔히 부정적인 뉘앙스로 다가온다. 공산주의 사상의 세뇌 교육, 이단 혹은 사이비 종파의 세뇌 교육, 다수를 속이고 극소수의 사람들의 배만 불리는 다단계 비즈니스의 세뇌 교육 등으로 인해 많은 사람들은 세뇌라는 개념에 거부감을 느낀다.

하지만 가만히 생각해 보면 누구나 어딘가에 세뇌되어 살아가고 있다. 지금 나의 생각과 감정이 오롯이 자신의 것 같아도 곰곰이 분석해 보면 나의 생각이 진짜 나의 것이 아님을 깨닫게 된다.

오늘날 사람들의 생각을 지배하는 힘은 무엇일까? 인터넷과 휴대폰 그리고 텔레비전, 유튜브 등일 것이다. 텔레비전 뉴스에서 들은 얘기, 유튜브에서 본 영상, SNS에서 흘러나온 소식들이 모여서 오늘 내 머리를 지배하는 생각이 된다. 그리고 그 생각 때문에 내 감정도 조종받게 되고, 그에 따라 행복과 불행이 나뉜다. 사실상 현대인들의 머릿속은 인터넷으로 세뇌되어 있다고 해도 과언이 아니다.

그렇다면 그리스도인들은 어떤 생각으로 머리를 채워야 할까? 하나님의 말씀으로 채워야 한다. 묵상이란 생각과 마음을 하나님의 말씀으로 채우는 과정이다. 말씀이 내 안에 풍성히 거하도록 말씀으로 자신을 가득 채우는 과정이 바로 묵상이다.[12] 성경은 이렇게 명령한다. "인자와 진리가 네게서 떠나지 말게 하고 그것을 네 목에 매며 네 마음 판에 새기라"(잠 3:3). '마음 판'이란 '생각', 즉 '뇌'를 가리킨다.

그리스도인은 말씀을 두뇌에 새기되, 지워지지 않게 철필로 강하게 새겨야 한다. 그래서 우리가 생각하는 것이 성경에서 흘러나와야 하고, 우리의 감정이 하나님이 기뻐하시는 감정으로 분출되어야 한다. 우리의 언어가 하나님의 뜻에 근거한 말로 입술에서 나와야 하고, 우리가 하는 행동이 하나님으로부터 얻은 통찰로 솟구쳐야 한다. 그때 비로소 우리의 믿음이 하나님을 영화롭게 하는 삶으로 열매 맺을 수 있다.

예수님의 모친 마리아는 믿음의 사람이었다. 그녀는 어떻게 믿음의 여인으로 인정받았을까? 그녀가 묵상의 사람이었기 때문이다. 아기 예수님이 탄생하셨을 때 들에서 양을 치던 목자들은 천사들을 만났고, 그들의 찬송을 들었다. 목자들은 베들레헴으로 가서 아기 예수님께 경배한 후 천사들이 전한 말과 함께 그들이 본 것을 증언했다. 듣는 자들이 다 이 소식에 깜짝 놀랐는데, 마리아에 대해서는 성경이 이렇게 말한다. "마리아는 이 모든 말을 마음에 새기어 생각하니라"(눅 2:19).

마리아는 천사들이 했던 말을 '마음속에 저장'하고 나서, 그에 대해 '깊이 숙고(熟考)'했다. 굿뉴스바이블(GNT)은 "Mary remembered all these things and thought deeply about them"(마리아는 그 말에 대해 계속하여 깊이 생각하며 기억했다)이라고 번역하고 있다. 마리아는 진정한 의미에서의 묵상을 실천하는 습관을 갖고 있었던 것이다.

이렇듯 묵상은 말씀을 슬쩍 읽고 지나치는 행위가 아니라, 그 말씀을 철필로 금속에 글자를 새기듯 새겨서 우리의 사상과 감정과 행동을 오롯이 말씀에 뿌리내리게 하는 과정이다.

✠ 묵상은 말씀이신 예수 그리스도와 교제하는 것이다

불우한 가정에서 자라서 20년 동안 열한 번이나 감옥에 들락날락한 청년이 있었다. 그는 '내가 한 번만 더 죄를 지으면 스스로 목숨을 끊으리라' 다짐했다. 그런데 또 습관적으로 죄를 지어 열두 번째로 감옥에 들어가게 되었다. 그는 몰래 면도칼 열 개를 숨겨서 교도소에 들어갔다. '나 같은 놈은 살아 있을 가치가 없는 쓰레기 같은 인간이야'라고 생각하고는 면도칼 열 개를 한꺼번에 입에 넣었다. 식도가 찢어지고 위가 찢기자 피를 토하면서 고통으로 데굴데굴 굴렀다. 간수들이 병원으로 옮기려 하자, "아닙니다. 제발 놔두세요. 죽을 자유를 주세요. 나는 살아야 할 이유가 없습니다!" 하며 고래고래 소리 질렀다.

그는 피를 토하다 의식을 잃었는데 새벽녘에 잠시 의식을 찾았다. 어렴풋이 감방 한구석에 교도소 측에서 반입해 놓은 성경책이 보였다. 지금까지 한 번도 읽어 본 적이 없는데, 어릴 때 교회에 몇 번 가 본 기억이 났다. 불현듯 '죽기 전에 성경이나 한 번 읽어 보고 죽자' 하는 생각이 들어 기어가서 책을 펼쳤다. 제일 먼저 눈에 들어온 구절이 요한복음 8장 31-32절이었다. "그러므로 예수께서 자기를 믿은 유대인들에게 이르시되 너희가 내 말에 거하면 참으로 내 제자가 되고 진리를 알지니 진리가 너희를 자유롭게 하리라."

갑자기 그의 눈에 '자유'라는 단어가 확 들어왔다. '진리'라는 단어도 눈길을 사로잡았다. 그는 정말 자유롭고 싶었다. '나도 제발 자유롭고 싶다. 자꾸만 죄를 짓는 이 죄의 습관에서, 죄의 중독에서 벗어나 자유롭고 싶다'는 간절함이 솟구쳤다. 진리가 뭔지 모르지만 알고 싶었다.

고통 중에 계속 성경을 읽는데 이번에는 요한복음 14장 6절이 눈에 들어왔다. "예수께서 이르시되 내가 곧 길이요 진리요 생명이니 나로 말미암지 않고는 아버지께로 올 자가 없느니라." 그 순간 누가 가르쳐 주지도 않았는데 깨달음이 왔다. '진리가 나를 자유롭게 한다고 했는데, 예수님이 바로 그 진리구나.' 그러면서 갑자기 살고 싶다는 욕망이 솟구쳤다. "하나님, 날 살려 주세요. 날 좀 구해 주세요. 저도 예수 믿고 자유로운 사람으로 다시 살고 싶어요." 피를 토하면서 울부짖었다. 결국 그는 병원으로 옮겨져 수술을 받고 기적같이 소생했다. 그 후 그는 교도소 전도자가 되었다.[13]

사람이 다시 태어나 새사람이 되는 길은 예수 그리스도를 인격적으로 만나는 길뿐이다. 예수 그리스도를 만나는 방편은 성경 말씀이다. 왜냐하면 성경이 바로 예수님을 알려 주는 책이기 때문이다. "너희가 성경에서 영생을 얻는 줄 생각하고 성경을 연구하거니와 이 성경이 곧 내게 대하여 증언하는 것이니라"(요 5:39).

성경은 영원한 생명이신 예수님에 대해 소개하는 책이다. 그리고 예수님 자체가 본래부터 말씀이셨다. "태초에 말씀이 계시니라 이 말씀이 하나님과 함께 계셨으니 이 말씀은 곧 하나님이시니라 그가 태초에 하나님과 함께 계셨고 만물이 그로 말미암아 지은 바 되었으니 지은 것이 하나도 그가 없이는 된 것이 없느니라"(요 1:1-3). 창조주이신 예수님은 하나님을 인간들에게 보여 주고 그분의 마음을 알려 주는 '말씀'이시다. 하나님이 누구신지 계시해 주는 '말씀'이신 예수님에 대해 기록된 성경을 읽고 들을 때 예수님을 만나게 되고, 예수님을 통하여 하나님을 아버지로 영접하게 된다. "그러므로 믿음은 들음에서 나며 들음은 그리스도의 말씀으로 말미암았느니라"(롬 10:17).

말씀 그 자체이신 예수님을 만나면 그때부터 그분과의 교제가 시작된다. "너희를 불러 그의 아들 예수 그리스도 우리 주와 더불어 교제하게 하시는 하나님은 미쁘시도다"(고전 1:9). 인간은 예수님과의 교제를 통해서 구원의 은혜를 풍성하게 누린다. "영생은 곧 유일하신 참하나님과 그가 보내신 자 예수 그리스도를 아는 것이니이다"(요 17:3). 여기서 '안다'라고 표현된 단어의 헬라어 원어는 '기노스코'(γινώσκω)이며, 히브리어는 '야다'(יָדַע)이다.

성경에서 '야다'가 처음 나온 구절은 창세기 4장 1절이다. "아담이 그의 아내 하와와 동침하매 하와가 임신하여 가인을 낳고 이르되 내가 여호와로 말미암아 득남하였다 하니라." 여기서 '동침하다'라는 단어가 바로 '야다'이다. 성경에서 '안다'는 말은 단순한 정보를 아는 것이 아니라, 부부가 맺는 성관계처럼 서로를 속속들이 알고 사랑하고 닮아 가는 인격적, 체험적 교제임을 보여 준다.

예수 그리스도를 알아야 영생을 얻는다는 말씀은 단순히 예수님이 구세주이심을 머리로 아는 차원이 아니라, 살아 계신 예수님과 날마다 생생한 인격적, 체험적 교제를 누린다는 의미이다. 날마다, 순간마다 예수님을 먹고 마시며, 그분과 대화하면서 그분의 생각과 감정을 닮아 가는 것이다. 이러한 삶이 성경에서 의미하는 영생이며, 구원이요, 하나님의 나라를 지상에서 맛보는 삶이다.

진정한 구원이란 참된 자아가 궁극적 실재이신 하나님과 올바른 관계를 맺고, 삼위 하나님과 사랑의 교통을 누리는 상태이다.[14] 그러므로 말씀 묵상이란 예수님과 살아 있는 교제를 누리는 시간이다. 단순히 성경을 머리로 생각하고 노트에 적고 끝나는 것이 아니라, 하루 종일 말씀이신 예수님과 생생한 사귐을 갖는 삶이 참된 말씀 묵상이다.

이 점이 동양 종교의 명상과 기독교 묵상의 결정적인 차이점이다. 오늘날 많은 사람이 '마음 챙김'(mindfulness)으로 대표되는 불교식 명상과 기독교의 묵상을 혼동한다. 처음에는 침묵과 마음의 명료함(clarity of mind)을 추구하는 과정에 있어서 서로 유사한 듯 보이지만 그 목적지와 열매는 전혀 다르다.

불교 전통의 명상은 외부로부터의 자극을 차단하고 자신의 내면 깊숙이 들어가는 폐쇄적인 수련인 반면, 기독교 묵상은 외부로부터의 오감에 의식을 열어 놓고 마음의 눈으로 하나님을 바라보는 관계적인 수련이다. 다시 말해서, 동양 종교적 명상은 마음에서 '아무것도 없음', 즉 '무'(無, nirvana)를 추구하는 데 반해서, 기독교 묵상은 절대자이신 하나님과 사랑의 연합된 삶을 추구하는 것이다.[15]

그러므로 성경적인 의미에서의 올바른 묵상은 단순히 성경 본문을 골똘히 생각한다거나 하나님의 성품에 대해서 음미하는 활동을 넘어서 내 안에 살아 계시는 주님과 대화하고 그분과의 친밀한 교제를 나누는 기쁨을 지향해야 한다. 오늘의 본문을 읽는 가운데 내 안에 계신 주님과 속삭이는 대화를 하는 것, 그것이 바로 묵상이다.

✝ 묵상은 영혼에 새겨진 말씀으로 삶이 변화되는 과정이다

내가 예수님을 만나서 믿음이 급속도로 자란 시기는 중·고등학교 시절이었다. 그 시기에 믿음의 눈을 뜨게 해 준 것은 무엇보다도 설교와 성경책이었지만, 다른 한편으로 신앙의 본질에 대해서 깨닫게 해 준 책은 《길은 여기에》(홍신문화사, 2011)였다. 《길은 여기에》는 소설 《빙점》을 쓴 일본 작가 미우라 아야꼬(三浦綾子) 여사의 자서전과도 같은 책이다. 이 책을 서너 번 읽으면서 등장인물들에 매료되었었다.

주인공은 13년간 폐결핵과 결핵성 척추염을 앓는 가운데 미래를 기약할 수 없는 투병 생활을 하고 있었다. 허무감과 죄책감, 좌절로 인해 자살까지 시도하는 그녀를 살리기 위해 그녀의 연인 마에까와 다다시는 자기 목숨도 버릴 각오로 그녀를 헌신적으로 돌본다. 그가 죽고 나서 그녀의 새로운 연인을 거쳐 남편이 되는 미우라 미쯔요 역시 일반적인 상식으로는 상상할 수 없는 아가페적 사랑을 보여 준다. 그 외에도 전혀 알지 못하는 여인을 위해 시간과 물질을 내어 문병하고 영적으로 돌보아 주는 대기업 사장인 니시무라 히사조, 이가라시 겐지 등을 보면서 얼마나 큰 감동을 느꼈는지 모른다.

'예수님을 믿는 사람들은 다 이렇게 남을 위해 자신의 시간과 물질과 몸을 희생하면서 사랑하는 것인가!' 감동을 받았다. '예수님을 믿고 따른다는 것은 예수님이 십자가에서 보이신 아가페적 사랑을 이웃에게 나타내는 것이구나! 믿음 생활을 한다는 것은 교회당에만 왔다 갔다 하는 것이 아니라, 삶의 현장에서 사람들에게 예수님의 사랑과 겸손과 섬김을 행하는 모습이구나!'라는 진리를 깨우쳤다. '만약 예수님을 믿는다고 하면서도 삶의 변화가 수반되지 않는다면 과연 그 신앙을 진짜라고 할 수 있을까?' 하는 생각도 들었다.

참된 지식이 삶에 변화를 가져와야 한다는 점은 신앙의 세계가 아닌 일반 학문의 관점에서도 당연한 원리이다. 조선 영조 때의 실학자 성호 이익은 "안다는 것은 곧 실천하고자 하는 것이다"라고 했고, 명나라의 유학자 왕양명은 "앎은 실천의 시작이요, 실천은 앎의 완성이기에 앎과 실천은 둘로 나눌 수 없다"라고 했으며, 송나라의 성리학자 정자 역시 "배우는 자가 도에 대해 들었다 하더라도 그 도가 자기 마음이나 행실에 나타나지 않는다면 그가 들은 것은 그저 남의 말일 뿐이다"라고 말했다.[16]

하나님의 진리 역시 듣고도 행함이 없다면 그 믿음은 허탄한 것이요, 불완전하며, 자기를 구원할 수 없는, 죽은 것과 같다(약 2:14-26). 기독교의 믿음이란 어떤 개념을 믿는다거나 사건을 안다거나 인물을 숭상하는 정도가 아니라, 내 인생의 새로운 주인이신 예수 그리스도에게 순종하는 삶을 시작한 상태이다. 종이 주인에게 순종하는 것이 당연하듯이, 믿음이란 곧 예수님의 말씀에 순종하는 삶이다. 믿는 자만이 순종하는 자이며, 순종하는 자만이 믿는 자라고 규정할 수 있다.[17] 존 헨리 뉴먼(John Henry Newman)의 말대로, 무슨 일에든지 조건 없는 완전한 순종에 힘쓸 때까지 우리는 아직 그리스도인이 아니다.[18]

초기 교회 시절 사막 교부에 관련된 일화가 있다. 사막 교부를 가리켜 '영적 아버지'라는 의미로 '압바'(Abba)라고 불렀다. 몇몇 형제들이 압바 펠릭스(Felix)를 찾아가서 좋은 말씀을 해 달라고 해도 그는 아무 말도 하지 않았다. 계속 간청하자 그는 "말씀을 듣고자 하는가?"라고 물었다. 그들은 대답했다. "그렇습니다." 그가 말했다. "오늘날에는 더 이상 말씀이 없다네. 사람들이 영적 스승에게서 들은 말을 실천하던 때에는, 하나님께서 스승들에게 말씀을 주셨지. 그러나 요즘 사람들은 말씀을 청하고서도 들은 것을 행하지 않기에, 하나님은 말씀의 은총을 거두셨어. 그래서 그들은 이제 아무런 말씀도 갖지 못하게 되었다네."[19] 먼 옛날의 일화지만 마치 오늘날의 실상을 묘사하는 듯하다.

기도나 말씀 묵상, 예배의 목표는 모두 동일하다. 하나님의 말씀을 행함으로 삶이 변화되는 것이다. 왜냐하면 구원의 목적은 하나님의 아들이신 예수님의 형상을 본받는 삶이기 때문이다. "하나님이 미리 아신 자들을 또한 그 아들의 형상을 본받게 하기 위하여 미리 정하셨으니 이는 그로 많은 형제 중에서 맏아들이 되게 하려 하심이니라"(롬 8:29). 구원받은 자는 죽는 날까지 매일 말씀을 실천에 옮김으로 예수님의 모습을 닮아 가야 한다. 그러기 위해서 말씀을 묵상하는 것이다.

동양 종교에서 행하는 묵상(명상)의 경우, 행함에 대한 강조가 따로 없다. 무념무상(無念無想)에 빠져서 일체의 잡념을 몰아내는 것에만 초점이 맞추어져 있다. 하지만 성경이 말하는 묵상은 항상 도덕적인 변화, 성품의 변화, 말씀에 순종하는 것에 그 초점을 둔다. 묵상을 뜻하는 '하가'와 '시아흐'를 사용하는 많은 성경 본문도 '하나님의 뜻과 길에 순종한다'는 개념을 담고 있음을 볼 수 있다(시 1:2, 49:3, 119:15, 48, 97, 99).[20]

성경이 제시하는 대로 '하가' 묵상을 제대로 하면 마음 판에 말씀이 새겨지고, 그 새겨진 말씀이 사람을 변화시키게 된다. 동방의 수도원 전통을 서방 세계에 접목한 존 카시안(John Cassian)은 "묵상의 삶은 실천이 없이는 완전할 수 없다"[21]라고 말했다. 우리의 묵상 생활이 구체적인 삶의 실천으로 열매 맺을 때까지 우리는 멈추지 말아야 한다.

✝ 묵상은 하나님의 음성을 주의 깊게 듣는 것이다

삼성 그룹의 창업자 이병철 회장은 자신의 후계자로 셋째 아들 이건희를 낙점했다. 그리고 1979년 2월, 이건희를 그룹 부회장으로 선임함으로 그가 삼성 그룹의 차기 회장임을 공표했다. 이건희 부회장이 부회장으로서 첫 출근을 하던 날 아침, 이병철 회장은 아들을 집무실로 불러서 휘호를 써서 주었다. 이 휘호를 항상 마음에 새기고 기업을 경영하라는, 일종의 경영 지침을 준 것이다. 그 휘호는 바로 '경청'(傾聽)이다.

'경청'은 단순히 말을 듣는다는 뜻이 아니라, '귀를 기울여서' 듣는다는 의미이다. '경'(傾)이라는 한자어는 '사람'(人)이 '머리'(頁)를 '기울이는'(匕) 모습을 그린 글자이다. '비수 비'(匕) 자는 숟가락이나 화살촉 모양을 뜻한다고 해석되기도 하고, 오른쪽으로 팔을 뻗고 앉은 사람의 모양에서 따온 글자라는 해석도 있다. 즉 모든 것이 어느 방향으로 구부러진 모양을 가리키는데, 사람의 말에 관심이 가서 더 자세히 듣기를 원하면 자기도 모르게 몸을 구부리고 말하는 사람 쪽으로 움직이게 된다.

'청'(聽)이라는 글자를 뜯어보면 '임금'(王)과 같은 '귀'(耳)를 가지고, '열 개'(十)의 '눈'(目)을 가지고, '하나'(一)의 '마음'(心)을 가지라는 풀이가 가능하다. 과거 왕들의 초상화인 '어진'(御眞)을 보면 대개 귀가 보통 사람보다 크게 그려진 모습을 볼 수 있다. 임금은 백성의 말에 귀를 기울여야 하기 때문일 것이다. 그리고 일반적으로 눈은 두 개지만, 그 눈을 다섯 배는 키워야 사물에 더 잘 주목할 수 있을 것이다. 또한 마음을 흩지 않고 한 방향으로 모아야 집중력이 높아진다. 경청이란 이처럼 큰 귀를 열고, 눈을 부릅뜨고서, 마음을 집중해서, 몸을 앞으로 기울여서 상대방의 말을 듣는 자세라고 정의할 수 있다.

인간이 하나님께 취해야 할 가장 기본적인 태도가 바로 경청이다. 왜냐하면 하나님은 창조주이시고, 우리는 피조물이기 때문이다. 하나님은 왕이시고, 우리는 백성이기 때문이다. 하나님은 아버지이시고, 우리는 자녀이기 때문이다. 하나님은 말씀하시는 분이고, 우리는 그 말씀을 들어야 할 자이다. 하나님이 자신을 말씀으로 드러내어 계시(啓示)해 주시면 우리 인간은 그분의 말씀을 들음으로 그분을 알 수 있다. 하나님은 육안으로 보이는 분이 아니시기에, 말씀을 통해서만 그분을 만날 수 있다. 그러기에 성경 곳곳에서 하나님은 이스라엘 백성에게 들으라고 명령하신다. 하나님의 말씀을 듣지 않고는 하나님을 알 수도, 예배할 수도 없기 때문이다. 그래서 유대교인들이 아침, 저녁마다 암송하는 신명기 6장 4-9절의 첫 단어가 '쉐마'(들으라!)이다.

또한 누군가의 말에 귀를 기울여 경청한다는 것은 그를 존중하고 그의 말의 중요성을 인식한다는 의미이며, 겸손히 배우는 자세를 갖는다는 뜻이다. 또한 그의 말을 따르겠다는 의미이기도 하다. 우리가 흔히 '부모님의 말씀을 잘 듣는다'고 할 때 그 말은 단순히 '부모님의 말씀을 귀로 잘 듣는다'는 뜻이 아니라 '부모님의 말씀대로 행한다'는 의미이다. 성경의 언어에서도 '듣는다'는 말은 순종의 뜻을 포함한다. 히브리어에서 '듣는다'에 해당하는 단어인 '샤마'(שמע) 역시 그 뜻이 '경청하다'(listen to)뿐만 아니라 '순종하다'(obey)를 동시에 의미한다. 영어 단어 '순종'(obedience)도 '듣는다'는 의미의 라틴어 어근(audire)에서 파생되었다.[22]

스승이나 부모나 왕의 말도 무게감 있는 경청이 필수라면 만왕의 왕이신 하나님의 음성에 귀 기울이는 것은 인간이라면 마땅히 가져야 할 기본 태도일 것이다. 이렇게 하나님을 경외하는 마음으로 말씀을 듣고 순종하겠다는 의지가 있을 때 그 사람을 신앙인이라고 부른다. 유대인 학자 아브라함 헤셸(Abraham Heschel)이 말한 대로, 신앙이란 영원한 하나님의 음성에 귀를 기울이는 지속적인 경청이기 때문이다. 그러기에 그리스도인들의 영적 삶의 목표는 항상 예수 그리스도와 하나 되어 하나님의 음성을 듣는 것이라야 한다.[23]

하나님과의 관계에서 경청이 핵심이기에 하나님을 사랑하는 신앙의 표현인 기도 역시 순종하는 마음으로 나를 사랑하시는 하나님의 음성을 잘 듣는 것을 뜻한다.[24] 말씀 묵상 역시 하나님이 오늘 나에게 본문을 통하여 무슨 말씀을 하시는지 귀 기울이는 행동이다. 그렇기에 말씀 묵상은 본질상 지성적인 연구이기 이전에 사랑의 감정을 품고 간절한 눈빛으로 밀어(蜜語)를 기다리는 연인의 심정으로 하나님의 말씀을 듣는 것이다. 또한 높으신 임금님의 교지(敎旨)를 무릎 꿇고 경청하는 신하의 경건한 태도를 갖는 것이다. 스승의 강의를 한 자도 빼놓지 않고 들으려고 귀를 쫑긋 세우는 학생의 마음으로 임하는 것이다.

그렇게 본문을 읽으면서 영적인 귀를 활짝 열어 오늘의 본문에서 하나님이 나에게 들려주시는 음성을 경청하겠다는 태도가 묵상의 출발점이다. 본문의 한 단어, 한 문장 가운데서 하나님이 오늘 나에게 무슨 말씀을 하시는지 귀 기울이고, 들은 말씀에 적극적으로 순종하고자 할 때 말씀 묵상은 우리의 삶을 변화시키는 촉매가 될 것이다.

요약

- 묵상의 일차적 의미는 말씀을 읊조리는 것이다.
- 묵상은 몸으로 즐겁게 말씀을 먹으면서 흡수하는 행위이다.
- 묵상은 하루 종일 말씀을 곱씹는 삶이다.
- 묵상은 말씀을 마음에 새겨 말씀에 의해 생각이 지배되는 것이다.
- 묵상은 말씀이신 예수 그리스도와 교제하는 것이다.
- 묵상은 영혼에 새겨진 말씀으로 삶이 변화되는 과정이다.
- 묵상은 하나님의 음성을 주의 깊게 듣는 것이다.

소그룹 나눔

1. 지금까지 자신이 성경을 묵상한 방법은 어떤 형태인지 나누어 보자.
2. 성경에서 알 수 있는 바, 말씀 묵상이라는 개념의 일차적인 의미는 무엇인지 이야기해 보자(20-27쪽 참고). 사실이 이렇다면 왜 지금까지 대부분의 그리스도인이 읊조리는 묵상을 하지 않는지에 대해 나누어 보자.
3. 생각의 변화, 말의 변화, 행동의 변화가 일어나는 과정을 떠올릴 때 주야로 말씀을 반복하여 읊조리는 습관이 왜 중요한지 이야기해 보자(27-33쪽 참고).
4. 개인적으로 하나님의 말씀을 읽고 묵상하는 가운데 내 안에 계신 예수님과 교제하게 되었거나 묵상을 통해 예수님과 더욱 친밀한 관계가 되었던 경험에 대해 나누어 보자.
5. 이 장에서 가장 가슴에 와닿은 내용이 무엇인지, 실천에 옮겨야 할 점은 어떤 것인지 나누어 보자.

○ 다음은 시편 119편에서 '읊조리다'라는 단어가 들어 있는 구절들이다. 이 구절들을 소리 내어 읽고 나서 각각의 구절들을 작은 소리로 몇 번씩 읊조려 보자. 읊조려 본 소감을 나누고, 하루 종일 하나님의 말씀을 읊조릴 때 어떤 결과가 빚어질지 상상하면서 이야기해 보자.

"내가 주의 법도들을 작은 소리로 읊조리며 주의 길들에 주의하며"(시 119:15).

"고관들도 앉아서 나를 비방하였사오나 주의 종은 주의 율례들을 작은 소리로 읊조렸나이다"(시 119:23).

"나에게 주의 법도들의 길을 깨닫게 하여 주소서 그리하시면 내가 주의 기이한 일들을 작은 소리로 읊조리리이다"(시 119:27).

"또 내가 사랑하는 주의 계명들을 향하여 내 손을 들고 주의 율례들을 작은 소리로 읊조리리이다"(시 119:48).

"교만한 자들이 거짓으로 나를 엎드러뜨렸으니 그들이 수치를 당하게 하소서 나는 주의 법도들을 작은 소리로 읊조리리이다"(시 119:78).

"내가 주의 법을 어찌 그리 사랑하는지요 내가 그것을 종일 작은 소리로 읊조리나이다"(시 119:97).

"내가 주의 증거들을 늘 읊조리므로 나의 명철함이 나의 모든 스승보다 나으며"(시 119:99).

"주의 말씀을 조용히 읊조리려고 내가 새벽녘에 눈을 떴나이다"(시 119:148).

○ 매일 시편 1편 1-6절을 소리 내어 읽고 나서 종일 자주 작은 소리로 읊조려 보자. 가능하면 하루에 10회 이상씩 소리 내어 읽는 것이 좋으며, 하루 종일 수시로 중얼중얼 반복하여 읊조리며 음미하는 것이 유익하다.

2강
X

묵상의 출발은
소리 내어 읽는 것이다

●

《기도가 어려운 당신에게》에서도 나누었던 일화이다. 미국 어느 대도시에서 고등학교를 졸업한 18세 소녀가 있었다. 소녀는 대학 진학을 할 수 없었다. 알코올과 약물 중독이 심했기 때문이다. 소녀는 주립 정신병원에 입원했는데 의사가 진단해 보아도 증세가 심각했다. 어느 날 그 도시의 한 교회 여전도회원들이 병원을 방문했다. 그들은 병실 환자들에게 성경 읽어 주는 사역을 허락해 달라고 병원에 요청했으나 거절당했다. 하지만 소녀의 담당 의사는 개종을 시도하지 않고 오로지 성경만 읽어 주는 것을 조건으로 허락했다.

소녀를 맡은 집사가 그녀에게 성경을 읽어 주기 시작했다. 소녀는 아무 반응 없이 침대에 쭈그리고 앉아 있었다. 그래도 그 집사는 매일 찾아가서 한 시간씩 성경을 낭독했다. 마치 벽을 향해서 읽는 것 같았지만 영혼을 불쌍히 여기는 마음으로 기도하면서 계속하여 성경을 읽어 주었다. 그런데 두 달, 석 달이 지나면서 소녀가 조금씩 반응을 보이기 시작했다. 처음에는 전혀 미동도 없었는데, 점차 읽는 내용에 귀를 기울이다가 고개를 끄덕이다가 나중에는 질문도 하기 시작했다.

의사는 장기 입원이 될 것이라고 예상했지만 소녀는 6개월 후에 완전히 회복되어 퇴원했다. 소녀와 그 가족은 한 번도 교회에 가 본 적이 없는 불신자들이었는데, 성령님이 말씀을 통해 치유와 회심의 기적을 일으키신 것이다. 후에 그녀는 대학에 입학해서 캠퍼스 벤치에 혼자 앉아 있는 학생을 보면 다가가서 이렇게 물으면서 전도했다고 한다. "당신에게 성경을 읽어 주고 싶은데 괜찮겠습니까?"[25]

✝ 말씀은 몸과 마음을 치료하는 하나님의 능력이다

소녀는 말씀에 의해 기적적으로 치유되었다. "그가 그의 말씀을 보내어 그들을 고치고 위험한 지경에서 건지시는도다"(시 107:20). 하나님의 말씀은 살아 있고 활력이 있어서 놀라운 일들을 행하신다. 말씀은 예리한 칼과 같아서 마음과 생각의 더러운 것들, 불필요한 것들, 죄악된 것들을 제거하신다(히 4:12). 그렇게 함으로 마음과 몸의 병을 치료하는 능력을 발휘한다.

　나 역시 말씀에 의한 치유의 은혜를 경험한 적이 있다. 나는 여섯 살 때 선친을 잃었는데, 불의의 사건으로 선친께서 돌아가시던 그날, 나도 죽을 뻔한 위험을 겪었다. 공포의 상황 가운데서 오른팔이 골절되어 팔에 깁스를 하고 몇 개월을 지냈다. 그때 이후 밤마다 악몽을 꾸기도 하고, 사람들을 볼 때 약간 두려운 마음도 들었다. 그래서 몸도 약해졌고, 사람들과 어울리기보다는 책을 읽거나 그림을 그리면서 혼자서 노는 아이가 되었다. 매사에 소극적이고, 항상 두려움과 주저하는 마음을 품고 있었으며, 뭔지 모를 불안감이 내면에 자리 잡고 있었다.

그러다가 중학교 1학년 겨울방학 때 예수님을 인격적으로 만났다. 회심하고 나서 생긴 가장 큰 변화는 성경 읽는 것이 즐거워졌다는 점이다. 이전까지는 만화책 읽기에 푹 빠져 있었는데, 예수님을 영접하고 나니 만화책보다 성경이 더 재미있었다. 밤새워서 성경을 읽기 시작했다. 마태복음부터 읽어 나가다가 심령에 확 꽂히는 구절을 접했다. "몸은 죽여도 영혼은 능히 죽이지 못하는 자들을 두려워하지 말고 오직 몸과 영혼을 능히 지옥에 멸하실 수 있는 이를 두려워하라"(마 10:28). 이 구절을 읽으면서 '아, 이 말씀이 바로 나에게 들려주시는 하나님의 음성이구나!' 하고 느껴졌다. 사람을 두려워하는 나에게, 매사에 불안과 공포심을 지니고 있는 나에게 하나님은 사람들을 무서워하지 말고 하나님만 두려워하라고 말씀하신 것이다.

이 구절을 읽자마자 곧바로 모든 두려움과 불안감이 사라지진 않았지만 이 구절을 읽은 것이 큰 전환점이 되었다. 그날부터 내 영혼에 작은 물방울과도 같은 용기가 생기기 시작했다. 그 자그마한 용기의 파동은 조금씩 더 퍼져 갔고, 어느 순간인지 기억이 나지는 않지만 내 마음속에 두려움 같은 것은 자취를 감추었다. 막연한 불안감도 없어졌다. 하나님을 신뢰함으로 미래에 대한 용기가 생겼고, 새로운 도전도 불사하게 되었고, 사람들을 두려워하지 않게 되었다. 말씀 한 구절이 내 심령에 심겨지면서부터 마음의 병이 치료되기 시작한 것이다.

성경 말씀을 듣고 읽고 묵상하는 것이 치료 효과가 있다는 것은 임상적으로도 많이 알려진 사실이다. 하버드 의과대학 허버트 벤슨

(Herbert Benson) 교수가 〈하버드 비즈니스 리뷰〉에 발표한 바에 의하면, 정신과에 입원한 환자들에게 아침에 일어나서 그리고 저녁에 잠들기 전에 성경을 묵상하라고 권고했더니 그대로 실천한 환자들에게 분명한 심리적, 신체적 반응이 일어났다고 한다.[26] '인격 의학'의 창시자 폴 투르니에(Paul Tournier) 박사도 자신의 환자들에게 '시편 23편을 한 달 동안 매일 소리 내어 자주 읽을 것'과 같은 식의 처방전을 써 준 것으로 유명하다.

'묵상'의 영어 단어(meditation)와 유사한 단어들은 '약'(medicine), '투약'(medication), '의사'(medicus) 등이다. 이 단어들의 어근은 라틴어 *medi*(원래는 mederi)로, 그 의미는 '치료하다'이다. *medi*의 기본적인 뜻은 '측정하다'(to measure), '생각하다'(to contemplate), '치유하다'(to heal)이다.

이 단어 탐구는 묵상이 사람을 치료하는 힘을 갖고 있음을 말해 준다. 묵상이 반복하여 계속 읊조리며 깊이 생각하는 행위이기에, 그 행위는 자신의 내면 세계를 성찰하게 만들고, 따라서 자신의 성품과 삶을 변화시키는 원동력으로 작용한다. 그리고 말씀을 음미하며 읊조리다 보면 성령님께서 심령 가운데 깨달음과 회개, 새로운 영적 안목과 열망을 불어넣으심으로 마음과 생활에 놀라운 변혁을 일으키신다. 그리고 이러한 묵상의 첫 출발은 성경 본문을 읽는 것으로 시작된다. 먼저 본문을 읽지 않고는 묵상의 그 어떤 형태로도 나아갈 수 없다.

낭독이 묵독보다 더 오래된 독서의 방법이다

오늘날의 사람들은 거의 대부분 책을 읽을 때 눈으로 읽는다. 이러한 방식을 '묵독'(默讀), 혹은 '목독'(目讀)이라고 부른다. 현대인들은 "아니, 책을 읽는데 눈으로 읽지, 무슨 다른 방법이 있나요?"라고 이상하다는 듯 되물을지 모른다. 하지만 눈으로만 읽지 않고 입으로 소리 내어 읽는 방식도 있다. 그 방법을 '낭독'(朗讀) 또는 '음독'(音讀)이라 부른다. 사실 10세기 이전까지 사람들은 책을 눈으로 읽지 않고 소리 내어 낭독했다. 눈으로만 책을 읽는다는 것은 상상조차 하지 못했다. 그 증거가 아우구스티누스의 《고백록》에 나온다. 아우구스티누스는 그의 영적 스승인 암브로시우스(Ambrosius)가 혼자 책 읽는 모습을 다음과 같이 묘사했다.

> 책을 읽을 때 그의 눈은 책장을 달리고, 마음은 뜻을 새겼습니다. 하지만 목소리와 혀는 쉬고 있었습니다. … 그는 언제나 말없이 독서하고 있었습니다. … 그가 소리 내어 읽지 않는 까닭은 누가 열심히 듣고 있다가 명확하지 않은 점을 그에게 해명해 달라고 하거나, 또는 더 어려운 문제를 거론하게 될까 두려워서인 것 같았습니다. … 어쩌면 그는 곧잘 목이 쉬므로 목소리를 아끼기 위해서 묵묵히 독서했던 것인지도 모릅니다.27

《고백록》은 4세기 말의 기록으로서, 서구 문헌으로는 묵독에 대한 최초의 묘사라고 한다.28 아우구스티누스가 스승의 묵독 모습을 상세하게 묘사하면서 그 이유를 추측해 볼 정도로 눈으로만 책을 읽는 것이 희귀한 광경이었던 것이다.

책을 눈으로 읽는 것보다 입으로 낭독하는 것이 더 오래된 전통일 수밖에 없는 근원적인 이유는 문자보다 구술(口述) 언어가 먼저 생겼기 때문이다. 문자는 사람이 입으로 말을 주고받고 나서 그 후에 만들어지는 과정을 거친다. 그리고 실제로 말은 주고받지만 문자는 없는 경우가 더 많다. 월터 J. 옹(Walter J. Ong)은 이렇게 말했다. "인간 역사상 입에 오르내린 몇천 가지의 언어들 중에서 문학을 산출할 정도로 충분히 쓰기가 가능한 언어는 불과 106개에 지나지 않는다."[29] 지나간 세계 역사를 살펴볼 때 문자로 읽을 수 있는 자신들만의 언어를 가진 사람들은 소수였다는 지적이다. 그러므로 언어는 본질상 문자가 아닌 입으로 말하는 구술로부터 비롯되었다는 점을 생각할 때 눈으로만 읽는 것보다는 입으로 소리 내어 읽는 것이 독서에서도 먼저였던 것이다.

대부분의 구약 성경도 모인 회중에게 낭독된 글이었다. 종교 현상학자 게오 비덴그렌(Geo Widengren)은 이렇게 말했다. "구약의 저자는 귀로 듣는 청중들을 위해 그 글을 기록했다. 하나님의 말씀을 문서로 기록한 가장 중요한 이유는 큰 소리로 읽기 위한 것이었으며, 외우기 위해서였다."[30]

성경이 저술될 때 우선적인 용도가 낭독이었다는 증거는 성경 가운데 반복되는 말이 많다는 점이다. 지금처럼 문자로 바로 기록될 경우 문장의 반복은 불필요하며 독자들에게 불편감을 초래하기에 피해야 한다. 하지만 낭독 문화에서는 문장과 내용의 반복이 필수적이다.

몇 분 전에 했던 말들을 시간이 지나면서 가끔씩 다시 반복해야 사람들이 읽어 주는 내용을 잊지 않고 따라잡을 수 있을 뿐 아니라 바로 머리에 집어넣어서 구전으로 자녀나 다른 사람들에게 전달할 수 있기 때문이다. 또한 한글 번역본으로는 잘 파악되지 않지만 구약 히브리어는 운율과 회화적 이미지가 많이 포함되어 있는 언어이다. 그렇기에 낭독할 때 사람들의 귀에 더 아름답게 들리면서 그들의 뇌리에 오래 기억될 수 있었고, 다른 사람들에게 고스란히 노래처럼 잘 전달할 수 있었던 것이다.

고대와 중세까지 사람들이 책을 눈으로 읽지 않고 소리 내어 읽었던 또 하나의 배경은 글을 읽을 수 있는 사람이 극소수였다는 점이다. 신약 성경의 배경이 되는 로마 제국 시대만 해도, 학자들에 따라 추정의 차이는 있지만, 대략 전체 인구의 10%만이 글을 읽을 수 있었을 것으로 보인다.[31] 글을 읽을 수 있는 사람이 읽지 못하는 다수에게 큰 소리로 책을 읽어 주는 것이 보편적인 모습이었다. 전문적으로 책을 낭독해 주는 직업까지 존재할 정도였다. 그러니 책이란 것은 원래 소리 내어 읽는 것으로 인식될 수밖에 없었다.

또한 인쇄술이 확산되기 전까지 책은 매우 고가품이었기에 대중이 쉽게 책을 접할 수 없었다. 16세기 독일에서 마르틴 루터(Martin Luther)가 독일어 성경을 펴내기 전까지 독일어 필사본 성경 한 권의 값은 대략 5억 원이나 되었다고 한다. 그런데 루터가 찍어 낸 독일어 번역 성경은 권당 150만 원이었다. 오늘날로 치면 폭탄 세일이나 마찬가지로 싼 가격이었던 셈이다. 그래서 루터의 독일어 성경은 한 달도 안 되어

초판 3,000부가 매진되었고, 15년 만에 20만 부가 팔렸다고 한다.

1437년 구텐베르크(Gutenberg)가 인쇄술을 발명하기 이전에는 일반 서적도 구하기 쉽지 않았다. 종교의 경전은 말할 것도 없이 일부 성직자들만의 전유물이었다. 그렇기에 종교 경전은 예로부터 성직자나 글을 읽을 수 있는 극소수가 다수의 회중에게 읽어 주는 전통이 당연시되어 왔고, 예배 의식에서 경전 낭독이 핵심적인 의례였다.

12세기의 이슬람 신학자 아부 하미드 무하마드 알가잘리는 그들의 경전인 《꾸란》을 읽고 연구하는 규칙을 만들었다. 그 규칙 제5번은 자신이 읽는 것을 곰곰이 생각할 수 있도록 천천히 그리고 또박또박 읽을 것을 규정하고 있다. 그리고 규칙 제9번은 자신도 충분히 들을 수 있도록 큰 소리로 읽으라고 권한다.[32] 지금도 《꾸란》을 읽는 이슬람 교인들은 소리 내어 낭독하고 있으며, 힌두교인들도 그들의 경전을 소리 내어 읽으면서, 심지어 큰 소리로 외치고 손짓까지 해 가면서 읽고 암송하는 모습을 볼 수 있다.

불교도 마찬가지다. 내가 추첨으로 간 중학교는 불교 재단에서 세운 불교계 학교였는데, 매주 토요일 아침 조례는 종교 조례로 행해졌다. 시간이 되어 교실 스피커에서 소리가 나면 다들 일어서서 뒤로 돌아야 했다. 교실 뒤 벽에는 석가모니 사진이 붙어 있었다. 그 사진을 보고 합장을 하면 스피커에서 《반야심경》 독경 소리가 흘러나왔다. "마하반야바라 밀다심경 관자재보살 행심반야바라밀다시 조견오온개공…." 뜻도 모르면서 리듬감 있게 노래하듯이 읊조리는 독경 소리를 들으며 서 있어야 했다. 지금도 불교 스님들은 불교의 수많은 경전을 읽을 때 소리 내어 리듬감 있게 읽는다.

세계 대부분의 종교에서 경전을 읽을 때 소리 내어 낭독하는 전통이 지금까지 이어져 오는 것을 생각할 때, 개신교인들이 성경을 눈으로만 읽는 모습은 사실상 매우 독특한 점이다.

종교에서만 아니라 과거의 학습 방법 역시 낭독이 기반이었다. 우리나라 선조들에게 공부를 한다는 것은 책을 큰 소리로 낭독한다는 의미였다. 《천자문》을 공부할 때 "하늘 천, 땅 지, 검을 현, 누를 황" 하면서 소리 내어 낭독했다. 모든 종류의 책을 하루 종일 큰 소리로 낭독하면서 그 책을 통째로 암기하는 것이 과거 선비들의 공부 방법이었다. 그리고 외운 시 구절이나 문장의 뜻을 해석하기도 하고, 서로 주거니 받거니 글을 짓기도 했다. 서양 세계도 크게 다를 바 없었다. 호머(Homer)의 《일리아드》나 《오디세이》 같은 책을 소리 내어 읽고 수시로 읊조리면서 마침내 그 긴 서사시를 통째로 암기했다.

내가 어릴 때부터 존경해 온 우리나라 위인 중 한 분은 안중근 의사다. 안중근 의사가 남긴 유명한 휘호가 "일일부독서(一日不讀書)면 구중생형극(口中生荊棘)이라"이다. "하루라도 독서를 하지 않으면 입 안에 가시가 돋는다"는 뜻이다. 지금의 기준으로 생각하면 말이 안 된다. 책을 읽지 않는데 왜 눈이 아니라 입에 가시가 돋을까? 눈으로 책을 읽지 않으면 눈에 가시가 돋아야 하는 것이 아닐까? 하지만 일제 강점기까지도 우리 조상들은 소리 내어 입으로 책을 낭독했기에 "하루라도 책을 낭독하지 않으면 입에 가시가 돋는다"고 표현했던 것이다.

옛날 구술·청각 문화 시대의 사람들은 책을 필사해서 자신의 책으로 만들 수밖에 없었다. 그렇게 책을 필사할 때도 거의 대부분 한 사람이 소리 내어 낭독하면 한 사람 혹은 여러 필사자들이 동시에 받아 쓰면서 대량의 필사본을 제작했다.[33] 그리고 필사하는 사람 본인도 입으로 복창하면서 필사했다. 8세기의 어느 필사자는 이렇게 고백했다. "얼마나 피나는 노력이 있어야 하는지 모른다. 손가락 세 개는 열심히 옮겨 적고, 두 눈은 끊임없이 보고, 혓바닥은 말을 하고, 온몸은 산고(産苦)를 치른다."[34] 오늘날 우리가 눈으로만 읽는 책을 과거 사람들은 힘을 들여 소리 내어 읽고 공 들여 베껴 쓰며 후세에 전수한 것이다.

✝ 성경 시대와 교회사의 신앙 선배들도 성경을 낭독했다

구약 시대 이스라엘 백성도 토라 낭독을 듣는 것을 통해서 하나님의 뜻을 배웠다. 절기 집회에 모이면 성경을 낭독하는 소리를 다 같이 들었다. 느헤미야 8장에는 나팔절 집회 광경이 묘사되어 있다. 바벨론 포로에서 귀환한 이스라엘 백성은 느헤미야의 리더십 아래 똘똘 뭉쳐서 예루살렘 멸망 때 무너졌던 예루살렘 성벽을 52일 만에 재건했다. 그 공사는 유대력으로 여섯째 달(엘룰 월) 25일에 완공되었다. 그리고 나서 며칠 후인 일곱째 달(티쉬리 월) 1일은 새해 첫날, 즉 나팔절이었다.

그날 온 백성이 다 같이 수문 앞 광장에 모여서 제사장 에스라가 율법을 낭독하는 소리에 귀를 기울였다. 새벽부터 정오까지, 무려

6시간 정도 일어서서 율법의 낭독과 함께 그 뜻을 풀이하는 것을 들었다. 그 말씀을 듣고 깨달은 백성들은 다 울었다(느 8:9). 하나님의 음성을 심령으로 명확하게 이해했기 때문이다. 말씀이 귀에 들린 동시에 영혼에 울림으로 침투되었고, 그 말씀의 의미까지 선명하게 알게 되자 회개와 감격이 샘솟은 것이다. 그리고 말씀을 통해서 하나님을 만남으로 영혼의 희열이 밀려왔다(느 8:12).

그 결과, 그들은 율법에 명한 바를 그동안 지키지 않은 것을 회개하면서 7월 15일 초막절을 대대적으로 지키고, 초막절을 마친 후에도 다시 모여서 회개의 집회를 자발적으로 열었다. 그러고는 자신들의 신앙적 결심을 언약문으로 적어서 맹세하기도 했다. 놀라운 종교 개혁이 일어난 것이다. 이 모든 일의 시작은 바로 성경을 소리 내어 낭독하는 것을 들은 데서, 그 말씀의 뜻을 이해한 데서 비롯되었다.

이처럼 절기에 말씀을 낭독하는 전통에 대해 주후 1세기 유대인 역사가 요세푸스(Josephus)는 그 당시 초막절 절기를 지키는 풍습을 묘사하면서 다음과 같이 설명했다.

초막절 절기가 이르면, 많은 사람이 거룩한 도시에 희생 제사를 올리려고 모여들었다. 이때가 되면, 그가 하는 말을 사람들이 들을 수 있게 높이 세운 단 위에 올라선 대제사장으로 하여금 율법을 온 회중에게 낭독하게 했다. 아울러 여자와 어린이도 이 청중에서 제외하지 못하게 했을 뿐 아니라, 노예도 제외하지 못하게 했다. 이는 이 율법을 결코 지워지지 않게 그들의 마음에 깊이 새겨 그들의 기억 속에 저장하는 것이 좋기 때문이다(Ant. 4. 8. 12).[35]

요세푸스는 절기에 모두가 함께 성경 말씀 낭독을 듣는 것이 말씀을 '마음에 새겨 저장'하려는 목적이었다는 점을 분명하게 언급해 놓았다.

성경을 낭독하는 전통은 신약 시대에도 자연스럽게 이어졌다. 신약 시대 회당에서는 랍비 시대 이전부터 이어져 온 전통에 따라 토라와 선지서가 낭독되었고, 이는 역사가 누가의 언급으로 알 수 있다(눅 4:16; 행 13:15, 15:21). 예수님도 나사렛 회당에서 설교하실 때 이사야서를 낭독하셨다(눅 4:16-17). 그 후 초대 교회의 예배에서 사도들의 회고록이나 선지자들의 글을 낭독했으며, 시간이 허락되는 대로 가능한 한 오래도록 낭독을 듣기 위해 모였다고 2세기 순교자 유스티누스(Justinus)의 《제1변증서》에 언급되어 있다.[36]

주후 4세기 이전까지 교회들의 예배에서는 구약과 신약의 복음서, 서신서 등 세 곳의 본문을 낭독했으며, 낭독되는 동안 회중은 서서 들었다. 또한 메소포타미아 지역 교회의 예배 성구집을 참조하면, 회중은 주일 예배 때마다 평균 4-6장씩 성경 낭독을 들은 것으로 보인다.[37] 예배 때마다 한 단락 정도만 읽는 오늘날의 모습과는 달라도 많이 달랐다.

무엇보다도 중요한 점은, 신약의 서신서들은 개인에게 보내진 서신 일부를 제외하면 초대 교회 예배에서 참석한 회중에게 소리 내어 읽어 주는 용도로 기록된 것이라는 사실이다. 사도 바울은 젊은 목회자 디모데의 임무에 대해 이렇게 명령했다. "내가 이를 때까지 읽는 것과 권하는 것과 가르치는 것에 전념하라"(딤전 4:13). 초대 교회 목회자들은 '읽는 것', '권하는 것' 그리고 '가르치는 것'에 전념하는 사람들이었다.

그런데 여기서 '읽는 것'은 혼자서 성경을 읽으라는 의미가 아니라, 회중에게 성경을 낭독해 주라는 의미이다. 명사형 '아나그노시스'(ἀνάγνωσις)는 동사형 '아나기노스코'(ἀναγινώσκω)에서 나왔다. 원래 '아나기노스코'는 '알다'(know)라는 뜻이었는데, 점차 '소리 내어 낭독하다'(read aloud)라는 의미로 널리 쓰이게 되었다. 실제로 신약 성경에서 이 단어는 32회 나오는데, 전부 다 '소리 내어 낭독하다'라는 뜻으로만 사용되고 있다. 대표적으로 다음 구절들을 들 수 있다. "내가 주를 힘입어 너희를 명하노니 모든 형제에게 이 편지를 읽어 주라"(살전 5:27). "이 편지를 너희에게서 읽은 후에 라오디게아인의 교회에서도 읽게 하고 또 라오디게아로부터 오는 편지를 너희도 읽으라"(골 4:16). "이 예언의 말씀을 읽는 자와 듣는 자와 그 가운데에 기록한 것을 지키는 자는 복이 있나니 때가 가까움이라"(계 1:3).

당연히 그 당시의 습관을 따라 교회사 가운데서 사막 교부나 수도사들 등 영적인 훈련에 힘썼던 사람들도 성경을 낭독하면서 묵상했다. 베네딕트 수도원을 비롯한 수도원에서는 하루 일곱 번의 예배에서 성경을 소리 내어 노래하듯이 읽었으며, 개인 묵상 시간에도 성경을 낭독하고 시편을 노래했다. 사막 교부나 수도사들이 기도하고 묵상한다는 의미는 소리 내어 성경을 읽으면서 그 읽은 말씀을 음미하고 암송하면서 기도했다는 의미였다.

수도사가 성경을 읽는 모습을 묘사한 글을 보면 재미있는 표현이

나온다. "고즈의 존(John of Gorze)이 입술을 달싹이며 웅얼웅얼 시편을 읽는 소리는 꼭 벌이 윙윙대는 소리 같았다."[38] 그러기에 수도사들은 '독서'(lectio)라는 말과 '듣기'(auditio)라는 말을 종종 동의어로 사용했다. 왜냐하면 소리 내어 낭독하면 자신의 귀에 들리기 때문이었다. 귀에 들리면 마음에 더 잘 전달된다. 그들에게 성경 읽기란 단순히 입으로 읽는 것이 아니라, 소리 내는 동시에 마음으로도 듣는 것이었다. 그 시대 사람들에게 독서의 목적은 단순히 책을 읽는 데 있지 않고, 마음으로 듣기 위한 것이었다.[39] 귀로 듣고 마음으로 들으면서 그 책의 내용을 자신의 영혼에 담아 두는 과정이 바로 독서였다.

또한 다른 사람에게 성경을 읽어 주는 행동을 통해서 듣는 사람의 영혼에서도 하나님의 음성 듣기가 시작된다. 사람의 음성은 내부에서 시작되어 다른 사람의 내부를 향해서 나아간다. 시각적인 형태와 달리 소리는 사람의 내면을 강하게 건드린다. 소리가 내면 깊은 곳에서 밖으로 표출되면 다른 사람의 귀에 들리고, 이어서 그 사람 속에서 내면화되는 과정을 거친다. 그러기에 하나님은 하나님의 내면을 우리 내면으로 전달하기 위해서 말씀을 사용하셨고, 그 말씀이 말로 들리게 하신 것이다.

아무래도 눈으로 읽을 때는 자신도 모르게 지식과 정보를 얻는 데 더 치중하게 된다. 하지만 귀로 들을 때는 관계적이며 감성적인 기능이 더 민감하게 작동된다. 귀에 들릴 때 인격적인 수용이 훨씬 잘 이루어진다. 그러기에 글자를 읽을 때보다 귀로 들을 때 하나님의 음성을 더 잘 들을 확률이 높아진다.[40]

교회 역사를 보면 여러 차례의 영적 각성과 부흥이 있었다. 18세기 영국에서 일어났던 대부흥의 주역은 감리교의 창시자로 알려진 존 웨슬리(John Wesley)였다. 그는 형식적인 종교 생활에 빠져 있던 수십만 명의 신앙을 갱신시켰고, 타락한 영국 사회를 새롭게 했다고 평가받고 있다. 그는 3대째 목사를 배출한 목사 집안에서 태어났다. 그리고 훌륭한 믿음의 어머니 수산나의 신앙 교육을 잘 받았다. 옥스퍼드 대학 시절 친구들과 함께 홀리 클럽(Holy Club)을 조직하여 성경 연구와 기도, 금식, 성찬식과 교도소 전도와 구제 등에 힘썼던 믿음의 사람이었다. 옥스퍼드대학에서 헬라어와 성경을 가르치기도 했다. 그러고는 미국 조지아주에 선교사로 파송되어 다녀왔다.

그러나 이렇게 화려한 신앙 이력을 가졌음에도 그는 구원의 진리에 대한 지식이 희미했고 확신도 없었다. 자신의 죄를 생각할 때 하나님이 자신을 받아들여 주실지에 대해 회의적이어서 수시로 혼란에 빠졌다. 그랬던 그를 열정적인 복음 사역자로 변화시킨 사건이 바로 올더스게이트 거리(Aldersgate Street)에서의 영적 체험이었다.

1738년 5월 24일, 웨슬리는 영국 런던의 올더스게이트 거리의 어떤 집에서 열리는 모임에 참석했다. 그 모임은 모라비안 교도들의 경건회 모임이었다. 그 모임에서 페인트공 홀런드 씨가 마르틴 루터가 쓴 《로마서 강해》의 서문을 낭독하고 있었다.

저녁 8시 45분쯤이었는데, 책 읽는 소리를 듣고 있던 웨슬리의 영혼에 큰 깨달음이 왔다. 예수 그리스도를 믿는 믿음으로 말미암아 하나님이 인간의 심령에 일으키시는 변화에 대한 구절을 들을 때 그의 마음에 성령의 감동이 밀려왔다. 예수 그리스도가 십자가에서 은혜로 자신의 죄를 제거해 주셨다는 확신이 영혼 깊은 데서 올라왔다. 그는 모인 사람들 앞에서 자신이 예수님을 믿음으로 구원받았음을 확신하게 되었다는 사실을 간증했다. 이 체험 이후로부터 웨슬리는 방방곡곡을 다니면서 구원의 확신과 감격, 십자가 구원의 복음을 전파하는 복음 전도자가 되어 수많은 사람의 영성을 새롭게 일으켰다.

웨슬리의 확신과 변화는 성경 강해서 낭독을 들음으로써 일어났다. 책 읽는 소리를 듣는 가운데 성령님께서 그의 마음속에 그 뜻을 깨닫게 역사하신 것이다. 책을 소리 내어 낭독하는 방식을 통하여 교회사의 물줄기를 바꾼 위대한 영적 거성이 세워진 것이다.

✝ 낭독의 효과는 과학적으로도 입증되었다

낭독 자체가 뇌 발달과 독서 효과의 상승을 가져온다는 연구 결과가 많이 있다. 2011년에 MBC에서 〈뇌깨비야 놀자-우리 아이 뇌를 깨우는 101가지 비밀〉이라는 프로그램을 방영했다. 방송에서는 성적이 비슷한 초등학생들을 두 그룹으로 나누었다. 이전에 읽어 본 적이 없는 책을 나눠 주고는 한 그룹은 묵독으로 읽게 하고, 한 그룹은 낭독으로 읽게 했다. 정해진 시간이 지난 후 독서 퀴즈 평가를 한 결과, 1차 평가 때는 묵독팀이 평균 36.0점, 낭독팀이 평균 50.6점이 나왔다. 다시 두 그룹을 서로 바꾸어서 같은 실험을 하여 2차 평가를 해 보니, 묵독팀이 38.7점, 낭독팀이 57.5점이 나왔다. 두 평가 모두 낭독

을 한 아이들이 묵독을 한 아이들보다 읽은 내용을 더 잘 기억했다.[41]

뇌과학 연구 분야에서 저명한 일본 도호쿠대학의 가와시마 류타 교수팀은 51명의 실험군을 대상으로 6개월 동안 낭독 훈련을 시킨 후 47명의 대조군과 비교했다. 그 결과, 낭독 그룹의 기억력이 20% 향상되었다고 한다.[42] 더 나아가서 가와시마 류타 교수는 아이들이 컴퓨터 게임을 할 때, 단순 계산을 할 때, 묵독을 할 때 그리고 낭독을 할 때 뇌 활성화 정도를 촬영했다. 그 결과, 게임을 할 때보다는 계산을 할 때 뇌가 더 활성화되었고, 계산할 때보다 묵독으로 독서할 때 뇌가 더 활성화되었으며, 묵독할 때보다 낭독할 때 뇌가 20-30% 더 활성화되는 것을 발견했다.[43] 우리의 뇌는 책을 소리 내어 읽을 때 더 활발하게 움직인다는 점을 입증한 것이다.

가천대학교 의대 뇌과학연구소의 김영보 교수팀도 묵독과 낭독 시 뇌의 어느 부분이 활성화되는가에 대한 연구를 했다. 책을 읽을 때 뇌 영상 장비인 기능성 자기공명영상(f-MRI)으로 촬영한 결과, 묵독할 때보다 낭독할 때 뇌에서 더 활성화된 영역이 네 군데라고 한다. 1차 운동피질 영역과 1차 청각피질 영역 등 운동 영역들이 활성화되었고, 단어의 의미를 이해하는 베르니케 영역과 발성을 담당하는 브로카 영역 등이 훨씬 많이 활성화되었다.[44]

세계의 여러 다른 연구 조사에서도 낭독을 할 때 뇌에서 시각을 담당하는 후두엽과 청각을 담당하는 측두엽, 베르니케 영역, 브로카 영역, 주의력과 공간 감각을 담당하는 두정엽 등 두뇌의 많은 부분이 활성화된다는 점이 밝혀졌다.

김영보 교수는 "낭독은 시각, 청각, 입 운동 등 많은 자극이 동시에 이루어지기 때문에 쉽게 뇌를 활성화시킬 수 있다"[45]라고 말했다. 낭독은 천천히 소리 내어 읽음으로써 읽고 있는 내용을 머리에 기억시키는 작업이라 할 수 있다. 문자 정보를 음성으로 변환시켜서 뇌에 저장하는 일이다. 그런 점에서 낭독은 뇌에 정보를 새기는 과정이다. 마치 컴퓨터 칩에 회로가 새겨지는 것과 같은 원리로, 읽은 내용을 기억 회로에 더 잘 저장시켜 다시 꺼내 쓸 수 있게 하는 방법이다.[46]

물론 모든 독서 활동을 다 낭독으로 해야 할 필요는 없고, 모든 때에 늘 낭독할 수도 없다. 사람들이 많은 곳에서는 아무래도 묵독을 해야 할 것이며, 신문 잡지나 심심풀이로 읽는 책들까지 정성 들여 낭독할 필요는 없을 것이다. 그러나 성경이나 고전 문학, 시와 시조 등 사색과 감동 그리고 치유를 위한 독서를 할 때는 조용한 곳에서 마음을 집중하여 낭독하는 것이 유익하다. 낭독이라는 방법 자체가 읽을 때 집중력을 강화시켜 주어서 본문의 의미를 더 잘 이해하게 만들기 때문이다.

낭독은 눈과 귀와 입이 총동원되기에 잡념과 의심을 막아 줄 뿐 아니라 읽은 내용을 더 확신할 수 있게 만들어 준다. 또한 눈으로 보고, 입으로 소리 내며, 귀로 듣는 작업이 동시에 이루어질 때 읽은 내용이 마음에 더 잘 스며든다. 게다가 대부분의 경우 목소리로 읽다 보면 자신도 모르게 얼굴이나 몸을 조금씩 움직이게 되면서 온몸으로 책을 흡수하는 효과가 발생한다. 읽는 내용이 훨씬 더 생생하게 그림으로 그려지고, 상상이 되고, 피부로 감겨 오는 듯한 느낌을 받게 된다. 그래서 눈으로만 읽는 것을 스케치라고 한다면, 눈과 귀로 읽는 것은 그림을 그리는 것이고, 눈과 귀와 입을 동원하여 읽는 것은 조각 작품을 만드는 것과 같다고 할 수 있다.[47]

이런 이유로 과거의 수도사들도 소리 내어 성경을 읽고 묵상했다. 말씀 묵상을 위한 최선의 방법이 소리 내어 읽는 것임을 우리 신앙의 선배들은 체험적으로 안 것이다. "묵상이란 단어를 발음하고, 그것을 청취하는 청각의 기억에 주의력을 쏟아서 전체를 암기하는 것이다. … 말하자면 묵상이란 신성한 본문을 몸과 영혼 안에 새기는 것이다. … 묵상이란 낭독하는 문장에 바짝 다가서서, 모든 단어를 저울질하여, 단어의 뜻을 속속들이 재는 것이다."[48]

✝ 공예배 때의 성경 낭독을 회복해야 한다

성경을 낭독하는 것에 대해 큰 자극을 주는 책 《말씀을 낭독하라》(국민북스, 2019)에서 충격적인 기록을 읽었다. 예수님 시대의 회당 예배에서는 성경을 봉독하는 시간이 중요했으며, 오히려 설교는 선택 사항이었다는 연구 내용이다.[49] 오늘날의 관념으로 보면 이해가 안 될 일이다. 하지만 곰곰이 생각해 보면 놀라운 진리를 깨우치게 된다. "순수하고 본질적인 의미에서 '하나님의 말씀'이란 무엇인가?"라는 질문을 던져 보면 그 의미를 바로 이해할 수 있다.

가장 기본적인 의미에서 '하나님의 말씀'이란 설교이기 이전에 성경 본문이다. 설교도 인간의 언어로 대언되는 하나님의 말씀임이 틀림없지만, 군이 순서를 따지자면 설교보다는 성경 말씀 그 자체가 우선적으로, 본질적으로 하나님의 말씀이라는 것은 누구도 부정할 수 없는 진실이다. 설교는 인간의 언어로 표현되고, 인간의 생각과 감정이 스며들 수 있는 행위이지만, 성경 본문은 원액 그대로의 하나님의 말씀이다. 교회 역사를 살펴보면, 성경이 가정마다 널리 보급되기 시작한 16세기 종교 개혁기 이전까지의 그리스도인들은 자신의 눈으로 성경책을 보지도 못한 채, 교회 강단에서 낭독되는 하나님의 말씀을 귀로 듣는 행위만으로 믿음의 성장을 이루었다는 점을 숙고해 봐야 한다. [50]

그렇다면 깊이 생각해 볼 때, 예배에서 회중이 하나님의 음성을 듣는다면 어떤 순서에서 듣는 것일까? 물론 설교자가 대언하는 설교를 들으면서 하나님이 자신에게 하시는 음성을 들을 수 있다. 하지만 조금만 더 깊이 생각해 보면, 설교 시간보다 먼저 성경 봉독을 통해서 하나님의 음성을 듣는 것이 마땅하다.

지금도 예전적인 교파의 교회들에서는 성경을 봉독하기 전에 예배 인도자가 "이것은 주님의 말씀입니다"라는 멘트를 하는 경우가 많고, 그 멘트를 할 때 회중이 다 같이 일어서서 성경 봉독을 듣곤 한다. 꼭 그런 멘트가 첨가되지 않더라도, 성경 봉독자나 회중이 지금 귀에 들리는 그 성경 구절 자체가 바로 살아 계신 하나님의 음성임을 인식하는 태도를 회복해야 한다. 특히 성도들을 바르게 지도해야 하는 목회자가 우선적으로 성경 봉독이 하나님의 음성을 듣는 시간임을 인식하는 것이 중요하다.

설교학자 프레드 크래독(Fred Craddock)은 이렇게 지적했다. "교회에서 목회자는 성경의 중요성에 관해 수없이 말하고 있습니다. 그러나 정작 많은 장소에서 성경의 공적 낭독은 제대로 행해지지 않습니다. 목회자들은 스스로 강조하고 있는 그 성경의 중요성에 대한 확신을 실제로 지지하지 못하고 있는 것입니다."[51] 또한 신학자 존 데이비스(John Davis)도 말했다. "심각하게 말해서 성경의 공적 낭독은 인간 설교 자로부터 떨어져서 우리에게 직접 말씀하시는 하나님의 자유로운 권위를 인정하는 방편이다."[52] 인간 설교자의 입술로 선포되는 설교 이전에 성경 낭독 순서가 하나님의 음성이 들려지는 시간임을 교육시킬 때 말씀에 대한 진정한 권위가 회복될 수 있다.

설교자 W. E. 생스터(W. E. Sangster)는 말한다. "공예배 시의 성경 낭독은 공적 예배를 풍성하게 하는 폭넓은 기회를 제공한다. 그럼에도 예배에서 말씀이 제대로 읽히지 않는다는 것은 아주 유감스런 일이다. 성경 말씀이 잘 낭독되어 사람들에게 살아 역사할 때에, 종종 설교가 실패하고 마는 것, 즉 사람들의 영혼에 다가오는 하나님의 '바로 그 음성 전달하기'가 가능할 것이다."[53]

생스터의 말을 곱씹어 볼 필요가 있다. 설교자든 회중이든 그날의 설교를 통해서 하나님의 음성이 들리기를 기대한다. 하지만 설교가 항상 하나님의 음성으로 들리지는 않는 것이 현실이다. 설교자도 그 점에서 실패할 때가 많으며, 성도들 역시 설교를 통한 하나님의 뜻 청취가 마음먹은 대로 잘 안 될 수 있다. 하지만 하나님의 말씀 그 자체인 성경은 다르다. 성경을 소리 내어 낭독하면 설교자가 설교를 잘하건 못하건 구애를 받지 않으며, 성도들도 설교 내용을 잘 이해하건 못하건 상관이 없다. 그저 하나님의 말씀인 성경 그 자체가 이미 본질상 하나님의 음성임을 믿기만 하는 것으로, 그날 그 시간에 각자에게 들려주시는 하나님의 음성을 듣고 집으로 가는 것이 가능하다.

이렇게 공예배 시의 성경 낭독이 모든 사람에게 하나님의 음성으로 받아들여지기 위해서는 그 사실에 대한 믿음도 중요하지만, 성경을 낭독하는 사람의 준비도 중요하다. 성경을 봉독하는 사람이 먼저 성경 낭독을 위해 준비되어야 한다. 성경 봉독자는 성경 봉독 시간에 성령님께서 임재하시도록 기도로 준비하는 동시에, 구체적으로 자신이 먼저 본문을 읽으면서 그 본문에서 은혜를 받아야 한다. 본문 한 글자, 한 글자를 천천히 읽으면서 저자의 마음을 상상해 보고, 이 글을 처음 읽은 독자들의 심정도 느껴 보아야 한다. 당시의 정황도 그려 보고, 그 글 배후에 숨겨진 뉘앙스도 묵상해 보면 좋다. 무엇보다도 본문이 자신의 영혼을 변화시키도록 기도해야 한다.

그리고 나서 낭독할 때는 자신이 본문에서 받은 은혜를 그대로 표출하면서 읽는 것이 좋다. 그럴 때 듣는 청중에게도 같은 감동이 임할 수 있다. 성직자이며 수사학자인 휴 블레어(Hugh Blaire)가 말했다. "청중의 감정을 움직이는 효과적이고도 유일한 방법은 당신이 먼저 느끼는 것이다. … 명백히 열정에는 전염성이 있다."[54] 말씀 낭독 시 낭독자가 읽는 행위에 자신의 감정을 투입함으로써 청중에게도 그가 감명받았던 바를 느끼게 할 수 있다. 성도들은 자신의 목회자가 왕 중의 왕으로부터 메시지를 받고 있는 것을 느낄 때 그들 역시 천상으로부터 오는 소리를 경청하는 자세를 갖게 될 것이다. 성공회 주교 리처드 화틀리는 이렇게 말했다. "하나님의 말씀을 전하는 자는 혼신의 노력을 다해서 저자의 감정을 충분히 이해하고 느껴서 마치 그 책을 기록한 저자처럼 전달할 수 있게 해야 한다."[55]

그런 점에서 효과적인 낭독을 위한 연습을 하는 것이 필요하다. 발성, 목소리의 고저장단, 잠시 멈추기, 음악적 고려, 강세 등 낭독에 필수적인 요소들에 관심을 갖고 미리 연습해 보면 더 효과적인 낭독으로 발전할 수 있다.[56] 본문의 이해를 위해 하나의 번역본 말고 다른 번역본도 더불어 낭독하는 것이 필요할 수도 있다. 설교 전에 한 번 낭독하고, 설교 후에 한 번 더 낭독하는 것도 유익하다. 혼자만 낭독할 수도 있지만 본문을 여러 사람이 나누어서 낭독하는 공동 낭독의 방법 등 여러 가지 새로운 시도를 해 볼 수 있다.[57]

✝ 개인적으로 성경을 읽을 때 소리 내어 읽는 것이 유익하다

성경적인 원래의 뜻으로 볼 때 묵상이 작은 소리로 중얼중얼 읊조리는 습관이요, 읊조림의 시작과 기초가 소리 내어 낭독하는 것임을 깨달았기에 나는 '행복한 말씀묵상학교' 수강생들에게 낭독을 시킨다. 묵상할 본문을 10회 소리 내어 읽도록 하고, 읽은 말씀을 녹음해서 메신저 앱 단톡방에 올리도록 과제를 준다. 처음에는 왜 굳이 낭독을 해야 하는지 영문을 몰라 하던 수강생들이 낭독을 하면서 큰 은혜를 누리는 모습을 보곤 한다. 다음은 낭독에 대한 수강생들의 고백이다.

"내가 받은 큰 은혜는 낭독의 마법을 이해한 것이다. …신기하게도 낭독할 때마다 다른 구절이 보이고, 낭독할 때마다 다르게 해석이 되기도 함을 경험했다." - 서울의 O집사

"그동안 성경을 눈으로만 읽었는데, 소리 내어 연거푸 같은 성경을 읽는 소리가 내 귀를 자극하기 시작했고, 드디어 눈물을 몰고 왔습니다. 성경 읽다가 이렇게 울기는 66세 내 생애 중 드문 일이라서 신기했습니다." - 필리핀의 K선교사

"똑같은 성경 본문을 한 번, 두 번, 세 번… 거듭 읽으면서 매번 새롭게 한 단어, 한 구절씩 눈에 들어오고, 또 다른 의미로 내게 다가왔다. 처음에는 눈으로 읽고, 입으로 소리 내어 읽으면서 그 말씀이 내 머릿속을 거쳐서 내 마음속으로 들어오는 것을 느꼈다. 그리고 뜨거운 눈물을 쏟게 했다." - 서울의 B집사

"특히 낭독할 때 많은 은혜를 주셨습니다. 매주 주어지는 말씀이 어쩌면 그렇게 나에게 해당되는 말씀인지, 낭독하며 말씀이 깨달아지면서, 하나님의 마음과 나의 현실이 오버랩되면서 눈물이 하염없이 흘렀습니다. 낭독한 말씀을 녹음해서 단톡방에 올리고 다시 들으면서 또 울고…. 일주일 내내 암송하고 묵상하고 말씀 붙잡고 씨름했다고 해도 과언이 아닙니다." - 캄보디아의 S선교사

"말씀을 그저 반복해서 읽기만 하는데도 감동이 되고, 읽을수록 말씀이 내 귀에, 마음에 쏙쏙 박혔다. 소리 내어 읽을 때 집중도 잘되고 반복해서 읽을수록 힘이 실려 선포의 기도문이 되기도 하고, 나의 믿음의 고백과 결단이 되기도 했다. 때

로는 말씀을 읽으며 눈물로 회개하는 기도가 되기도 했다." - 인도의 L선교사

이렇게 성경은 대부분 입에서 입으로 전수된 '낭독의 책'이었기에 성경을 읽을 때는 묵독보다는 낭독 식으로 읽는 것이 말씀의 원래 맛과 멋과 뜻을 훨씬 더 온몸으로 느낄 수 있는 방식이다. 하나님의 음성이 담긴 책인 성경은 인간의 발성을 사용하여 소리 내어 읽을 때 그 말씀이 선포가 되고, 묵상이 되고, 암송이 되며, 영혼 깊은 곳으로 울림이 전달된다. 그 말씀에 나의 감정을 싣고, 나의 지성을 담고, 나의 의지를 엮어서 소리 내어 읽을 때 그 말씀의 능력과 위로와 치유가 내 가슴속으로 침투하는 것을 느낄 수 있다. 그렇게 소리 내어 읽다 보면 갑자기 말씀의 의미가 확 이해되기도 하고, 읽다가 기도의 입술이 터지기도 하고, 회개의 눈물이 쏟아지기도 한다.

그냥 눈으로만 읽고 본문을 묵상하던 사람이 읽는 방식을 바꾸기만 해도 묵상이 새로운 차원으로 비약함을 경험할 수 있다. 한 번만 해도 유익하지만 더 많이 낭독할수록 말씀의 뜻을 더 깨닫게 되고, 기도의 문이 더 활짝 열리며, 적용을 위한 각오가 샘솟는 것을 느낄 수 있다.

자녀와 성경을 번갈아 가면서 낭독하면 자녀에 대한 말씀 교육에도 유익하고, 부부 혹은 온 가족이 가정 예배 때 좀 더 신경 써서 낭독하는 연습을 하면 가정에 말씀의 능력이 임하는 체험도 할 수 있다. 자신이 낭독한 말씀을 녹음해서 수시로 듣다 보면 또다시 새로운 감동이 밀려오기도 한다. 성경 66권 전체를 자신의 목소리로 낭독하여

나만의 오디오 성경을 만들겠다는 영적 포부를 품는다면 훨씬 더 큰 영적 즐거움을 맛볼 수 있을 것이다.

개인 기도할 때 성경을 낭독하고 나서 기도하면 말씀에서 흘러나오는 은혜로 기도가 더 충만해질 수 있다. 교회에서는 구역이나 기관별로 단톡방을 만들어서 각자 성경 낭독한 파일을 올려서 같이 은혜를 나누는 방법도 유익할 것이다. 직장에서도 아무도 없을 때 혼자서 성경을 소리 내어 읽으며 일터 곳곳에 하나님의 말씀이 침투하기를 기도할 수 있고, 혼자 산책할 때 귀로 성경 낭독을 들으면서 따라 하면 산책길이 바로 묵상 길이 될 수도 있다. 목이 아프거나 직접 낭독하기 어려울 때는 유튜브에 성경 읽어 주는 영상이 많으니, 들으면서 속으로 같이 따라서 읽는 것도 유익하다.

"죽고 사는 것이 혀의 힘에 달렸나니"(잠 18:21)라는 성경 말씀 그대로, 우리가 혀를 사용하여 소리 내어 낭독하는 그 말씀 한 구절이 내 영혼을 살리고, 우리 가정과 교회와 사회를 살리는 생명의 말씀임을 기억하자.

요약

- ○ 말씀은 몸과 마음을 치료하는 하나님의 능력이다.
- ○ 낭독이 묵독보다 더 오래된 독서의 방법이다.
- ○ 성경 시대와 교회사의 신앙 선배들도 성경을 낭독했다.
- ○ 낭독의 효과는 과학적으로도 입증되었다.
- ○ 공예배 때의 성경 낭독을 회복해야 한다.
- ○ 개인적으로 성경을 읽을 때 소리 내어 읽는 것이 유익하다.

소그룹 나눔

1. 성경 읽기 혹은 말씀 묵상, 설교 경청을 통해 마음이나 몸이 치유되고 회복된 경험이 있다면 나누어 보자.
2. 옛 사람들이 책을 읽을 때 묵독이 아닌 낭독을 했던 이유와 배경을 이야기해 보자(52-57쪽 참고).
3. 신약의 서신서 중 많은 책이 초대 교회 예배 때 낭독되었음을 상상해 보면서, 성경책이 없었던 성도들이 어떻게 믿음을 확립할 수 있었을지 나누어 보자(59-61쪽 참고).
4. 낭독이 주는 실제적인 유익들을 이야기해 보자(63-66쪽 참고).
5. 예배 때 성경 봉독을 어떻게 해야 더 효과적일 수 있을지, 성경 봉독을 듣는 청중의 입장에서 어떻게 하면 좀 더 효과적으로 성경을 하나님의 음성으로 들을 수 있을지 나누어 보자.

연습

o 시편 19편 1-14절을 첫 번째는 평소처럼 소리 내지 않고 눈으로만 읽자. 두 번째는 소리 내어 읽자. 그러고 나서 두 읽기 방법의 차이에 대해서, 또한 읽으면서 눈과 마음에 다가오는 점들에 대해서 이야기해 보자.

주간 과제

o 시편 119편 1-16절을 매일 소리 내어 10회씩 읽고 나서 하루 종일 생각날 때마다 작은 소리로 읊조리자.

3강

✕

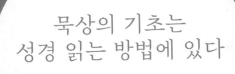

묵상의 기초는
성경 읽는 방법에 있다

●

　　　조선 시대 세종대왕 때 한글을 만드는 데 공을 세운 집현전 학자 정인지에게 일어난 일화이다. 밤낮없이 책을 읽는 정인지의 낭랑한 목소리에 옆집 처녀의 마음이 끌렸다. 담장 너머로 멀리서 보이는 얼굴을 훔쳐보면서 어느덧 연모의 마음을 품게 되었다. 어느 날 밤, 그녀는 담을 넘어 정인지의 방에 들어가서 사랑을 고백했다. 정인지가 타일렀지만 그녀는 자신의 마음을 받아주지 않으면 소리를 지르겠다고 으름장을 놓았다. 정인지는 날이 밝으면 부모님께 그녀의 의사를 말씀드리고 상의할 것이니 일단 돌아가라는 말로 설득해 그녀를 돌려보냈다. 그러고는 다음 날 부모님과 의논 후 조용히 이사를 해 버렸다. 결국 그녀는 상사병으로 죽었다고 한다.

　　조선 중종 때의 학자 조광조 역시 그의 글 읽는 목소리에 반해서 담장을 넘어 온 처녀의 종아리를 때려 돌려보냈다는 일화가 전해진다.[58] 책 읽는 소리에 끌려서 연정이 생겼다는 일화들이 전해져 오는 것을 보면, 책을 낭독하는 소리 자체에 사람의 마음을 끄는 매력이 있음을 알 수 있다.

　　이처럼 낭독은 사람의 감정을 흔들어 놓는 힘이 있을 뿐 아니라, 낭독을 하다 보면 읽는 내용에 집중이 되어 내용에 빠져 들어가는 것을 느낄 수 있다. 그리고 나도 모르게 감정 이입이 되면서 감동이 배가된다. 평소에 눈으로만 읽고 지나칠 때는 보이지 않던 것들이 하나둘 눈에 들어오면서 읽는 내용의 의미가 두 배, 세 배 확장되어 머리와 가슴으로 파고든다. 그렇기에 시와 소설, 역사, 자서전 등도 소리 내어 읽으면 유익하지만, 특히 하나님의 말씀인 성경은 눈으로만 읽을 때보다는 소리 내어 낭독할 때 성령님이 부어 주시는 은혜를 받기에 훨씬 더 수월하다. 읽는 내용이 나의 영혼에 깊이 들어와야 그 말씀을 기억하고 그 말씀대로 실천에 옮길 수 있기 때문이다.

✛ 책 읽는 습관의 기초 위에 올바른 묵상이 세워진다

오랜 기간 목회하면서 말씀 묵상 교육을 하다 보면 말씀 묵상을 어려워하는 성도들이 많이 보였다. 대개 높은 연령층에서 더 힘들어하지만 의외로 젊은 청년들이나 학생들도 말씀 묵상을 어려워한다. 단순히 입술로 읊조리는 정도에서는 그리 어렵게 느끼지 않지만 본격적으로 말씀의 뜻을 이해하는 차원으로 진입하면 어려움을 느낀다. 그 이유는 묵상은 결국 성경이라는 책, 활자로 쓰인 글을 읽는 행위로부터 출발하는데, 읽는 행위 자체를 힘들어하기 때문이다. 실상 읽는다는 것은 그리 간단한 행위가 아니다.

읽는다는 것은 눈으로는 단어와 단어, 문장과 문장을 이어 가는 행위이며, 마음으로는 이어지는 단어와 문장이 무슨 뜻인지를 알아 가는 '이해의 과정'이다. 이 과정을 통하여 읽는 내용이 보여 주는 현실

(실재, 문제, 주제, 물음)을 상상력을 통하여 머릿속에 그리며, 지성과 이성을 통해 그것을 파악하여 이해에 이른다.[59]

읽고 있는 단어와 문장을 조합하여 그 문장의 정확한 뜻을 파악하는 과정이 제대로 되지 않으면 그 말씀의 의미가 나 자신에게 연결되지 않기 때문에 말씀 묵상은 불가능하다. 그래서 말씀 묵상을 잘하려면 문해력(文解力)이 바탕이 되어야 한다. 요즘 널리 회자되는 '우등생의 3대 조건'이 할아버지의 재력, 아빠의 무관심, 엄마의 정보력이라고들 한다. 하지만 가장 결정적인 기초가 빠졌다. 바로 아이의 '문해력'이다. 문해력이 낮으면 아무리 다른 외적 조건이 다 갖추어졌다 해도 오래 못 가서 실력의 바닥이 드러날 수밖에 없다.

문해력이란 간단하게 말하면 글을 읽고 이해하는 능력이지만, 흔히 이야기하는 '독해력'보다 훨씬 더 크고 넓은 개념이다.

문해력은 의사소통을 목적으로 하는 문자 언어의 사용 능력, 즉 모국어를 읽고 쓸 수 있는 능력을 가리킨다. 여기서 읽고 쓸 수 있는 능력이란 … 읽기와 쓰기의 활용에 대한 심적 경향이나 사고방식까지 포함하며, 문자 언어로 된 메시지를 단순히 받아들이고 해석하는 것이 아니라 능동적이고 자율적으로 메시지를 생성하는 것까지를 포함하는 개념이다.[60]

이 글에 나오는 사전적 정의에 따르면, 문해력이란 글을 읽고 이해하고, 이해한 것을 글로 표현하고, 마침내 읽은 내용을 근거로 자신의 메시지를 표출할 수 있는 능력이다. 즉 초등학교 저학년 정도의 책 읽기 능력이 아니라, 자신이 읽은 내용을 비판적으로 사유할 수 있고, 읽은 내용을 토대로 작문과 토론까지 가능한 수준을 가리킨다. 진정으로 자신이 읽은 내용의 의미를 이해했다면 그 이해한 내용을 말이나 글로 이야기할 수 있는 것도 자연스럽기 때문이다. 눈으로 읽기는 했어도 읽은 내용을 다른 사람에게 전달할 수 없는 상태라면 그 사람의 문해력은 낮은 수준이라고 봐야 한다.

그렇다면 우리나라 사람들의 문해력은 어느 정도일까? 2012년 OECD 국가 22개국 가운데 우리나라의 문해력은 13위로 나타났다. OECD 평균이 266점이었는데, 우리나라는 273점으로 평균보단 약간 높았다. 특히 16-24세 젊은 층의 문해력은 3위를 차지할 정도로 높았다. 하지만 문제는 55-66세 장년층이었는데, 꼴찌에 가까운 20위를 차지했다. 다른 나라도 나이가 들수록 문해력이 떨어지기는 하지만 특히 우리나라는 그 격차가 너무 크다. 그 격차는 무엇을 의미하는가? 학교에 다닐 때는 그나마 어떤 식으로든 책을 읽고, 강의를 듣고, 글을 쓰게 되니 문해력이 높을 수 있다. 하지만 학교를 졸업하면서 곧바로 책과 이별하게 되니 문해력이 급격히 떨어질 수밖에 없는 것이다.

안타깝게도 우리나라 학생층의 문해력도 점차 낮아지는 추세라고 한다. '국제학업성취도평가'(PISA) '읽기' 영역에서 2006년 OECD 회원국 가운데 1위를 차지했던 한국 학생들은 2012년 일본에 이어 2위를 기록했고, 2018년엔 5위로 떨어졌다. 휴대폰 문화, 동영상 문화가 세계에서 가장 빨리 확산되는 나라가 우리나라인 만큼 그 영향이 있는 것으로 보인다.

객관적인 수치상 우리나라의 문해력이 걱정할 수준은 아니라고 위안을 느낄지 모른다. 하지만 또다른 조사를 보면, 문해력에는 총 6단계가 있는데(6단계가 최상위) 우리나라의 문해력은 2단계에 머물러 있다고 한다. 2단계는 읽기는 가능하지만 토론이나 비평까지는 못하는 단계이다.[61] 토론이나 비평을 못하는 수준으로는 읽은 내용에서 깊이 있는 묵상과 자신을 변화시킬 만한 예리한 적용을 이끌어 내기가 쉽지 않다.

성인층의 문해력이 낮은 원인은 어디에서 찾아야 할까? 독서가 원인일 수밖에 없다. 2015년 유엔(UN) 조사에 따르면, 한국인의 독서량은 192개국 가운데 166위 수준으로 나타났다. 경제력상으로는 세계 12위권인 데 비해서 독서량은 처참할 정도로 하위 수준인 것이다. 나라별 월평균 독서량은 조사마다 조금씩 차이는 있지만 일본이나 미국이 6-7권인 데 비해서 우리나라는 1권 내외에 머문다. 하지만 사실 이 조사도 믿기가 어렵다. 지금까지 살아오는 동안 내 주위에서 목회자를 제외하고는 책 읽는 사람을 보기가 어려웠다. 월 1권이 아니라 1년이 가도 책을 손에 잡지 않는 사람이 허다하다. 신문 잡지를 보는 사람도 찾아보기가 쉽지 않은 것이 오늘날의 현실이다. 다들 손에 휴대폰을 들고 영상을 보고 있을 뿐이다.

앨빈 토플러(Alvin Toffler)는 이런 말을 했다. "21세기 문맹자는 글을 읽을 줄 모르는 사람이 아니라, 학습하고 교정하고 재학습하는 능력이 없는 사람이다." 고등학교나 대학교를 졸업하고는 책과 담 쌓는 사람, 계속해서 새로운 지식을 섭취하지 않고 옛날에 배운 지식에 머물러 있는 사람, 자신의 지식과 신념과 사상을 바꿀 줄 모르고 기존의 생각의 틀을 깨지 못하는 사람은 21세기형 문맹자라는 뜻이다. 그런 관점에서 볼 때 오늘날 대다수의 사람이 21세기형 문맹자 내지 문해력이 낮은 사람에 속할 것이다.

성경도 본질상 인간의 글로 쓰인 일종의 '책'이다. 성경은 기독교의 경전이라는 의미에서 '성경'(聖經)이면서 동시에 하나의 책이라는 점에서 '성서'(聖書)의 관점으로 접근하는 것이 필요하다. 결국 성경이라는 책을 어떻게 '독서'하는가가 묵상의 질을 결정한다. 묵상을 잘하여 영적인 복을 누리는가, 아닌가 하는 것이 독서의 태도와 방법에 달렸다는 사실을 깊이 생각해야 한다.

성경의 의미를 밝히 깨닫고 그 깨달은 말씀을 삶으로 연결 짓는 묵상을 하기 위해서 성경을 이렇게 읽으면 좋겠다는 심정으로, 가장 기본적인 성경 읽기 방법 10가지를 다음과 같이 간추려 보았다. 1항은 이미 설명했고, 9-10항은 다음 장에서 상세하게 논의하려고 한다. 이 장에서는 2-8항을 이야기할 것이다. 10가지 독서 방법은 성경을 읽을 때 활용하면 가장 좋지만, 거의 대부분의 항목은 일반적인 독서 방법에도 당연히 적용되는 원리이다.

1. 소리 내어 읽으라.
2. 천천히 읽으라.
3. 속도와 강약, 고저와 장단을 조절하면서 읽으라.
4. 뜻을 음미하면서, 감정을 상상하면서 읽으라.

5. 장르에 맞게 읽으라.

6. 반복하여 읽으라.

7. 여러 번역본으로 읽으라.

8. 쓰면서 읽으라.

9. 암송하면서 읽으라.

10. 기도하면서 읽으라.

┼ 성경을 천천히 읽으라

지금까지 소리 내어 읽기가 얼마나 중요하며 효과적인가를 강조했다. 그다음으로 기억해야 할 성경 읽기의 태도와 방법은 '천천히 읽기'이다.

책을 읽는 방법에는 여러 가지가 있다. 신문을 읽는 방법과 소설을 읽는 방법이 같을 수는 없다. 잡지를 읽는 방법과 고전을 읽는 방법이 같아서는 안 될 것이다. 더 신중하게 읽어야 할 책들은 더 세심한 주의를 기울여 읽을 필요가 있다. 프랑스의 작가 앙드레 지드(Andre Gide)는 "나는 다른 사람들이 이렇게 읽었으면 좋겠다고 생각하면서 읽는다. 다시 말해 굉장히 천천히 읽는다. 나에게 한 권의 책을 읽는다는 것은 그 저자와 함께 15일 동안 집을 비우는 일이다"[62]라고 말했다. 저자가 혼신의 에너지를 쏟아부어서 쓴 한 줄, 한 줄을 스치듯 가볍게 읽을 수는 없는 일이다.

성경을 읽는다는 것은 기본적으로는 고전 문학이나 철학서를 읽는 방법과 결을 같이해야 한다. 뜻이 무엇인가를 밝혀내기 위해 한 단어, 한 단어에 주목해야 한다. 성경은 하나님의 영감으로 된 말씀이기에 마음에 새기고 그대로 순종하려는 각오로 읽어야 한다. 그렇기에 성경을 읽을 때는 다른 책들보다 더 세심하게 주의를 기울여서, 더 마음을 쏟아서 읽어야 한다.

물론 때로는 성경도 속독할 때가 있다. 나도 거의 해마다 빠지지 않고 행하는 영적 습관이 있다. 66일 혹은 60일 혹은 50일이라는 기간을 정해 놓고 성경을 통독하는 습관이다. 대부분은 연대기순으로 읽고, 어떤 때는 기존 66권이 배열된 차례대로 읽기도 한다. 이렇게 빠른 기간 내에 성경 전체의 흐름이나 주제를 파악하고자 할 때는 속독으로 읽을 수 있다. 하지만 기본적으로 성경은 음미하면서 읽어야 하는 하나님의 말씀이기에 천천히 읽는 것이 핵심이다. 평소에 책 읽는 속도보다 의식적으로 더 천천히 읽으려고 노력하는 태도가 유익하다. 구약학자 엘런 데이비스(Ellen F. Davis)는 "성경을 통해 하나님과 관계를 맺는 비법이 있다면 그것은 아마도 책장을 천천히 넘기는 일일 것이다"라고 했다. [63]

천천히 읽는 태도가 먼저 기본이 되어야 그다음의 방법들도 실천 가능해진다. 그리고 첫 번째로 강조한 '소리 내어 읽기'를 성실히 실천하다 보면 나도 모르게 이전보다는 성경을 천천히 읽는 것이 가능해진다.

결국 천천히 읽는다는 말은 한 자, 한 자 꼼꼼하게, 자세하게 읽는다는 의미이다. 그렇게 정성을 들여 읽을수록, 오래 음미하면서 읽을

수록 스치듯 빨리 읽을 때와는 달리 새로운 것이 보일 것이며, 더 깊은 의미가 가슴으로 느껴질 것이다. 그리고 그렇게 읽을수록 성경이 더 달콤해지고, 하나님의 음성이 더욱더 선명하게 들려올 것이다.

성경을 속도와 강약, 고저와 장단을 조절하면서 읽으라

성경을 소리 내어 읽을 때 밋밋하게 읽을 것이 아니라, 실감 나게 읽는 것이 유익하다. 앞 장에서도 언급했듯이, 원래 성경이 기록될 당시의 목적 자체가 낭독 용도였다. 가정에서 소그룹으로 모여 앉은 회중에게 성경을 읽어 준다고 상상하면서 혼자서 낭독해 보자. 그렇다면 나 혼자 들릴 정도로 나지막한 소리로 웅얼웅얼해서는 안 될 것이다. 내 소리가 내 귀와 내 가슴에도 명료하게 전달되어야 하지만 듣는 사람들에게도 내 소리의 발음과 의미가 선명하게 들려져야 한다. 그러려면 한 글자, 한 글자 정확하게 발음하려고 해야 하며, 단어와 문장 하나하나에 마음을 담고 생각을 담아서 뜻이 머리에 그려지도록 읽어야 한다.

내가 졸업한 대학교에서 선택 과목을 강의한 적이 있다. 원강 수업이었는데, 강의는 한국어로 하는 대신 영어 원서를 매주 조금씩 읽게 하고 수업을 시작할 때마다 간단한 문장 번역 시험을 쳤다. 그러면서 한두 사람에게 번역 시험 문장을 소리 내어 읽게 했다. 그런데 신기하게도, 영어 문장을 읽는 학생들의 실력이 그대로 학기 말 성적과 비례했던 것을 기억한다. 끊어 읽을 때 끊어 읽고, 강조할 곳은 강조하고,

잠시 멈출 때 멈추는지, 뜻이 통하는 어절 단위로 잘 읽고 있는지를 들어 보면 영어 실력이 바로 드러난다.

한국어도 마찬가지다. 강조해야 할 단어가 있고, 강조하지 않아도 되는 단어가 있다. 잠시 쉬어 읽어야 할 곳이 있고, 이어서 빠르게 읽어야 할 어구도 있다. 목소리를 최대한 높여야 하는 중심 주제 부분이 있는 반면에, 낮은 소리로 깔아야 하는 지점도 있다. 이런 점들을 생각하면서 읽으면 유대인들이 토라를 낭독하는 소리처럼, 옛 선비들이 사서삼경을 낭송하는 소리처럼, 시조창이나 시를 낭송하는 것처럼 아름다운 리듬으로 읽게 된다. 그렇게 읽으면 듣는 사람도 읽는 내용에 빨려 들어갈 수 있고, 읽는 사람도 책에 젖어들 수 있다. 이런 식으로 성경을 읽으면 성경의 내용이 내 속에 살아서 침투될 수 있다.

이처럼 입체감 있게 읽는 것이 익숙하지 않다면 다음과 같이 읽는 구절에다 자기 나름대로 크게 읽기, 작게 읽기, 강조하기, 잠시 쉬기, 느리게 읽기 등의 표시를 해 놓고 읽는 연습을 하는 것도 유익하다.

사람이 (/) 마음으로 믿어 (↑) (//)

의(★)에 이르고 (↓) (///)

입으로 시인하여 (↑) (//)

구원(★)에 이르느니라 (↓) (///)

로마서 10장 (↑) 10절 말씀 (/) 아멘 64

※ (/)(//)(///): 잠깐 쉼

(↑)(↓): 목소리를 좀 더 높이거나 낮춤

(★): 중요한 단어를 강조해서 크게 읽음

성경을 뜻을 음미하면서, 감정을 상상하면서 읽으라

《논어》(論語) 위정편(爲政編)에 보면 공자의 유명한 말이 나온다. "자왈, 학이불사즉망, 사이불학즉태"(子曰, 學而不思則罔, 思而不學則殆). 즉 "배우기만 하고 생각하지 않으면 막연하여 얻는 것이 없고, 생각만 하고 배우지 않으면 위태롭다"는 뜻이다. 여기서 '배운다'는 말 대신 '읽는다'는 말을 넣어도 의미는 통한다. 읽기는 읽는데, 읽는 내용을 생각하지 않는다면 뜻도 모르고 발음만 흉내 내는 앵무새와 다를 바가 무엇이랴?

글을 읽는다는 것은 소리만 내는 것이 아니라, 그 내용을 이해하고 음미하는 데 의의가 있다. 특히 다른 책도 아닌 성경이라면 더욱더 읽는 말씀이 무슨 의미인지를 생각하면서 읽는 것이 필수다. 그래서 한 자, 한 자 정성을 들여서 그 말씀이 왜 나오게 되었으며, 그 단어를 선택한 의도가 무엇이며, 그 문장이 당시 청중과 독자들에게 무슨 의미로 다가갔을지를 상상도 하고, 곱씹어도 보고, 추리도 해 보면서 그 말씀의 뜻을 생각하는 독서가 중요하다.

말씀의 의미를 묵상하기에 좋은 방법은 저자의 마음과 독자의 감정을 상상해 보는 것이다. 주후 1세기 전후로 돌아가서, 낭독자가 모인 회중에게 큰 소리로 성경을 읽어 주는 광경을 상상해 보자. 사도 바울이 보낸 편지를 낭독하는 소리를 빌립보 성도들이 숨 죽여서 경청하고 있다고 상상해 보자. "그리스도 예수의 종 바울과 디모데는 그리스도 예수 안에서 빌립보에 사는 모든 성도와 또한 감독들과 집사들에게 편지하노니 하나님 우리 아버지와 주 예수 그리스도로부터 은혜와 평강이 너희에게 있을지어다"(빌 1:1-2).

이 편지 낭독을 들으면서 빌립보 성도들은 사도 바울의 얼굴을 머리에 떠올렸을 것이다. 사도 바울이 빌립보에 처음 왔을 때 빌립보 시내를 흐르는 갱가이트(Gangites) 강가에서 처음 만났을 당시를 회상했을 수도 있다. 바울의 설교를 기억했을 수도 있고, 바울에게 선교 헌금을 보내던 그때의 뜨거운 열정을 떠올렸을 수도 있다. 바울이 글로 한 인사가 실제로 바울이 자신들 앞에서 설교하던 그때의 목소리로 귀에 들려온다고 상상했을 수도 있다.

"내가 너희를 생각할 때마다 나의 하나님께 감사하며 간구할 때마다 너희 무리를 위하여 기쁨으로 항상 간구함은"(빌 1:3-4). 사도 바울은 빌립보 성도들을 생각하면서 입가에 미소가 드리웠을 것이다. 그들을 위해 기도하는 시간이 참으로 행복했을 것이다. 유럽에서 처음 만난 성도들이었기에 의미도 각별했고, 그들과 지속적으로 돈독한 관계를 유지하고 있었기에 육신의 가정이 없는 사도 바울에게 빌립보 성도들은 마치 영적인 가족같이 느껴졌을 것이다.

"너희가 첫날부터 이제까지 복음을 위한 일에 참여하고 있기 때문이라"(빌 1:5). 사도 바울이 빌립보 성도들을 위해 항상 기쁨으로 기도하는 이유 중 하나는 그들이 처음 만날 때부터 지금까지 사도 바울의 해외 선교에 적극적으로 헌신하는 성도들이었기 때문이다. 한마디로, 사도 바울의 선교 동역자들이었기에 바울은 다른 어떤 교회보다 더 친밀한 애정을 드러내 표현했던 것이다.

이 같이 성경을 읽으면서, 그 성경이 쓰인 배경과 목적, 저자의 상황, 글을 처음 받는 독자들의 처지 등을 문맥을 살펴 고려하면서 읽을 때, 단순히 눈에 보이는 글자만이 아니라 행간에 숨겨진 뉘앙스와 감정까지 감지할 수 있고, 의미가 더 확장되고 깊어질 수 있다. 물론 그에 따라서 감동도 훨씬 더 강렬하게 다가올 수 있다.

✛ 성경을 장르에 맞게 읽으라

성경은 하나님의 말씀이지만 기본적으로 인간의 글로 인간 저자가 쓴 책이다. 하나님은 인간 저자의 성격, 교육 수준, 언어 성향, 경험, 신앙 색깔, 하는 일 등을 활용하시면서 하나님의 메시지가 훼손되지 않고 잘 녹여지게 역사하셨다.

글이라는 것은 일단 쓰면 그것을 문학적 장르로 구분할 수 있다. '장르'(Genre)는 '종류나 유형(type)'을 뜻하는 말로, 현대에서는 문학이나 예술 작품의 양식을 분류하는 말로 쓰인다. 마음 가는 대로, 붓 가는 대로 자연스럽게 쓰면 에세이가 되고, 일정한 계획에 따라 이야기를 만들면 이야기체 혹은 내러티브가 되고, 운율에 맞추어 단어를 정제해서 쓰면 시가 되고, 자신의 주장을 논리 정연하게 펴 나가면 칼럼 혹은 논문체가 된다.

성경에는 여러 종류의 문학 양식들이 있다. 매우 상세하게 분류한다면 14가지 이상으로 분류할 수 있다. 역사적 서술들(historical narratives), 율법과 법령들(laws and statutes), 예언의 말씀들(prophetic oracles), 족보들(genealogies), 여러 종류의 노래들, 조롱들(taunts), 비유들과 우화들, 난해한 물음들, 잠언류의 지혜의 말씀들, 교훈적인 지혜, 찬송의 시편들, 감사의 노래들, 애가들, 묵시적 이상들(apocalyptic visions) 등이다.[65] 그리고 조금 덜 세부적으로 분류하면, 구약 율법, 내러티브, 시, 지혜, 예언, 묵시, 비유, 서신 등 8가지로 분류할 수 있다.[66] 큰 틀에서 셋으로만 간추린다면 이야기, 서신, 시로 분류한다. 다른 말로 설화체(說話體), 강화체(講話體), 시체(詩體)라고 부른다. 영어로 간략하게 'story'(이야기), 'sermon'(설교), 'song'(노래)으로 기억하면 머리에 잘 남는다. 이런 장르의 특징들을 생각하면서 그 특징을 살려 읽으면 감정과 의미가 훨씬 더 잘 살아난다.

예를 들어서, 에베소서나 골로새서와 같은 서신서들은 편지 글이기 때문에 방금 도착한 편지를 뜯어서 사람들 앞에서 낭독한다고 상상하면서 읽는 것이 필요하다. 시편이나 아가서 같은 시를 읽을 때는 시를 낭송하듯이 운율과 감정을 살려서 낭송하는 것이 바람직하다. 신명기와 같은 설교문을 읽을 때는 내가 모세가 되어 모여 있는 백성들에게 설교한다고 상상하면서, 설교하듯이 읽으면 심령에 더 강하게 다가올 것이다. 복음서나 역사서를 읽을 때는 마치 할머니가 손자를 무릎에 앉혀 놓고 옛날이야기를 들려준다고 상상하면서 이야기하는 식으로 읽으면 성경의 사건들이 더 실감 나게 느껴질 것이다. 이렇게 문학 양식별로 구분해서 읽으면 본문의 글 표현과 내용에 대해서 그동안 느끼지 못했던 새로운 시선이 열리고, 전혀 다른 깨달음이 생길 수 있다.

╬ 성경을 반복하여 읽으라

오늘날엔 책이 흔하지만 과거에는 책이 아주 귀했다. 손으로 일일이 베껴 써야 하던 그 시대에 동양이든 서양이든 책은 매우 귀하고 값비싼 것이었다. 그래서 책 한 권을 읽을 때 지금처럼 한 번 읽고 만다는 개념은 낯설었다. 책을 베껴서 자신의 책을 만들든, 아니면 귀한 책이라 빌려서 읽든, 책이란 것은 한번 손에 잡으면 여러 차례 반복해서 읽는 것이 자연스러웠다. 그 책을 암기할 때까지 수차례 읽는 것이 과거의 학습법이었다.

충북 괴산에 '취묵당'(醉墨堂)이라는 정자가 있다. 조선 중기의 문인 김득신의 정자이다. 취묵당에는 "독수기"(讀數記)라는 현판이 붙어 있고, 글이 새겨져 있다. 《독수기》는 문자 그대로 책을 읽은 횟수를 기록한 글이다. 그가 34세부터 67세까지 34년간 읽은 고문(古文)의 횟수와 목록을 적었는데, 1만 번 이상 읽은 책 36편의 문장을 나열하고 각 편을 읽은 횟수와 읽은 이유를 밝혔다. 그 글의 일부를 소개한다.

《백이전》은 1억 1만 3,000번 읽었다. 《노자전》, 《분왕》, 《벽력금》, 《주책》, 《능허대기》, 《의금장》, 《보망장》은 2만 번 읽었다. 《제책》, 《귀신장》, 《목가산기》, 《제구

양문》,《중용서》는 1만 8,000번 읽었다.《송설존의서》,《송수재서》,《백리해장》은 1만 5,000번 읽었다. … 1634년부터 1670년 사이에《장자》,《사기》,《대학》,《중용》을 많이 읽지 않은 것은 아니지만, 읽은 횟수가 1만 번을 채우지 못했기 때문에 이 글에는 싣지 않았다.[67]

참으로 놀라운 일이 아닐 수 없다. 1만 번 이상 읽은 글의 목록만 기록한 것이니 수천 번 읽은 글이나 책은 얼마나 많았을 것인가! 잠자는 시간과 밥 먹는 시간 외에는 거의 모든 시간을 독서에 쏟아부었다고 봐야 할 것이다.

또한 조선 중기의 학자 이식이 후손들의 학업에 도움을 주기 위해서 반드시 읽어야 할 책의 횟수와 순서를 적은《작문모범》(作文模範)이라는 글이 있다. 그 글의 일부를 소개한다.

《시경》과《서경》은 본문을 100번씩 읽어라.《논어》는 풀이 부분과 함께 입에 익을 때까지 100번씩 읽어라.《맹자》는 본문만 100번씩 읽어라.《중용》과《대학》은 횟수를 따지지 말고 아침저녁으로 돌려 가며 읽어라.《통감강목》과《송감》은 선생님께 배운 뒤 좋은 내용이 보이면 한두 권 정도 베껴 써서 수십 번 외울 때까지 읽어라.[68]

한마디로 말해서, 옛날 선비들은 한 권의 책을 적어도 100번 넘게 읽는 것이 기본이었다. 그렇게 반복해서 소리 내어 100번 이상 책을 읽었으니 그 책의 내용을 통째로 암기할 수 있었고, 그 책을 통달함으로 그 책과 연관된 주제들에 대해서 큰 틀에서의 이치를 깨우칠 수 있었던 것이다.

이러한 맥락에서 우리나라 초창기 믿음의 선배들도 반복 읽기의 전통을 성경 읽기에 접목했다. 초창기 교회사에서 가장 두드러진 인물이었던 길선주 목사의 경우, 기독교에 입교하여 오늘날의 전도사 격인 교회 조사(助師)가 되기 전까지 성경을 20번 통독했다고 한다. 복음서와 구약 예언서, 시편, 로마서, 요한 서신 등은 1,000번 정도 독파했고, 중요한 부분은 거의 외우다시피 했다고 한다. 그는 일생에 걸쳐서 구약 전권을 30번 이상, 창세기, 에스더, 이사야서 등은 540번 이상, 신약 전권은 100번 이상, 요한 서신은 500번 이상, 특히 요한계시록은 1만 번 이상 읽었다고 한다.[69]

성경 66권에 대한 주석을 쓴 박윤선 박사는 성경에 통달한 사람이었다. 하지만 그런 박윤선 목사도 때로는 성경 연구를 하다가 어디에 있는 구절인지 기억나지 않을 때가 있었다. 그럴 때 물어본 목사가 고려고등성경학교 교장으로, 고려신학교 강사로 성경을 가르쳤던 오종덕 목사이다. 박윤선 박사는 그에게 '살아 있는 성구 사전'이라는 별명을 붙여 주었다. 오종덕 목사는 어떤 성경 구절을 이야기해도 그 구절의 장절을 바로 말할 수 있었다고 한다.

또한 서울 내수동교회에서 목회했던 박희천 목사는 목회하는 기간 동안 적어도 하루에 4시간 동안 성경 읽기에 몰두했던 것으로 알려져 있다. 그는 자신의 영적 멘토였던 최원초 목사가 요한계시록 1만 독, 빌립보서 3,000독을 함으로 보여 준 가르침과 본보기를 따라 거의 매월 성경 1독을 한 셈이었다고 고백하며 이렇게 강조한다.

참기름 병을 기울이면 참기름이 나오고, 석유 병을 기울이면 석유가 나온다. 성경을 먹어야 성경이 나온다. 누에가 뽕잎을 먹지 않고 명주실을 낼 수 없고, 은행에 예금하지 않으면 출금할 돈이 없다. 성경을 예금해 놓아야 성경을 출금할 수 있다. 성경이 들어가 있지 않으면 자꾸 다른 말이 나올 수밖에 없다. 성경이 줄줄 나올 수 있도록 매일매일 성경을 가득 채우는 삶을 살아야 한다.[70]

교회사에서 흔히 '기도의 사람'의 대명사로 꼽히는 조지 뮬러(George Muller)의 경우, 알고 보면 기도의 사람이기 이전에 '성경의 사람'이었다. '응답받는 기도'로 널리 알려진 그의 기도의 핵심 비밀 역시 성경 말씀에 근거한 '말씀기도'였다. 그가 말씀을 토대로 깊이 기도할 수 있었던 것은 그만큼 성경 말씀을 사랑하여 탐독했기 때문이었다.

조지 뮬러 역시 선교사 사역 초창기에는 사역에 몰두하느라 성경 읽기를 게을리했다. 하지만 성경 읽기와 성경 묵상을 통한 주님과의 교제가 사역보다 더 우선순위가 되어야 한다는 진리를 깨닫고 나서부터 성경 읽기에 몰입하기 시작했다. 그는 3시간 동안 무릎 꿇고 성경을 읽으면서 그 이전까지 얻었던 은혜보다 더 큰 은혜를 깨달았다고 고백했다. 사역의 초창기에는 읽고 싶은 곳만 읽었지만 깨달음을 얻고 나서부터는 체계적으로, 규칙적으로 성경을 읽었으며, 그래서 살아 있는 성구 사전의 수준까지 오를 수 있었다고 한다.[71] 이러한 성경 읽기에의 헌신이 기도의 사람을 빚어냈고, 그로 인해 '영국 고아의 아버지'라는 호칭을 받을 정도로 하나님의 일에서도 열매를 맺은 비결이 된 것이다.

　참고할 책이나 사전이 제대로 없었던 과거의 신앙 선배들에 비해서 정보와 자료의 바다에 살고 있는 오늘날 우리가 오히려 성경에 대한 이해가 부족하고, 말씀의 능력을 체험하지 못하고, 묵상의 깊이가 얕은 원인은 무엇일까? 성경에 관해서 쓰인 책들은 많으나 정작 성경 본문 자체를 읽는 일에 소홀한 것이 주된 원인일 것이다. 성경 본문 자체를 읽되, 건성으로 한두 번 읽는 데서 그칠 뿐 과거의 신앙 선배들처럼 수십 번, 수백 번 반복해서 읽지 않기 때문일 것이다. 더욱이 소리 내어 낭독하지 않는 까닭일 것이다. 반복해서 여러 번 읽으면 읽을수록 그전에는 미처 발견하지 못했고, 생각하지 못했던 은혜의 보물들을 채굴할 수 있으며, 말씀의 밀물이 심령에 밀려오는 신비한 경험을 하게 될 것이다.

✣ 성경을 여러 번역본으로 읽으라

성경을 통독만 하기 원한다면 한 가지 번역본만 읽어도 상관없다. 또 암송을 주목적으로 한다면 한 가지 번역본을 반복해서 읊조리는 것이 필요하다. 하지만 성경을 좀 더 깊이 묵상하기 원한다면 한 가지 번역본으로만 읽기보다는 다양한 번역본들을 대조해서 읽는 것이 유익하다. 왜냐하면 여러 가지 번역본으로 읽을수록 더 다양한 본문의 의미들을 발견할 수 있으며, 따라서 좀 더 다양한 적용을 할 여지가 생기기 때문이다.

성경을 다양한 번역본으로 읽어야 할 이유는 번역이라는 행위 자체의 특성에 기인한다. 어차피 성경은 고대인들이 쓰던 히브리어, 헬라어, 아람어 등으로 쓰였기에 현대인들이 읽고 이해하려면 각자의 언어로 번역될 수밖에 없다. 그런데 번역은 생각보다 복잡하다. 왜냐하면 하나의 단어에 한 가지 의미만 있는 것이 아니기 때문이다. 한글은 대부분 한 단어에 한 가지 의미만 있는 경우가 많지만, 헬라어와 히브리어는 하나의 단어에 뜻이 서로 다른 의미들이 뒤섞인 경우가 대부분이다.

예를 들어, 신약 헬라어에서 631회 나오는 '에르코마이'(ἔρχομαι)는 가장 기본적인 단어 중 하나이다. 그 뜻은 '오다, 가다'이다. 우리말에서 '오다'와 '가다'는 뜻도 반대인 전혀 다른 단어이다. 하지만 헬라어에서는 하나의 단어에 반대되는 뜻들이 공존한다. 그러니 문맥과 번역자의 판단에 의해서 각각 다르게 번역하는 게 가능하다.

또 한 예로, 구약 히브리어에서 86회 나오는 '라마드'(לָמַד)라는 단어가 있다. 이 단어는 '가르치다', '배우다'와 '훈련하다, 실행하다, 실천하다'라는 뜻을 다 갖고 있다. "네가 호렙산에서 네 하나님 여호와 앞에 섰던 날에 여호와께서 내게 이르시기를 나에게 백성을 모으라 내가 그들에게 내 말을 들려주어 그들이 세상에 사는 날 동안 나를 경외함을 배우게 하며 그 자녀에게 가르치게 하리라 하시매"(신 4:10). 이 성경 구절에서 '배우게 하며'와 '가르치라' 둘 다 '라마드'라는 단어가 쓰였다. 한 문장 속에서 전혀 상반되는 두 뜻이 하나의 단어로 쓰인 것이다.

그런데 이 점을 곰곰이 생각해 보면 다양한 묵상이 가능해진다. 왜 '가르치다'와 '배우다'가 하나의 단어 속에 들어 있을까? 가르치는 것이 바로 배우는 것이기 때문이다. 나도 누군가를 가르치다 보면 내가 가르친다고 생각하지만 사실은 새로이 깨닫게 되는 점이 많다. 가르치기 위해 준비하다 보면 다시 좀 더 깊이 배우게 된다. 그리고 배우는 사람은 내가 배운 것을 반드시 다른 사람에게 가르쳐야 한다는 교훈도 얻게 된다. 내가 남보다 하나라도 더 알게 된 것은 모르는 사람에게 가르쳐 줌으로써 남을 도우라는 뜻이다. 그리고 누군가에게 가르쳐 줘야지, 하는 태도로 배운다면 배움에 더 집중할 수 있다. 배우면서 동시에 가르침을 준비한다면 배움의 유익은 몇 배로 커질 것이다.

그리고 '라마드'에는 '훈련하다, 실행하다, 실천하다'라는 의미도 담겨 있다. 가르치는 자는 모름지기 자신이 가르치는 바를 스스로 행하면서 가르쳐야 그 가르침에 권위가 선다. 지식 하나 더 얻으려고 배우기보다 내가 배운 대로 실천하기 위해서 배워야 한다. 학습의 목적은 최종적으로 지식을 생활에서 실천하기 위함이며, 가르치는 스승은 항상 자신이 가르치는 대로 살고 있는지를 성찰해야 한다. 그런 점에서 학사 에스라의 결심은 '라마드'라는 단어의 의미들이 표현된 구절이라고 할 수 있다. 에스라는 일차적으로 성경을 연구하고, 그다음으로 자신이 연구한 말씀에 순종하고, 마지막으로 자신이 실천해 본 말씀을 백성들에게 가르침으로 훌륭한 스승의 본보기를 보여 주었다.

"에스라가 여호와의 율법을 연구하여 준행하며 율례와 규례를 이스라엘에게 가르치기로 결심하였었더라"(스 7:10).

시편 116편 6-7절에 이런 말씀이 있다. "여호와께서는 순진한 자를 지키시나니 내가 어려울 때에 나를 구원하셨도다 내 영혼아 네 평안함으로 돌아갈지어다 여호와께서 너를 후대하심이로다." 이 구절에서 '순진한 자'라는 말은 '순수하고 착하다'라는 의미로도 이해할 수 있지만 '거짓말에 잘 속는 어리석은 사람'의 이미지로도 느껴진다. 성경의 본뜻은 무엇일까? 성경 여러 본문을 봐도 두 가지 뜻이 골고루 사용되었다. 말씀의 교훈에 마음을 열어 잘 받아들인다는 좋은 의미로도 사용되었고, 슬기가 모자란 어리석은 사람의 의미로 쓰인 예도 있다.

공동번역에서는 '미약한 자'로 번역했고, 현대어성경에서는 '어디 하나 의지할 데 없는 이'라고 긍정적인 의미로 번역했다. 영어 성경들 대부분도 'simple'이라고 번역함으로 크게 부정적인 뉘앙스로 번역하지는 않았으나 NIV 2011년판은 'the unwary', 즉 '주의를 게을리하는, 부주의한 사람'으로 번역했다. 하나님은 우리가 부주의함으로 실수하고 실패에 처할 때조차도 우리를 보호해 주신다는 의미로 이해한 것이다. 반대로 대표적인 의역 번역본인 GNT와 NLT에서는 'helpless'와 'those of childlike faith'로 번역함으로 '도움이 필요한 처지, 어린아이 같은 믿음을 가진 자' 등 긍정적인 관점으로 이해한 것을 볼 수 있다. 같은 단어이지만 번역자나 번역팀이 본문을 어떤 시선으로 바라보느냐에 따라서 뉘앙스가 달라지는 것이다.

'내가 어려울 때에'도 한글과 대부분의 영어 번역은 '낮게 될 때에', '가련하게 될 때에' 등으로 번역했으나, 쉬운성경과 GNT, NLT에서는 '큰 위험에 빠졌을 때' 그리고 'I was in danger', 'I was facing death'로 각각 번역해서 크나큰 위험, 더 나아가서 죽음에 처한 상황으로 봤다. 낮고 가련한 처지와 죽음의 위기에 처한 상황은 많이 다른 처지임이 분명하다. 어느 번역을 택하느냐에 따라서 하나님의 구출해 주심에 대한 의미 이해와 묵상하는 사람의 적용도 달라질 수밖에 없다.

또한 개역개정의 '후대하심이로다'라는 번역이 직역 번역으로 나쁘지는 않으나 한자어에 익숙하지 않은 사람이라면 '후대'(厚待)라는 단어가 얼른 이해가 안 될 수도 있다. 공동번역과 새번역 등은 '너그럽게 대해 주셨다'로 이해하기 쉽게 번역했고, NIV, GNT, NLT 등은 'has been good to me'라고 번역해서, 지금까지 살아오는 동안 하나님이 나에게 항상 잘해 주셨다는 의미를 전달해 준다. 현대 독자들의 입장에서 이해하기 편하게 번역된 것을 발견할 수 있다.

번역을 크게 나누면 직역에 가까운 번역과 의역에 가까운 번역으로 나눌 수 있다. 성경 원문의 단어나 어순을 최대한 그대로 살리려는 번역은 직역이고, 독자가 이해하기 쉽게 뜻을 풀이해 주려는 번역은 의역이다. 직역 번역은 원문에서의 저자의 의도를 더 잘 이해하게 해 준다는 점에서는 좋은 번역이지만, 문자 하나하나에 너무 얽매이다 보니 오히려 본문의 전체적인 의미가 복잡해져서 무슨 의미인지 모르게 되는 애로가 따를 수 있다. 한편 의역은 쉽게 이해할 수 있는 점에서는 유익을 주지만, 너무 지나쳐서 번역자의 생각을 과도하게 집어넣을 경우 원 의미에서 동떨어져 왜곡될 위험이 존재한다.

결국 묵상을 제대로 하려는 사람은 가능하면 직역에 가까운 번역을 우선적으로 읽음으로 원문에 가깝게 성경을 보려는 태도를 가져야 하며, 그와 동시에 뜻을 더 쉽고도 풍성하게 이해하기 위해서 의역에 가까운 번역본도 옆에 놓고 참고하는 것이 좋다.

개역개정 성경은 직역에 가까운 번역본으로 가장 널리 사용되고 있다. 개역개정 이전의 번역인 개역한글 성경 역시 장중한 직역이다. 북한에서 번역한 조선어성경은 헬라어 원문을 잘 직역한 것으로 평가되고 있다. 개인이 번역한 직역 성경으로 원문번역주석성경(쿰란출판사), 맛싸 성경(월간 맛싸) 등도 참고할 수 있다. 직역체 성경의 단어나 말투, 문장 구조가 어렵게 느껴질 때는 새번역이나 공동번역, 새한글성경(신약과 시편)을 대조해 보면 좋을 것이다. 물론 의역에 가까운 번역으로 쉬운성경, 우리말성경, 현대인의성경, 현대어성경 등도 묵상에 참고할 만하다. 특히 시편을 비롯한 시가서는 시적인 운율과 감성을 더 잘 살린 공동번역이나 현대인의성경을 보는 것이 유익하다.

가능하다면 묵상할 때 영어 성경 한두 권 정도 읽을 수 있다면 유익할 것이다. 한글보다 영어가 단어나 문장의 뜻을 이해하는 데 있어서 좀 더 정확성을 느끼게 해 준다. 직역으로는 가장 오래되고 정통성을 인정받는 KJV의 고어체만 수정한 NKJV가 있지만, 대부분의 한국인에게는 그보다 읽기가 편한 직역인 NASB와 ESV가 더 나을 것이다. NRSV도 직역에 좀 더 가까운 번역으로 많은 학자의 추천을 받고 있다.

영어 성경 중에서 가장 많이 판매되는 NIV는 직역과 의역의 중간 지점에 속한다. 의역으로는 NLT가 무난하며, GNB는 NLT보다 조금 더 많이 풀어 쓴 것이다. 좀 더 최근 번역으로 미국성서공회에서 나온 의역 번역인 CEV(Contemporary English Version, 1995)도 많은 추천을 받고 있다. 온라인으로 많은 각주와 자료들과 더불어 볼 수 있는 NET(New English Translation)도 의역적 번역으로서 참고할 만하다(https://netbible.com). 개인 번역으로는 유진 피터슨의 메시지성경도 GNB와 유사하게 본문에 대한 개인적인 견해가 많이 들어가긴 했지만, 묵상할 때 관점과 적용의 폭을 넓히기 위해 참고할 수 있다.

✝ 성경을 쓰면서 읽으라

한글을 창제한 세종대왕은 한국사를 통틀어 그 어떤 임금보다도 학구열이 뛰어났다. 세종이 지나치게 독서하다가 몸이 약해지고 눈병이 나자 아버지인 태종이 아들이 읽던 책을 모두 회수해 간 적이 있을 정도였다. 세종대왕은 약관 20세의 나이에 당대 최고의 석학들을 토론으로 제압했다고 전해질 정도로 놀라운 경지에 올라 있었다. 지금으로 치면 대학교 1학년생이 서울대나 카이스트 교수들과의 논쟁에서 이긴 것이나 마찬가지이다.

세종대왕이 그토록 탁월한 지적 수준에 오를 수 있었던 원동력은 '백독백습'(百讀百習)의 습관이었다고 한다.[72] 문자 그대로 한 권의 책을 100번 읽고, 100번 베껴 쓰는 공부법인데, 세종대왕만이 아니라 과

거의 선비들이 보편적으로 사용하던 학습 방법이었다. 《삼국지》의 위략편(魏略編)에 나오는 유명한 말인 "독서백편 의자현"(讀書百遍 義自見)의 원리 그대로이다. "뜻이 아무리 어려운 글도 자꾸 되풀이하여 읽다 보면 스스로 그 뜻을 깨우칠 수 있다"는 의미이다.

한국 역사상 최고의 천재라고 일컬어지는 다산 정약용도 유배지인 강진 초당에서 18년 동안 복사뼈가 세 번이나 내려앉을 정도로 독서에 열중했다. 그는 문학, 철학, 정치, 경제, 역사, 지리, 의학, 과학 등 다양한 분야의 책을 500권 이상 저술할 정도로 다방면에 전문적인 지식을 쌓았다. 그는 천천히, 아주 꼼꼼하게 책을 정독(精讀)했다. 그는 뜻을 모르는 글자가 하나라도 있거나 이해가 안 되는 문장이 있으면 끝까지 연구하여 완전한 이해에 이르렀다고 한다.

또한 그는 질서(疾書)의 독서를 했다. 질서란 "저자는 왜 이런 주장을 했을까?"라는 의문을 갖고 비판적으로 읽으면서 자신의 생각과 질문을 책 여백에다 메모하면서 읽는 방법을 말한다. 정약용의 책을 보면 온통 메모로 가득하다. 또한 정약용은 초서(抄書)의 독서를 했다. '초'(抄)는 '노략질하다'라는 뜻인데, '초서'란 책을 노략질하듯이 중요한 부분을 베껴 쓰는 독서법을 말한다. 필사가 책 전부를 베끼는 것이라면 초서는 자신이 중요하다고 여기는 부분만 따로 옮겨 적는 것이다.[73]

책 전부를 고스란히 베껴 쓰든, 일부 중요한 구절만 베껴 쓰든 책을 베껴 쓰는 것은 책의 내용을 자신 속에 내재화하는 과정이요, 저자의 의도를 충분히 이해하게 만들고 새로운 사상과 글을 창출하게 만드는 씨앗과 같다. 철학자 존 스튜어트 밀(John Stuart Mill)과 헤겔(Hegel), 그리고 니체(Nietzsche), 과학자 아이작 뉴턴(Isaac Newton), 정치가 에이브러햄 링컨(Abraham Lincoln) 등도 베껴 쓰기를 했고, 우리나라 작가 조정래, 신경숙, 안도현, 이지성 등도 책 베껴 쓰기를 했던 것으로 알려져 있다. 신학자 마이클 케이시(Michael Caesey)는 성경 필사에 대해 이렇게 말했다.

> 본문을 쓰는 행위는 책 읽기의 추가 사항이 아닌 본질적인 부분이 될 수 있다. 읽은 내용을 흡수한다는 측면에서, 쓰는 행위 자체가 하나의 묵상이다. 우리는 본문과 더 오래 머물고, 본문에 함축된 것을 탐구하기 위해 조심스럽고 경건하게 쓴다. 이 일을 행하게 되면 말씀은 우리 의식에 더 온전히 각인되고, 말씀이 우리 미래에 영향을 끼치게 될 가능성이 더욱 커진다.[74]

'성경을 베껴 쓰는 행위 자체가 묵상'이라는 말에 100% 공감한다. 말씀 묵상이 말씀을 천천히 읽고 음미하면서 내 속으로 빨아들이는 과정이라는 점에서, 베껴 쓰기는 바로 그 일을 수행한다. 펜으로 꾹꾹 눌러 쓰면서 한 글자, 한 글자에 집중하게 되고, 한 단어, 한 문장이 주는 의미에 생각을 골몰하게 된다.

슬로우 리딩(slow reading)의 묘미를 필사가 가져다준다. 베껴 쓰다가 은혜가 되는 단어나 구절이 있으면 잠시 멈추어 곱씹게 되니, 묵상의 효과가 배가된다. 베껴 쓰면서 천천히 소리 내어 읽으면 내 귀로 말씀이 들리면서 내 손으로 말씀을 느끼게 되니, 온몸이 말씀과 일체되는 것을 느낀다. 그렇게 베껴 쓰면 그냥 읽은 말씀이나 단순히 들은 말씀과는 다르게 기억 속에 더 잘 저장된다. 저장이 잘되면 다시 꺼내 쓰기도 수월하다는 점은 두말할 필요가 없다. 머리에 저장되어 있어야 실천도 가능하다. 그러기에 성경 필사는 사람을 변화시키는 힘을 가질 수 있다. 이렇게 여러 측면에서 생각해 볼 때 성경을 베껴 쓰는 것은 말씀 묵상이 갖추어야 할 모든 요소를 골고루 갖춘 종합 선물 세트와도 같다.

요약

- 성경을 소리 내어 읽으라.
- 성경을 천천히 읽으라.
- 성경을 속도와 강약, 고저와 장단을 조절하면서 읽으라.
- 성경을 뜻을 음미하면서, 감정을 상상하면서 읽으라.
- 성경을 장르에 맞게 읽으라.
- 성경을 반복하여 읽으라.
- 성경을 여러 번역본으로 읽으라.
- 성경을 쓰면서 읽으라.
- 성경을 암송하면서 읽으라.
- 성경을 기도하면서 읽으라.

소그룹 나눔

1. 효과적인 말씀 묵상이 왜 독서의 방법과 수준에 의해 좌우되는지 이야기해 보자(79-83쪽 참고).

2. 성경을 천천히, 고저와 장단 속도를 조절하면서, 뜻을 음미하고 상상하면서 읽으면 얻게 되는 유익은 무엇인지 나누어 보자(84-90쪽 참고).

3. 성경의 세 가지 주요 장르를 이야기해 보고, 성경 각 권이 어느 장르에 속하는지 분류해 보자(90-92쪽 참고).

4. 자신이 그동안 성경을 어느 정도로 반복하여 읽었는지, 성경을 베껴 써 본 경험이 있는지 나누어 보자.

5. 이 장에서 살펴본 '성경을 효과적으로 읽는 10가지 방법' 가운데 자신이 가장 우선적으로 실천에 옮기고자 하는 방법이 있다면 나누어 보자.

연습

o 여호수아 1장 1-9절을 소리 내어 읽을 때 이 장에서 배운 원리들을 응용하
면서 세 번 읽어 보자. 세 사람이 번갈아서 각각 다른 번역본을 낭독하고 다
른 사람들은 귀 기울여 경청하자. 다 읽고 나서 주로 어떤 원리를 중점적으
로 고려하면서 읽었는지, 평소와 다른 강조점으로 읽으면서 새롭게 발견한
것은 무엇인지, 그리고 번역의 차이에 따른 소감들을 나누어 보자.

주간 과제

o 시편 95편 1-11절을, 이 책 3장에서 배운 읽기 원리와 방법들을 골고루 염
두에 두면서 10회 읽어 보자. 그리고 노트에 한번 베껴 써 보자. 더하여 종
일 수시로 작은 소리로 읊조리자.

묵상의 절정은
성경 암송과
말씀기도이다

말씀 묵상의 최종 목표는 실천이다. 실천되지 않는 말씀 묵상은 아무리 거룩하게 포장한다 해도 자기만족의 수단일 뿐이다. '오늘도 말씀 묵상 노트에 몇 줄 적었다'는 식으로 마음의 위안을 삼는 경우를 나도 경험해 봤다. '오늘 몇 분이라도 말씀 묵상에 시간을 할애했기에 기본적인 의무는 다했다'고 생각한 적도 허다한 것이 사실이다. 심지어 성경을 많이 읽은 것으로, 성경 공부를 하고 있다는 것으로, 성경을 한 번 필사했다는 것으로 나의 신앙 수준이 상승했다고 착각하는 우에 빠지기도 쉽다.

누가복음 10장 25-37절은 성경을 읽는 행위의 핵심이 순종임을 잘 보여 준다. 한 율법 교사가 예수님께 "내가 무엇을 하여야 영생을 얻으리이까?"라고 물었다. 예수님은 율법(성경책)에 어떻게 기록되어 있는가를 되물으셨다. 율법 교사는 하나님 사랑과 이웃 사랑이라고 답변했다. 예수님은 그의 답변에 대해 한마디 첨부하셨다. "이를 행하라 그러면 살리라"(눅 10:28). 예수님은 말씀에 적힌 그대로 행하는 것이 영생의 길임을 분명히 하셨다.

그러자 다시 율법 교사가 자기를 옳게 보이려고 예수님께 물었다. "내 이웃이 누구니이까?" 예수님은 이때 강도 만난 사람의 이야기를 하셨고, 그러고 나서 다시 물으셨다. "네 생각에는 이 세 사람 중에 누가 강도 만난 자의 이웃이 되겠느냐?" 예수님의 질문은 율법 교사의 질문을 고쳐서 다시 물으신 질문이다. 율법 교사는 자신을 중심으로 설정해서 '나의 이웃'이 누구인가를 물은 반면에, 예수님은 초점을 자신이 아니라 다른 사람으로 바꾸어 "누가 진정한 이웃이 되어 주었는가?"라고 되물으신 것이다. 결국 이웃 사랑은 "내 이웃이 누구인가?"를 찾는 데서 비롯되는 것이 아니라, "지금 도움이 필요한 이에게 누가 이웃이 되어 주어야 할까?"를 묻는 데서 시작된다는 점이다.

나에게 이웃이 되어 줄 사람을 찾는다면 한 명도 없을 수 있다. 하지만 거꾸로 내 도움이 필요한 이웃을 찾아본다면 아주 많이 발견할 것이다. 그럴 때 이웃 사랑이 가능하다. 그 율법 교사는 "자비를 베푼 자니이다"라고 바른 대답을 했다. 그러자 예수님은 결론적인 명령을 하셨다. "가서 너도 이와 같이 하라"(눅 10:37). 아마도 이 마지막 명령은 성경에서 가장 중요한 예수님의 명령일 것이다.

예수님이 모든 그리스도인에게 주신 최우선순위의 명령은 깨달은 말씀이 있다면 실행에 옮기라는 것이다. 말씀을 듣고 이해했다면 곧바로 나가서 순종하는 삶, 이것이 바로 성경이 제시하는 그리스도인의 삶이다. 성경을 읽고 묵상한다는 것은 읽은 글을 이해하는 데 그치지 않고, 읽은 대로 사는 데 있음을 예수님은 분명하게 보여 주셨다.[75]

말씀을 실천하려면 말씀이 머릿속에 저장되어 있어야 한다

중요한 점은, 말씀을 읽은 대로 순종하려면 우선 읽는 데 집중해야 한다는 점이다. 순종은 매일 매 순간 즉각적으로 이루어져야 한다. 미리 준비된 상황이 있는 것이 아니라, 갑자기 닥쳐 온 상황에서 말씀을 실천해야 한다. 위에서 살펴본 성경 말씀에서도 마찬가지였다. 제사장이나 레위인이나 사마리아 사람은 자신이 닥친 상황에서 성경책을 펴 보거나 선지자에게 물을 수 있는 상황이 아니었다. 즉시, 바로, 자기도 모르게 행동으로 나와야 했다. 결국 실천을 잘하려면 머릿속에서 말씀이 순간적으로 떠올라야 한다. 이럴 때는 이렇게 해야 하고, 저런 상황에서는 저 말씀이 답이고, 하는 식으로 0.1초의 순간에 말씀이 스쳐야만 행동으로 바로 나올 수 있다.

그렇다면 원리는 분명하다. 평소에 저장된 말씀이 머리에 떠오르는 사람이 순종의 사람이 될 수 있다. 그렇다면 말씀을 스치듯 읽는 것으로는 많이 부족하다. '하루에 석 장, 주일에 다섯 장' 성경을 읽어나가는 '매삼주오'(每三主五)식으로 성경을 통독하는 것이 전혀 안 읽는 것보다는 좋지만 그 정도로는 실천하는 삶으로의 연결이 부족하다. 읽고 깨달은 말씀이 확실하게 머리에 남아 있지 않다면 말이다. 머리에는 남은 것이 없고 읽은 쪽 숫자만 채운다면 무슨 영적 유익이 있겠는가? 그러기에 시간 들여 말씀을 묵상하는 습관이 더 중요하다. 말씀을 잠깐 보고 마는 것이 아니라, 하루 종일 입술에서 떠나지 않는 읊조림이 있다면 그 말씀이 마음에 저장될 것이다.

그래서 하나님은 여호수아에게 말씀을 '눈'이 아니라 '입'에서 떠나지 말게 하라고 명령하셨다. "이 율법책을 네 입에서 떠나지 말게 하며 주야로 그것을 묵상하여 그 안에 기록된 대로 다 지켜 행하라 그리하면 네 길이 평탄하게 될 것이며 네가 형통하리라"(수 1:8). 말씀을 입술에서 떠나지 않게 하는 길은 입으로 말씀을 읊조리는 것이다. 입술로 중얼중얼 읊조리면서 주야로 묵상하는 것, 그래서 그 말씀을 마음에 확실하게 새기는 것, 그리고 떠오르는 말씀대로 행하는 것, 이것이 바로 성경적인 형통과 행복의 비결이다. 그런 점에서 성경을 단순히 읽는 데서 끝내지 않고 반복해서 읊조림으로 암송하는 것이 묵상의 핵심이다.

이처럼 입으로 중얼거리면서 결국 말씀을 암송하여 영혼에 새기는 것은 믿음의 본질을 실천하는 길이기도 하다. 믿음이란 내 생각과 감정과 의지를 내려놓고 우선적으로 하나님께 순복하는 태도다. 내가 가진 지식과 신념의 눈으로 성경을 보면 내 의지와 사상으로 말씀을 곡해하기 십상이다. 어설프고 죄에 물든 시각으로 말씀을 분석하려 하면 그 말씀이 자기 합리화의 도구로 변질되기 쉽다. 그러므로 말씀을 지성적으로 분석하기에 앞서서 먼저 어린아이처럼 말씀 앞에 서야 한다. 하나님은 이해의 대상이기 전에 믿음의 대상이시기에 말씀을 이해하기 이전에 믿음으로 받아들이는 자세가 먼저이다.

말씀을 지성적으로 이해하는 것은 물론 중요하지만, 많은 경우 말씀을 다 이해해야만 마음이 변화되는 것은 아니다. 말씀을 다 이해하지 못해도 말씀을 암송하면서 나의 생각을 성령님의 불로 태울 때 그 영의 말씀이 나를 변화시키는 체험을 할 수 있다.[76] 성경은 하나님이 지식을 위해 주신 책이기 이전에 믿음을 위해 주신 책이기 때문이다. 성경을 읽으면서 새로운 깨달음을 얻는 것도 중요하지만 그 이전에 먼저 성경을 통해서 하나님을 만나는 것이 우선이다.

　그러기에 성경을 읽을 때는 자기를 부인하고 겸손한 심령으로 하나님이 주시는 말씀 그대로 받아먹어야 한다. 내가 영의 말씀을 살피는 것이 아니라, 영이신 말씀이 나를 살피게 해야 한다. 그런 점에서 말씀을 분석하기 전에 먼저 입술로 읊조리면서 암송하면 그 암송된 말씀이 우리 영혼을 하나님의 생각으로 채우면서 그 하나님의 생각이 삶을 지배하는 능력으로 역사한다.[77] 말씀에 대한 지적인 분석과 사색은 먼저 말씀을 충분히 읊조리면서 내 영혼에 채우고 나서 하는 것이 바람직한 순서일 것이다.

✢ 성경 암송은 기독교의 오랜 영적 전통이었다

우리나라에 와서 선교하던 미국 남감리교의 C. S. 데밍(C. S. Deming) 선교사가 1906년에 선교 보고한 내용 중 일부를 소개한다.

한국인들의 암기력은 대단합니다. 특히 세 사람이 나의 주목을 끌었는데, 이들은 모두 뛰어난 암기력을 성경 공부에 적용하고 있습니다. 첫 번째 사람은 송도(개성)에 있는 맹인인데, 그는 아들을 자신의 눈으로 삼아 복음서 전체를 외우게 되었습니다. 4복음서를 외울 뿐 아니라 어느 장, 절을 지적하든지 그것을 외울 수 있을 정도입니다. 두 번째 사람은 속장인데 역시 성경 말씀을 탐독하여 누가복음과 사도행전을 외울 수 있습니다. 세 번째 사람은 권서인(勸書人)인데, 아무 성경 구절을 갖다 대도 그것이 어디에 있는 말씀인지 정확히 밝혀냅니다. 과연 미국 그리스도인들 중에 이 정도로 성경을 잘 아는 사람이 몇 명이나 될까요?[778]

데밍의 선교 보고 중에서 첫 번째 사람인 개성에 사는 맹인이 바로 백사겸(白士兼) 전도인이다. 그는 '한국의 삭개오'로 불린다. 그는 평안도 사람으로 두 살 때 아버지가 죽고 아홉 살 때 안질로 실명했다. 그리고 열 살 때 어머니마저 죽어서 고아가 되었다. 형과 함께 거지로 여기저기 떠돌며 동냥하다가 점술을 배워 점쟁이가 되었다. 그에게는 '명복'(名卜), '백 장님' 등의 별명이 붙었고, 양반 댁에서 가마를 보내서 데리고 갈 정도로 유명해졌다.

그러나 그의 점은 머리를 돌려서 눈치로 보는 것일 뿐이었다. 그는 진짜 점술을 하고 싶어서 신 내림을 받아 보려고 100일 철야 기도를 했다. 기도 중이었던 1897년 1월 12일 아침에 성경 보따리를 메고 다니면서 팔기도 하고 전도도 하던 어떤 권서인으로부터 전도지를 받았다. 그리고 또 꿈에서 예수님으로 느껴지는 분을 만나서 그분으로부터 "예수 믿으라"고 권하는 소리를 듣고 예수님을 믿기로 했다. 예수님을 영접하고 세례를 받고 나서는 살던 집도 친구에게 줘 버리고 아내와 같이 전국을 다니며 전도해서 세 개의 교회를 세우고 수많은 사람을 전도했다.

그는 아들이 성경을 읽어 주면 그 소리를 듣고 바로 암기를 하는 훈련을 쌓았다. 그래서 복음서를 비롯하여 많은 성경을 외웠다. 한국

교회 선교 초창기에는 백사겸 전도인 외에도 많은 그리스도인들이 성경을 암송했다. 겨울철에 2주간씩 사경회를 하면 새벽과 오전과 저녁에 집회를 하고 오후에는 노방 전도, 축호 전도를 했는데, 그 외의 자투리 시간에는 각자 소리 내어 성경을 암송하는 모습을 볼 수 있었다. 유교 문화권이라서 책을 읽으면 그 책을 통째로 외우는 것을 당연하게 여기던 전통의 영향이었을 것이다.

우리나라 동양의 문화에서만 암송이 당연시되었던 것은 아니다. 서구의 수도원 전통에서도 개인 예배나 공동체 예배 때 시편을 암송하면서 노래하는 것은 보편적인 기도의 모습이었다. 수도사들이나 사막 교부들은 시편 전체 혹은 시편의 대부분을 암송했으며, 노동을 할 때도 끊임없이 시편으로 기도했다.[79] 주후 4세기 이집트 수도원 운동의 개척자였던 파코미우스(Pachomius)는 그의 수도원에 들어오려는 사람들에게 최소한 신약 성경과 시편을 암송하도록 요구했다고 한다.[80] 기독교 역사를 통해서 볼 때 신앙의 선조들이 이해한 묵상의 의미란 결국 성경을 읽고 마음에 새기고 외운다는 의미였다.[81]

✛ 구약 시대부터 유대인들은 암송의 습관을 이어 오고 있다

전 세계 유대인의 인구는 약 1,600만 명으로서 세계 인구의 0.2% 정도밖에 안 된다. 대한민국 인구의 약 3분의 1에 불과하다. 영토 역시 한반도의 10분의 1 크기이다. 그런데 유대인 출신 노벨상 수상자는 2021년까지의 통계로 역대 노벨상 수상자의 23%를 차지했다. 경제학

상은 25%, 의학 상은 23%, 물리학 상은 22%, 화학 상은 11%, 문학 상은 7%를 유대인 출신이 받았다. 유대인들은 인구 400명당 1명 꼴로 노벨상을 받은 셈이다.

미국 내 유대인 인구는 2% 정도이다. 그런데 미국 최상위 부자들의 40%, 미국 내 변호사의 20%, 뉴욕 시내 중고교 교사의 50%가량이 유대인이다. 미국의 대학 교수 중 25% 이상이 유대인이며, 특히 아이비리그 대학 교수와 학생의 30-40% 정도가 유대인이다. 유명 대학 법대 교수의 절반가량도 유대인으로 알려져 있다. 또한 세계 500대 기업 소유주의 40% 정도가 유대인이라고 한다. 그들은 특히 금융, 투자, 보석, 인터넷 및 정보, 식량 회사, 석유 회사, 무기 회사, 미국 내 주요 언론과 영화사 등에 절대적인 지배력을 행사하고 있다. 극소수밖에 안 되는 유대인들이 세계에서 거둔 성과는 알면 알수록 납득이 안 될 정도로 신기하다.

그렇다고 유대인들이 특출 나게 머리가 뛰어나게 태어난 것도 아니다. 조사 기관마다 조금씩의 편차는 있으나 유대인들의 평균 IQ는 대략 94-95로 나온다. 우리나라 평균 IQ인 105-106보다 낮으며, 아시아의 유수한 나라들, 미국이나 북유럽 평균보다 낮다.

타고난 머리가 좋은 것도 아니고, 주위 환경이 좋은 것도 아니며, 오히려 역사 속에서나 현재나 주로 핍박과 따돌림을 받기 일쑤인 유대인들이 보인 엄청난 성취를 어떻게 설명할 수 있을까? 지용훈은 유대인들의 경이롭기까지 한 성취의 비결을 세 가지로 정리한다. 그것은 '하가'의 전통(말씀 묵상)과 '하브루타' 습관(두 사람씩 짝 지어서 토론하는 학

117

습 방법), 그리고 '후츠파' 정신(호기심, 끈질긴 탐구 정신, 당돌한 질문)이다.[82] 이 세 가지는 서로 연결되어 있어서 떼려야 뗄 수 없는 한 몸과 같다. 각각 하나가 없으면 다른 둘도 존재할 수 없다.

그중에서 가장 기초가 되는 비결은 '하가'이다. 말씀을 작은 소리로 읊조리는 묵상의 습관이 수천 년 동안 흘러내려 왔는데, 읊조리는 묵상이 되어야 지식이 머리에 저장된다. 잘 저장된 지식의 토대 위에서 하브루타식 토론이 가능하다. 또한 하브루타식 토론은 끊임없이 내적으로 솟구쳐 오르는 호기심과 탐구 정신으로부터 비롯된다. 유대인들의 읊조리는 '하가' 습관은 결국 암송으로 열매 맺는다. 왜냐하면 주야로 부지런히 반복해서 입술로 읊조리면 그 내용을 자연스럽게 암기하게 되기 때문이다. 그리고 실제로 유대인들은 어릴 때부터 토라(모세 오경)를 통째로 암기하는 교육 방법을 실천해 오고 있다.

정통파 유대인 가정에 있어서 가장 크고 경축할 만한 행사는 성인식이다. 남자아이 13세, 여자아이 12세에 성인식을 성대하게 치른다. 집안 친지들과 이웃, 친구들이 모여서 축하하는데, 결혼식보다 더 중요하게 여긴다. 성인식은 히브리어로 '바 미츠바'(Bar Mitzvah)라고 하는데, '말씀의 아들'이라는 의미이다. 여자의 경우 '밧 미츠바'(Bat Mitzvah), '말씀의 딸'이다. 그러기에 사실은 일반적인 개념의 성인식이 아니라 '말씀의 아들 선포식'이라고 부르는 것이 더 합당할 것이다.[83] 스스로 말씀을 배우고 다른 사람에게 가르칠 수 있는 나이가 되었다는 선언이다. 성인이 되었으니 이제부터는 스스로 말씀을 읽으면서 하나님의 뜻에 맞게 선택하고 결정하며, 기도하며 살겠다는 다짐의 예식이다. 성인식을 마치면 정식 회당의 일원으로 인정되고, 회당의 회원으로서 의무와 책임을 다하게 된다.

성인식은 3년 전부터 준비한다. 부모의 지도에 따라 기도 방법을 배우고 기도하는 훈련을 쌓는다. 또한 성인식 날 모인 하객들 앞에서 토라를 낭독하고 토라에 대한 설교를 하기 때문에 랍비로부터 설교 연습과 지도도 받는다. 성인식 날 참석하는 하객이 평균 200여 명인데, 그들이 내는 축하금이 적어도 4-5만 불 된다고 한다. 우리나라 돈으로 5,000여만 원이 넘는 금액이다. 그 돈을 고스란히 아이 몫으로 투자해서 아이들이 고등학교를 졸업할 때쯤에는 1억에서 2억 정도의 돈으로 불어 있다. 그 돈을 자본금으로 삼아 집의 차고에서 창업하는 경우가 많다. 그래서 조그마한 나라 이스라엘은 지금도 세계 최대의 벤처 창업 국가이다.

중요한 점은, 성인식을 하기까지 대부분의 경우 아이들이 토라 전체를 암기한다고 한다. 모세 오경 전체 5,852구절을 13세 아이가 통째로 암기한다는 것은 놀라운 일이 아닐 수 없다. 정통 유대인 가정에서는 아이가 네 살 될 무렵부터 암송 교육을 시작한다. 창세기 1장 1절 "태초에 하나님이 천지를 창조하시니라"는 히브리어로 "베레쉬트 바라 엘로힘 에트 하샤마임 뵈에트 하아렛츠"이다. 아직 말을 제대로 못하는 아이이니 '베레쉬트'라는 단어부터 암기시킨다. 완전히 기억될 때까지 소리 내어 반복한다. 그러고 나서 '베레쉬트 바라'를 암송한다. 완벽하게 암기되면 '베레쉬트 바라 엘로힘' 등 차근차근 붙여서 암송해 나간다.

대개의 경우 창세기 한 장을 암기하는 데 3-6개월이 걸리고, 1년이 지나면 창세기 열 장 정도 암기가 된다고 한다. [84] 암기할 때마다 다시 처음부터 반복해서 암기하기 때문에 정확하게 머리에 저장이 된다. 그리고 암기 연습을 하면 할수록 속도가 더 빨라지기에 8-9년 정도 반복 학습하면 토라 전체 암기가 가능해지는 것이다.

이렇게 어릴 때 집중적으로 성경을 암송하면 아이들의 뇌가 놀라울 정도로 발달한다. 사람의 뇌에는 1천억 개의 신경세포가 있다. 그것을 '뉴런'(neuron)이라고 부른다. 뉴런들을 연결하는 것이 '시냅스'(synapse)이다. 뇌의 시냅스는 시간이 갈수록 점점 더 노화된다. 뇌세포들 간의 연결인 시냅스가 점차 줄어드는 것이다. 그러면 뇌는 퇴화된다. 기억력이나 사고력, 창의력, 상상력, 판단력도 자연스럽게 쇠퇴된다.

하지만 뇌에는 '뇌 가소성'(可塑性)의 원리가 있다. 뇌 가소성이란 뇌는 안 쓰면 퇴화하는 방향으로 나아가지만, 뇌에 자극을 주면 줄수록 뇌가 다시 살아난다는 이치이다. 뉴런은 계속해서 새로운 정보와 지식이 유입되기를 갈망한다. 암송을 하는 순간 신경전달물질의 양이 증가되고 뉴런이 활성화되면서 시냅스가 연결되기 시작한다. 암송을 연습하다 보면 뉴런이 활성화되면서 집중력, 암기력, 해석력이 무려 100배 정도까지도 향상된다는 뇌과학 전문가들의 보고가 있다. [85] 선천적으로 매우 뛰어나다고는 볼 수 없는 유대인들의 머리가 특출 나게 발달한 것은 어릴 때부터 열심히 성경을 암송하는 훈련을 쌓은 덕분으로 해석할 수 있다.

성경 암송은 사람을 변화시키는 능력이 있다

나는 중학교 1학년 겨울방학 때 예수님을 영접했다. 영접할 때부터 계속해서 내 심령 속에 꽂힌 말씀이 요한복음 1장 12절이다. "영접하는 자 곧 그 이름을 믿는 자들에게는 하나님의 자녀가 되는 권세를 주셨으니." 특별히 외우려고 결심한 것도 아니고, 자주 읽으려고 생각한 것도 아닌데 나도 모르게 이 구절에 마음이 끌렸다. 아마도 여섯 살 때 아버지가 돌아가신 것 때문일 것이다. 어릴 때부터 아버지가 없이 자랐기 때문에 하나님이 나의 아버지가 되어 주신다는 이 약속이 참 든든하고 감동적이었다. 나에게 하늘의 아버지가 생겼고, 나는 그분의 아들이 된다는 이 말씀이 나에게는 측량할 수 없는 위로요, 기쁨이었다. 그래서인지 틈만 나면 이 구절을 생각했고, 수시로 떠올렸다.

중·고등학생 시절 내내 이 구절이 내 마음속에 들어와 있었다. 그랬더니 점점 더 마음이 담대해지고 평안해졌다. 아버지가 없다는 것에 대한 외로움과 허전함이 종종 내 마음을 침체에 빠뜨렸는데, 점차로 하나님 아버지의 임재를 누리는 기쁨이 나를 사로잡기 시작했다. 하나님 아버지께서 늘 나와 함께 계시다는 말씀이 실제로 믿어지면서 내 심령에 나도 모르게 큰 바윗돌이 하나 자리 잡은 것 같았다. 세상 그 어느 것에도 움직이지 않는 튼튼한 주춧돌을 깔고 그 위에 내가 서 있는 것을 느꼈다. 천지 만물을 다스리시는 하나님이 나의 아버지가 되신다는 이 확신이 나의 인생을 소망과 환희와 평강으로 물들게 한 것이다.

성경 구절이 영혼에 침투하여 새겨지면 그 구절은 그 사람을 변화시킨다. 그 사람의 생각과 감정을 송두리째 새롭게 바꾸어 간다. 마침

내 인생 전체를 혁명에 이르게 하는 말씀의 능력, 그것은 말씀 하나를 확실하게 심령에 새기는 데서 비롯된다.

20세기 초, 미국 LA 근처에 한 젊은이가 살았다. 고등학생 때는 학생회 회장으로서 졸업식 때 대표로 고별사를 하기도 하고, 농구팀 주장이기도 했으며, 교지 편집장을 맡기도 했다. 그러나 고등학교를 졸업하면서부터 술집과 댄스홀에 드나드는 것에 재미를 느꼈고, 내기 도박을 즐겼다. 스무 살 때 술 때문에 네 번이나 구급차에 실려 갔고, 네 번이나 경찰에 쫓겼다. 스무 번째 생일이 지난 지 두 달 만에 경찰에 체포되어 유치장으로 호송되기도 했다.

그러던 어느 날, 롱비치 해변 근처에서 체포된 그는 너무 술에 취해서 자기 승용차가 어디 있는지도 기억 못할 정도였다. 그가 울자 경찰관이 물었다. "이런 생활이 좋은가?" 그는 대답했다. "아닙니다. 이런 생활을 싫어합니다." 경찰은 그에게 착실한 생활을 하겠다는 약속을 받고 보내 주었다. 그 일이 있던 날은 금요일 밤이었고, 이틀 뒤 주일에 그는 교회에 갔다. 마침 청년회 모임에서 성경 암송 대회를 한다면서 성경 구절 10개를 암송하라고 주었다. 그는 한 주 동안 다 암기했고, 그가 속한 팀이 이겼다. 그다음 주간에도 10개 구절을 암기했고, 다음 주일에도 그가 암송한 덕분에 그가 속한 팀이 이겼다.

그 일이 있은 지 3주가 지난 어느 날, 직장으로 걸어가는 중 갑자기 그의 머릿속에 전에 외웠던 구절이 떠올랐다. "내가 진실로 진실로 너희에게 이르노니 내 말을 듣고 또 나 보내신 이를 믿는 자는 영생을 얻었고 심판에 이르지 아니하나니 사망에서 생명으로 옮겼느니라"(요

5:24). 그는 그 자리에서 기도했다. "오, 하나님, 이것이 무엇을 의미하든 저는 영생을 갖고 싶습니다." 그리고 곧이어 전에 외운 구절 중 또 한 구절이 생각났다. "영접하는 자 곧 그 이름을 믿는 자들에게는 하나님의 자녀가 되는 권세를 주셨으니"(요 1:12). 그는 다시 기도했다. "오, 하나님, 저는 지금 당장 예수님을 영접하겠습니다." 그는 이렇게 해서 거듭난 그리스도인이 되었다.

이후 그는 곧바로 성경을 매일 한 구절씩, 3년 동안 1,000구절을 암송했다. 그리고 1933년부터 해군들을 비롯한 젊은이들에게 성경 암송과 성경 묵상을 하게 하고, 성경을 가르치면서 전도하고 양육하는 선교 단체를 시작했다. 그 선교 단체가 바로 네비게이토선교회이며, 그 청년은 선교회의 창립자 도슨 트로트맨(Dawson Trotman)이다. 도슨 트로트맨은 이렇게 고백했다. "만일 내가 그때 20구절을 암송하지 않았더라면 나는 다시 댄스홀과 맥줏집으로 되돌아가 버렸을 것입니다."[86]

✝ 말씀 충만이 바로 성령 충만의 길이다

도슨 트로트맨의 고백은 신앙의 법칙에 던져 주는 의미가 깊다. 많은 사람이 예수님을 영접하고 신앙의 길에 들어선다. 그리고 교회의 일원으로 신앙생활을 본격적으로 시작한다. 그런데 신앙이 더 성장하여 자신도 구원하면서 다른 영혼도 전도하는 수준의 신자는 그리 많지 않다. 더 나아가서 자신이 전도한 사람을 양육까지 해서 제자화할 수 있는 신자는 더 보기 드물다.

예수님은 지상을 떠나면서 유언처럼 명령하셨다. "그러므로 너희는 가서 모든 민족을 제자로 삼아 아버지와 아들과 성령의 이름으로 세례를 베풀고 내가 너희에게 분부한 모든 것을 가르쳐 지키게 하라 볼지어다 내가 세상 끝 날까지 너희와 항상 함께 있으리라"(마 28:19). 이 '지상 명령'(至上命令)에서 주동사는 "제자를 삼으라!"는 명령이다. 예수님의 지상 명령은 단순히 전도하라거나 선교하라거나 교회를 성장시키라는 의미가 아니다. 한 사람을 전도하면 그 사람을 양육해서 예수님을 닮아 가는 제자로까지 훈련시키라는 뜻이다.

그렇게 하려면 신자 스스로가 먼저 제자로 자라야 한다. 내 믿음이 먼저 강건해져야 다른 사람을 일으켜서 훈련할 수 있다. 내 믿음이 흔들리지 않는 반석같이 서고 다른 사람을 돕는 역할까지 감당할 수 있으려면 어떻게 해야 할 것인가? 말씀으로 충만해져야 한다. 말씀으로 충만해진다는 것은 다른 말로 하면 성령으로 충만해지는 것이다.

사도 바울이 쓴 에베소서와 골로새서를 가리켜 '쌍둥이 서신'이라고 부른다. 에베소서, 빌립보서, 골로새서, 빌레몬서 등 로마 감옥에서 쓴 '옥중 서신' 네 권 중에서도 따로 두 권을 묶어서 '쌍둥이'라고 지칭하는 데는 이유가 있다. 비슷한 시기에 쓴 데다 내용이나 문체에 아주 비슷한 부분이 많기 때문이다.

그중 대표적인 부분이 성령 충만에 관한 말씀이다. "술 취하지 말라 이는 방탕한 것이니 오직 성령으로 충만함을 받으라 시와 찬송과 신령한 노래들로 서로 화답하며 너희의 마음으로 주께 노래하며 찬송하며 범사에 우리 주 예수 그리스도의 이름으로 항상 아버지 하나님께 감사하며 그리스도를 경외함으로 피차 복종하라"(엡 5:18-21). 사도 바울은 성령 충만한 사람의 특징을 세 가지로 간추린다. 시와 찬송과 신령한 노래로 화답하는 사람, 범사에 감사하는 사람, 피차 복종하는 사람이다.

그런데 이 본문과 짝이 되는 본문이 골로새서에도 나온다. "그리스도의 말씀이 너희 속에 풍성히 거하여 모든 지혜로 피차 가르치며 권면하고 시와 찬송과 신령한 노래를 부르며 감사하는 마음으로 하나님을 찬양하고 또 무엇을 하든지 말에나 일에나 다 주 예수의 이름으로 하고 그를 힘입어 하나님 아버지께 감사하라 주께 하듯 하라 아내들아 남편에게 복종하라 이는 주 안에서 마땅하니라"(골 3:16-18). 자세히 살펴보면 붕어빵처럼 거의 똑같은 명령이다. 시와 찬미와 신령한 노래를 불러라, 범사에 감사하며 찬송하라, 그리고 복종하라는 명령 세 가지이다.

그런데 이 세 가지 앞부분에 성령 충만의 명령 대신에 "그리스도의 말씀이 너희 속에 풍성히 거하게 하라!"라는 명령이 적혀 있다. 결국 에베소서에서 표현한 '성령 충만'이 골로새서에서 표현한 '말씀이 풍성히 거함'과 같다는 뜻이다. '성령으로 충만하다'는 의미가 바로 '말씀이 내 안에 풍성히 거하는 상태'라는 것이다. 성령 충만은 항상 성령님의 지배를 받아서 움직이는 삶을 산다는 의미이다. 그렇다면 그리스도인은 성령님의 지배를 어떻게 받을 수 있는가? 성령님이 기록하신 성경 말씀이 심령 안에 충만하다면 그 사람은 성령님의 인도를 따라서 살 수 있다. 그러므로 성경적인 의미에서 이런 정의가 도출된다. "성령 충만은 말씀 충만이다."

나 자신이 성령 충만하지 않고서는 제대로 된 신자의 삶을 살 수 없을 뿐 아니라 다른 사람을 섬기며 양육하는 사역도 감당할 수 없다. 성령 충만은 신앙생활의 필수 우선순위이다. 성령으로 충만한 신자가 되는 길이 바로 말씀으로 충만해지는 것이라면 말씀 충만의 길은 무엇일까? 성경을 암송하여 마음 판에 새기는 것이다.

머릿속에 하나님의 말씀이 새겨진 신자는 언제 어디에서나 그 말씀이 이끄는 대로 살 수 있을 뿐 아니라, 외워 둔 그 말씀으로 다른 사람을 가르칠 수 있다. 그리고 마음에 저장된 그 말씀이 영적으로 나를 보호한다. 찰스 스펄전(Charles Spurgeon)이 했던 말처럼, 성경이 나를 죄로부터 막아 주지 않는다면 죄가 나를 성경으로부터 멀어지게 할 것이다. 성경을 암송하고 있으면 죄가 무엇인지 분별할 기준을 가진 것이요, 그렇다면 죄를 덜 지을 확률이 높아지는 셈이다. 성경이 머릿속에 있는 사람은 죄는 덜 지으면서 점점 더 하나님의 뜻이 머리에 떠오를 확률이 높아진다. 결국 성경 암송을 통해서 성화를 향한 달음질이 더 빨라지고 더 편안해질 수 있다.

┼ 말씀을 가슴에 새길 때 영적 변화가 일어난다

하나님은 성도들에게 그냥 성경을 읽으라고 하신 것이 아니라, 마음에 두라고 하셨다. "내가 주께 범죄하지 아니하려 하여 주의 말씀을 내 마음에 두었나이다"(시 119:11). 성경책은 책상 위에 두는 것이 아니라, 마음 안에 두어야 한다. 마음 안에 두는 길이 바로 암송이다.

"오늘 내가 네게 명하는 이 말씀을 너는 마음에 새기고"(신 6:6). 여기서 '새기라'는 명령은 원어적으로 볼 때 "…이 되다, …이다"라는 의미이다. 그러기에 '새기다'라는 말보다는 '존재를 가득 채워 흘러넘치게 하라'는 의미로 이해하는 것이 더 정확할 것이다. 돌에 새기는 것을 넘어 돌 자체가 되라는 말씀이다.[87] 말씀이 마음에 늘 있어서 말씀과 마음이 하나가 되고, 마음이 말씀처럼 되어 가는 변화가 있어야 함을 뜻한다.

"이 예언의 말씀을 읽는 자와 듣는 자와 그 가운데에 기록한 것을 지키는 자는 복이 있나니 때가 가까움이라"(계 1:3). 하나님은 성경을 읽는 자(봉독하는 자)와 그 낭독하는 말씀을 듣는 회중과 들은 말씀을 지키는 자가 복되다고 하셨다. 여기서 '지킨다'는 말은 헬라어로 '테레오'(τηρέω)이며, 히브리어로는 '샤마르'(שָׁמַר)이다. 이 단어들은 '복종하다, 실천하다'로도 이해할 수 있다. 하지만 '샤마르'는 '울타리'라는 어원에서 파생된 단어로서 가장 기본적인 뜻은 '보존하다(preserve), 지키다(keep)'라는 의미이다.

'말씀에 관한 말씀'이라고 할 수 있는 시편 119편에서도 29개 구절에서 말씀을 마음에 잘 간직하라는 표현이 나온다.[88] 이 말은 성경에서 자주 강조하는 '새기다'라는 말과 같은 의미로 연결된다. 결국 성경에서 '지키라!'는 말은 말씀을 마음속 깊숙이 잘 간직하여 '새기라!'는 의미이다.

말씀대로 순종하기 위해서는 먼저 말씀이 내 심령 속에 보존되어 있어야 한다. 행하는 것보다 간직하여 새기는 것이 먼저라야 한다. 내가 듣고 읽은 내용을 내 머릿속에 보존하지 못한다면 말씀을 행할 수 없다. 기억나지 않는 말씀이 구체적인 상황 속에서 실천되는 것은 불가능하다. 그런 점에서 성경 암송보다 더 말씀을 잘 간직하고 그 말씀대로 순종하게 만드는 방편은 없다고 해도 과언이 아니다.

과학의 언어로 표현한다면, 인간은 뇌 속의 뉴런에 새겨진 정보대로 생각하고 행동하게 되어 있다. 그렇다면 생각과 행동을 바꾸려면 어떻게 하면 될까? 뉴런에다 하나님의 생각인 말씀을 새기면 된다. 성경을 읽으며 암송해서 뉴런에 새겨 그 말씀이 내 존재가 되게 하는 것이다. 그리고 그 말씀이 늘 입에서 떠나지 않게 하는 것이다. 그러면 성령님께서 암송으로 새겨진 내 뉴런 속 하나님의 생각을 말하게 하시고, 행동하게 하시며, 습관이 되게 하셔서 주님의 인격을 닮은 인생을 살게 하실 수 있다.[89] 이것이 영적 변화를 위한 가장 효과적인 원리이다.

성경 고고학자인 찰스 서어 교수가 교통사고로 중상을 입어 의식이 돌아오지 않았다. 그런데 의식 없이 누워 있는 동안에도 그의 입술만은 계속 움직이고 있었다. 문병을 간 대학 학장이 그의 입술에 귀를 대고 들어 보니 시편 1편을 히브리어로 암송하고 있었다. 서어 교수는 평소에 히브리어 성경을 암송하는 습관이 있었는데, 암송한 말씀을 무의식중에도 입술로 읊조리고 있었던 것이다.[90]

이렇게 매일 매 순간 반복하여 성경을 암송하면 뇌리 속에 깊이 새겨져서 의식이 없는 중에 자신도 모르게 나올 정도까지 될 수 있다. 이런 상태가 될 때 어떤 상황이 와도 말씀으로 헤쳐 나갈 수 있고, 순간순간의 고비에서 바른 선택을 내릴 수 있고, 죄가 다가올 때 승리할 힘을 갖게 된다. 그래서 영성 신학자 달라스 윌라드(Dallas Willard)는 이렇게 강조했다.

성경 암송은 영적 성장의 절대적 기초이다. 영적인 삶을 위한 모든 훈련들 가운데서 딱 한 가지만을 선택해야 한다면 나는 성경 암송을 선택할 것이다. 왜냐하면 성경 암송은 우리의 마음이 필요로 하는 것을 채워 주는 기본적인 방법이기 때문이다. '이 율법 책을 네 입에서 떠나지 말게 하라!' 율법 책은 입에 있어야 한다! 어떻게 하면 율법 책이 당신의 입에 있게 할 수 있는가? 성경 암송을 하면 된다.[91]

미국의 목회자이며 작가인 찰스 스윈돌(Charles Swindoll)도 말했다.

사실상 그리스도인의 삶에서 성경 암송보다 더 도움이 되는 훈련을 알지 못한다. 성경 암송은 다른 그 어떤 훈련보다 더 영적으로 도움이 된다. 성경 암송을 통해 기도 생활은 강화될 것이다. 성경 암송을 통해서 증거는 더 날카롭고 효과적이 될 것이다. 성경 암송을 통해서 태도와 세계관이 바뀌게 될 것이다. 성경 암송을 통해 생각은 깨어 있고 주의 깊게 될 것이다. 성경 암송을 통해서 담대함과 확신은 높아질 것이며 믿음은 견고해질 것이다.[92]

끊임없는 반복이 영적 성장의 비결이다

이렇게 성경 암송이 영적 성장을 위한 가장 효과적인 길이 되도록 하려면 꾸준한 반복이 필수적이다. 반복 없이는 암송이 되지 않기 때문이다. 반복은 모든 영역에서 성공의 핵심 법칙이다. 농구 선수가 골을 넣기 위해서는 매일 3,000번의 연습을 반복해야 한다고 한다. 야구 선수가 3할 대의 타율을 유지하려면 단체 훈련 외에도 매일 3,000번의 스윙 연습을 반복해야 한다. 골프 선수도 매일 3,000번 이상의 스윙 연습을 반복해야만 실전에서 우승할 저력이 생긴다고 한다.

2022년 6월, 세계적인 피아노 경연 대회인 제16회 반 클라이번 콩쿠르에서 우리나라의 18세 임윤찬이 우승했다. 60년 대회 역사상 최연소 우승이며, 해외 유학 경험이 없는 순수 국내 음악도가 일궈 낸 성과로 주목받았다. 임윤찬은 평소에는 하루 10시간씩 연습하고, 대회가 있을 때는 새벽 4시까지도 연습했다고 한다. 하루 종일 피아노 치는 것에만 몰입하는 그를 가리켜 그를 지도한 스승은 18-19세기에 사는 사람 같다면서 '시간 여행자'라는 별명을 붙여 주기도 했을 정도이다.

내가 어릴 때부터 좋아한 가왕 조용필도 연습 벌레로 유명하다. 70세가 넘은 지금도 매일 몇 시간씩 자신의 노래를 연습하는데, 수십 년 동안 같은 곡을 불러서 완전히 외웠을 것이라고 생각되지만 그럼에도 불구하고 그는 매일 반복해서 원곡 그대로 연습하고 있다. '가왕'이라는 칭호가 거저 붙는 것이 아님을 알 수 있다. "연습이 완전함을 만든다"(Practice makes perfect)라는 옛말은 옳은 말이다.

성경 한 구절을 평생 잊지 않을 정도로 완전하게 암송하려고 해도 3,000번은 반복해야 한다. 전날 외운 말씀부터 합쳐서 외워야 하고, 한 권을 외운다면 항상 처음부터 붙여서 외워 나가야 한다. 반복하되 소리 내어서 읽어야 더 잘 기억된다. 가장 좋은 방법은 리듬을 넣어서 소리 내어 반복하는 것이다. 조선 시대 아이들이 서당에서《천자문》을 암송할 때처럼, 유대인들이 몸을 흔들면서 소리 내어 성경을 암송하는 것처럼, 힌두교 경전이나 불교 경전을 독경할 때 목탁을 두드리거나 몸을 흔들거나 손짓을 하면서 소리를 내어 암송하는 것처럼, 마치 노래를 부르듯이 암송하면 기억에 가장 잘 저장된다. 보통의 말보다는 즐겨 부르는 노래 가사가 더 오래 기억에 남는 이치와 같다.

초등학교 저학년 때 옆방에 혼자 사시는 할머니가 있었는데 남묘호렌게쿄[종교 단체의 공식 명칭은 창가 학회(創價學會)] 교인이었다. 그 방 앞을 지나다 보면 늘 남묘호렌게쿄 주문을 외우는 소리가 들렸다. 연세가 많은 할머니인데도 그 주문들을 잘 외우는 비결은 매일 반복해서 소리 내어 몸을 흔들면서 노래 가락처럼 외우기 때문이었다.

사실상 반복이라는 행위 자체가 묵상의 본질을 구현하는 방법이다. 성경은 반복의 책이다. 구약 성경의 3분의 1이 운문으로 되어 있는데, 시의 특성상 같거나 비슷한 구절이나 표현이 자주 반복된다. 사도 바울의 서신서에서도 이신칭의나 성화를 비롯해서 비슷한 교리의 설명들이 반복되어 나타난다. 요한이 쓴 글들도 믿음이나 사랑, 하나님과의 사귐에 대한 표현 등 유사한 강조점들이 자주 등장한다. 히브리서에서도 믿음과 인내에 대한 강조라든지, 조상들의 완고함을 본받지 말라든지, 예수님을 기억하고 바라보라는 등 비슷한 메시지들이 반복됨을 볼 수 있다. 선지자들의 설교들 역시 공의와 사랑을 행하라든지, 회개하지 않으면 흩어 버리실 것이라든지, 하나님을 알라든지 하는 유사한 강조점의 설교들이 자주 반복된다.

구약 성경 신명기(申命記)에서 '신'(申)이라는 단어는 '거듭, 반복, 다시'라는 의미이다. 하나님의 명령(율법)을 다시 한 번 반복하는 기록이 신명기이다. 구체적으로는, 애굽을 떠나 시내산에서 모세를 통해 주셨던 율법(출애굽기 후반부와 레위기의 내용)을 거의 40년이 지난 후 그동안 광야에서 출생한 2세대에게 다시 한 번 가르치는 모세의 설교문이다. 성경 전체에서 믿음을 정확하게 견지하고, 그 믿음이 자라기 위해서는 같은 말씀을 거듭거듭 듣고 기억에 새기는 과정이 필수적임을 보여 준다. 오늘날의 예배와 교회 교육에서 보물과도 같은 '반복'이 오히려 세속 교육보다 더 무시되고 있는 모습은 안타깝기 그지없다. 리처드 포스터(Richard J. Foster)는 이렇게 말한다.

> 반복은 사고가 특정 방향으로 향하도록 규칙적으로 이끌어 주어 사고의 습관을 심어 준다. 우리는 반복 낭송이라는 옛 학습 방법을 경시할 것이다. 그러나 반복되고 있는 것이 무엇인지 모르고 그저 반복만 하는 것도 내적으로 사고에 큰 영향을 끼친다는 사실을 알아야 한다. 뿌리박힌 사고 습관은 오직 반복에 의해서만 형성된다. 그래서 결국은 행동을 변화시킨다. 이것이 수많은 영성 훈련들에서 반복을 강조하는 이유이다.[93]

학습 이론에 의하면, 학습 후 1시간 이내에 들은 내용의 50%를 잊어버리고, 24시간 이내에 배운 것의 70%가 기억에서 사라진다.[94] 그러기에 배운 것을 24시간 이내에 복습하는 것이 필수적이다. 암송도 매일 하루에 수차례 반복해야만 가능하다. 하루에 세 번, 다섯 번 등 시간을 정해 놓고 기도했던 과거 신앙의 선배들처럼 아침, 점심, 저녁 시간을 정해 놓고 규칙적으로 암송 연습을 하는 것이 가장 확실한 방법이다.

그리고 처음에는 주제별로 한 구절씩 암송하는 것도 유익하다. 《네이게이토 60구절 암송 카드》 같은 암송 카드를 갖고 다니면서 복습하면 편리하다. 그리고 제일 좋은 방법은 장별로 암송해서 결국은 한 권을 통째로 암기하는 것이다. 이것이 정통 유대인들을 비롯한 신앙의 선배들이 해 오던 방식이다. 애송하는 시편의 한 장부터 시작해서 신약의 짧은 서신서들을 중심으로 암송을 시작하면 좋을 것이다.

아무래도 암송은 어릴 때부터 하면 제일 좋다. 말을 배우기 시작할 때부터 암송을 한다면 그보다 더 탁월한 선택은 없다. 아빠, 엄마와 같이 하면 더 효과적이다. 아이들은 아빠, 엄마와 같이 하는 것이라면 그것이 무엇이든 사랑이요, 재미있는 놀이라고 여기기 때문이다. 명설교자인 찰스 스윈돌의 경우, 아들이 한 절을 외우면 어머니가 두 절을 외우고, 아들이 한 장을 외우면 어머니는 두 장을 외우기로 약속하고 실천했다고 한다.[95] 어머니가 모범을 보이면서 같이 암송한다면 가장 놀라운 성과들이 나타날 것이다.

교회적으로도 과거보다 요절 암송이나 성경 전체 암송 교육이 시들해진 경향이 있는데, 다시 회복하여 체계적인 장기 교육 계획을 짜서 암송하게 하는 시스템이 구비되었으면 하는 바람이다. 주일 오후 예배의 경우, 온 가족이 함께 한 주간 정해진 성경 구절을 암송하면서 그 구절에 근거한 활동이나 게임 등을 같이한다면 즐거운 말씀의 교제가 가능할 것이다.[96] 가정과 교회에서 지금보다 더욱더 전력투구하여 성경 암송을 위해 아이디어를 개발하는 것이 필요하다. 성경 암송보다 더 효과가 빠르고 이익이 큰 영적 투자는 없기 때문이다.

✛ 말씀으로 기도하는 것은 묵상과 한 몸이다

묵상의 본질이 반복하여 읊조리는 행위라고 한다면, 그렇게 반복하여 읊조리면서 자연스럽게 무엇을 하게 될까? 그것은 바로 기도이다. 주야로 말씀을 작은 소리로 읊조리다 보면 자연스럽게 암기가 될 뿐 아니라 나도 모르게 그 말씀에 근거한 기도가 나오게 된다.

예를 들어, "복 있는 사람은 악인들의 꾀를 따르지 아니하며 죄인들의 길에 서지 아니하며 오만한 자들의 자리에 앉지 아니하고 오직 여호와의 율법을 즐거워하여 그의 율법을 주야로 묵상하는도다"(시 1:2)라는 구절을 중얼중얼 입으로 되뇌다 보면 나도 모르게 이러한 기도가 흘러나온다. "주여, 저도 복 있는 사람이 되고 싶습니다. 오늘도 악한 사람들의 꾀를 따르지 않게 도와주세요. 오늘도 저의 배우자가 죄인의 길에 가지 않게 해 주세요. 오늘 제 아이들이 오만한 자의 자리에 동석하지 않게 이끌어 주세요. 주여, 제가 텔레비전이나 유튜브 보는 것을 즐거워하기보다 성경 읽는 것을 더 즐거워하기를 원합니다. 주여, 제가 날마다 하나님의 말씀을 주야로 묵상하는 복 있는 사람이 되게 도와주세요!"

이렇게 말씀을 읊조리는 습관을 갖고 살면 그 말씀이 심령에 파고들면서 그 말씀의 내용 그대로 기도로 아뢰게 된다. 이것은 지극히 자연스러운 귀결이다. 묵상을 하면 기도할 주제가 생겨날 수밖에 없고, 말씀 가운데 깨달은 바나 이해한 것을 확실하게 하나님께 묻고 그분의 대답을 받아들이는 과정 가운데 기도로 이어진다.[97] 그러기에 말씀 묵상은 묵상 그 자체로도 의미가 있지만, 묵상은 기도를 위한 최선의 준비가 되며, 그 기도가 묵상의 열매로 맺어진다. 묵상과 기도는 늘 붙어 다니는 한 몸이 된다. 그런 점에서 묵상에 관한 고전을 남긴 귀고 2세는 이렇게 말했다. "묵상이 따르지 않는 독서는 무익하며, 독서가 선행되지 않는 묵상은 오류에 빠지기 쉬우며, 묵상이 없는 기도는 미지근하며, 기도가 없는 묵상은 열매를 맺지 못한다."[98]

나도 대학교 2학년 때부터 큐티 묵상의 길로 들어섰는데, 큐티 묵상을 하다 보니 기도가 약화되고 있음을 느꼈다. 많은 경우에 새벽기도를 열심히 하는 분들은 말씀 묵상이 약한 모습을 보이며, 큐티 묵상을 성실히 하는 분들은 그 대신 열정적으로 기도하는 측면이 부족하다. 그러나 그리스도인의 영적 성장을 위한 필수적인 두 기둥이 말씀과 기도이다. 둘 중 어느 하나도 약화되거나 결핍되어서는 안 된다.

사실 정상적으로 묵상을 하면 기도가 약해질 수 없다. 기도가 약한 묵상을 해 왔다는 것은 그 사람의 묵상이 지적인 사색이나 탐구에만 치우쳤다는 의미이다. 묵상은 지적인 사색이나 탐구가 먼저여서는 안 된다. 하나님의 음성을 경청하고, 그분과 대화하면서, 그분의 뜻을 즐거워하는 것이 묵상의 우선순위이다. 그렇게 하나님을 즐거워하고, 그분의 말씀을 주야로 읊조리는 묵상을 정상적으로 해 나가면 그 읊조리던 구절이 어느 순간부터 기도문으로 변환되어 입에서 나오는 경험을 하게 된다. 그때 성경 읽기와 기도가 하나로 통합되고, 말씀 묵상과 기도 생활이 한 몸으로 연합된다. 어느 것 하나가 약해지는 증상은 치유된다.

말씀과 기도가 자연스럽게 융합되면, 특히 말씀이 먼저 있고 기도가 말씀에 뒤따르게 되면 그 사람의 영성은 견고해지고, 풍성해지며, 강하게 자라 간다. 이렇게 말씀을 근거해서, 말씀을 따라서 하는 기도는 그 사람의 생각에 성경적 사고방식을 새겨 넣게 될 것이며, 그를 하나님 중심적인 기도자로 점차 성숙시켜 나갈 것이다.

이렇게 성경 말씀을 읽고 묵상하다가 그 내용과 표현으로 기도하는 것을 가리켜서 '말씀기도'라 한다. '말씀기도'를 중심으로 기도의 방법론에 관해서 쓴 책이 필자의 전작《기도가 어려운 당신에게》이다.

✚ 말씀기도는 응답과 변화와 능력을 낳는다

베트남 전쟁 때 베트남군에 포로로 잡힌 미군 중에 제레미아 덴튼 (Jeremia Andrew Denton Jr.)이란 장군이 있었다. 그는 지독한 고문을 받으면서 감옥에서 7년을 보냈다. 그가 기적적으로 석방된 뒤에 어느 기자가 질문했다. "7년이라는 긴 시간 동안 어떻게 고통과 지루함을 견뎠습니까?" 그는 대답했다. "7년 동안 고통과 지루함 속에서 오직 성경 암송을 통해서 견뎠습니다. 그렇게 말씀을 암송하면서 하나님과 깊은 교제를 하다 보니 어느새 내가 암송하던 그 말씀이 기도로 변해 있었습니다. 말씀이 기도로 변하는 순간, 나는 하나님으로부터 강력한 힘을 얻게 되었고, 모진 고문과 지루한 시간을 견뎌 낼 수 있었습니

다." 그는 미국으로 돌아가서 앨라배마주 상원의원이 되었다.[99]

말씀으로 기도하면 환경과 고통을 이길 수 있는 놀라운 힘을 얻게 된다. 성령님이 기록하신 말씀을 기도로 아뢸 때 그 기도 속에 성령님이 강력하게 역사하시기 때문이다. 말씀 속에 담겨 있는 생명의 능력, 치유의 능력, 변화의 능력이 말씀으로 기도하는 사람에게 더 확실하게 임하기 때문이다.

전 세계 그리스도인들에게 널리 알려진 인물 중에 조니 에릭슨 타다(Joni Eareckson Tada)가 있다. 그녀는 18세에 다이빙을 하다가 물속 바위에 부딪쳐 목뼈가 부러지면서 목 아래로 다 마비가 되었다. 생각하고 말하고 눈으로 보는 것 외에는 아무것도 할 수 없게 되었다. 여러 번 자살을 꿈꾸었지만 혼자 힘으로는 죽는 일조차 할 수 없다는 현실이 그녀를 더 비참하게 만들었다. 하지만 그녀는 좌절과 절망을 딛고 일어섰고, 수많은 신앙 서적을 쓴 작가로, 강연자로, 입에 붓을 물고 그림을 그리는 화가로 많은 사람에게 믿음의 신비를 증거하고 있다. 그녀는 자신의 영혼이 암흑을 뚫고 다시 비상하게 된 비결을 기도의 변화에서 찾았다.

나는 하나님의 말씀으로 내 기도를 풍요롭게 하는 법을 배웠다. 바로 하나님의 언어로 그께 아뢰는 방법이다. … 그분의 말투로 말하고 그분의 용어를 따르며 그분의 어법(語法)을 받아들이는 것이다. … 이것은 단순히 거룩한 용어들을 사용하는 정도의 문제가 아니다. 능력의 문제이다. 우리가 하나님의 말씀을 우리의 기도 속에 받아들일 때 하나님의 능력을 우리의 기도 속에 받아들이는 것이다.[100]

인류 역사상 마이크 없이 육성으로 가장 많은 사람에게 설교한 설교자로 영국의 조지 휫필드(George Whitefield)를 꼽는다. 존 웨슬리와 함께 18세기 영국 사회에 영적 각성과 부흥의 불길을 일으킨 그는 야외 부흥 집회의 선구자라 할 수 있다. 그는 확성기도 없이 4만 명의 군중에게 설교한 것을 비롯해서 수천수만의 군중에게 설교했고, 일주일에 40시간 이상을 설교하면서 수많은 영혼을 구원했다. 그의 능력 있는 사역의 비결에 대해 역사가 아놀드 A. 댈리모어(Arnold A. Dallimore)는 이렇게 말한다. "그의 일기를 보면 그는 아침에, 정오에, 저녁에 정해진 기도 시간을 양보하지 않고 고수했음을 보여 준다."

그런데 휫필드는 단순히 기도만 한 것이 아니었다. 그는 새벽 다섯 시에 자기 방에서 영어 성경, 헬라어 신약 성경, 그리고 매튜 헨리 주석을 앞에 펼쳐 놓고 무릎을 꿇었다. 영어 성경의 한 부분을 읽고, 헬라어로 단어와 시제를 찾아 가면서 더 많은 통찰력을 얻고, 그리고 거기에 대한 매튜 헨리의 설명을 모두 참고했다. 그러면서 영어와 헬라어 모두로 '모든 행과 단어를 가지고 기도하기'를 그 구절의 핵심 메시지가 진실로 자기 영혼의 일부가 될 때까지 계속했다.[101] 즉 성경 말씀을 가지고 기도를 드린 것이다. 휫필드는 매일 성경을 깊이 연구하고 그 연구한 성경 말씀을 가지고 기도하는 습관 덕분에 말씀이 넘쳐흐르는 가운데 성령 충만한 사역자가 될 수 있었다.

하나님의 뜻에 일치하게 기도하는 방향으로 기도의 물줄기가 바뀌다 보면 기도 응답도 전보다 더 빨라지고 더 적절하게 임한다. 그리고 말씀을 근거로 기도하면 기도가 더 쉬워진다. 내 머릿속에서 기도 제목을 만들어 낼 필요가 없고, 기도 제목이 성경 본문에서 흘러나오기에 하루 종일이라도 기도할 수 있다. 또한 그동안 해 오던 기도의 내용에서 벗어나 새로운 기도 제목으로 기도할 수 있으니, 기도가 한 단계 업그레이드된다.

무엇보다 말씀으로 기도하면 하나님의 능력에 의해서 조금씩 나 자신의 성품과 삶이 변화되는 경험을 할 수 있다. 아무리 의지적으로 '나 자신을 바꿔야지. 내가 죽어야지. 내가 달라져야지' 하고 결심해도 잘되지 않아서 낙심할 때가 많은 것이 우리의 현실이다. 우리를 변화시키는 힘의 원동력은 성령님께 있고, 성령님이 기록하신 말씀에 있고, 그 말씀을 근거로 기도하는 데 있다. 말씀에서 들려오는 하나님의 음성에 응답하면서 대화하듯이 기도하면 하나님의 인격이 나의 인격을 갈고닦고 수정해 주면서, 점차로 말씀이신 예수님이 나라는 인간을 바꾸어 가시는 체험을 하게 된다. 말씀이 삶을 변화시키는 체험을 하기에 가장 바람직한 방편이 바로 말씀기도인 것이다. 그런 점에서 헨리 나우웬(Henri Nouwen)의 말은 고개를 끄덕이게 만든다.

기록된 말씀을 내게 주시는 말씀으로 기꺼이 듣고자 할 때에만 살아 계신 하나님의 말씀은 자신을 드러내시고 우리 심령 중심에 뚫고 들어오실 수 있다. … 그렇게 기록된 말씀이 우리 머릿속에 들어가 마음으로 내려가게 해 드리면, 우리는 이전과 다른 사람이 된다. 말씀이 점차 우리 안에서 육신이 되어 우리의 존재 자체를 바꿔 놓는다. … 우리를 오늘의 살아 있는 그리스도들이 되게 하신다.[102]

✝ 말씀기도나 말씀 묵상을 할 때 'ACTS'식으로 하면 유익하다

말씀기도는 성경 구절 그대로를 자기 나름대로의 기도문으로 전환하는 것이다. 성경 구절을 기도문으로 바꿀 때 처음에는 읽어 가면서 그 단어나 표현 그대로를 기도로 올려 드리면 된다. 그러나 조금씩 숙련되는 가운데 아래의 원리를 사용하여 체계적으로 기도하면 보다 유익하다. 일반적으로 기도의 모델, 기도의 요소 혹은 기도의 순서로서 'ACTS'를 꼽는다.

- ► Adoration(찬양, 송축, 경배)
- ► Confession(고백, 회개)
- ► Thanksgiving(감사)
- ► Supplication(간구)

사람에 따라서 '감사'를 '고백, 회개'보다 먼저 하는 것도 가능하다. 이 같은 순서를 가지고 기도하는 것이 유익한 이유는 하나님께 드리는 기도의 바람직한 순서이기 때문이다.

죄인인 인간이 하나님께 나아갈 때 높으신 하나님을 '찬양'하는 것이 가장 먼저라야 하는 것은 상식이다. 그리고 거룩하신 하나님 앞에 서면 나 자신이 얼마나 죄가 많은지 살펴보게 되고, 따라서 '회개'가 간구보다 앞서야 함도 당연하다. 그리고 내게 필요한 것을 구하기 전에 과거에 하나님이 나에게 베풀어 주셨던 은택들을 생각하면서 '감사'부터 드리는 것이 도리이다. 그리고 나서 지금 현재 내게 필요한 것들을 '간구'하는 것이 바람직한 순서일 것이다. '간구' 속에는 내게 필요한 것도 있지만 다른 사람을 위한 간구, 즉 '중보 기도' 혹은 '도고'도 포함된다. 다른 사람을 위한 기도를 꼬박꼬박 넣는다고 가정하면 총 다섯 단계로 정리할 수도 있다.

시편 19편 14절, "나의 반석이시요 나의 구속자이신 여호와여 내 입의 말과 마음의 묵상이 주님 앞에 열납되기를 원하나이다"라는 말씀을 읽으면서 'ACTS'식으로 말씀기도를 한다면 다음과 같다.

- ▶ Adoration(찬양, 송축, 경배): "하나님이 저의 인생의 반석이시며 구속자이심을 찬양합니다."
- ▶ Confession(고백, 회개): "하나님이 저의 반석이심을 알면서도 그동안 경제적인 문제로 지나치게 염려에 빠져 하나님을 신뢰하지 못했던 것을 회개합니다."
- ▶ Thanksgiving(감사): "아무리 생각해도 저는 죄가 많았는데, 하나님이 그 넓은 사랑으로 저의 죄를 사해 주셨음을 다시금 감사합니다."
- ▶ Supplication(간구): "저의 말과 마음의 묵상이 주님 앞에 열납되기를 원합니다. 제가 말할 때마다 하나님이 기뻐하시는 말을 하게 도와주세요. 제가 날마다 말씀을 묵상할 때 하나님이 받으실 만한 생각으로 변화되게 도와주세요."
- ▶ "그리고 구속자이신 하나님, 제가 전도하기 원하는 옆집 가족들을 주님께로 인도할 수 있게 도와주세요."

'ACTS' 방식은 기도할 때만 아니라 큐티 묵상을 할 때도 그대로 활용할 수 있다. 큐티 묵상 노트를 쓸 때 기도 문장의 형태를 자신의 깨달음과 느낌을 쓰는 식으로 바꾸면 된다.

- Adoration(찬양, 송축, 경배): 하나님은 나의 반석이시다. 내 인생을 돌아보면 하나님이 든든하게 나를 지탱해 주셨다. 하나님이 아니었으면 비틀비틀 쓰러지고 흔들렸을 만한 일들이 많았는데, 하나님이 나의 평평한 바위가 되셔서 나의 걸음을 붙잡아 주셨으니 하나님을 찬송하지 않을 수 없다.

- Confession(고백, 회개): 시편 기자는 자신의 묵상이 주님 앞에 받아들여지기를 간구했는데, 돌아보면 나의 묵상과 기도가 과연 주님 앞에 드려질 만한 것이었을까 반성해 본다. 묵상 시간을 가지는데 형식적으로 급하게 해치운 적이 많았다. 노트 하나 채운다는 기분으로 한 적도 많았다. 최근에는 며칠 건너뛴 적도 있었다. 하나님이 흡족하게 받으실 만한 진실되고 열정적인 묵상 생활을 하지 못한 것을 깊이 회개한다.

- Thanksgiving(감사): 내 주위를 돌아보면 믿음이 없어서 죄에 쉽게 빠지고, 세상 풍파에 금세 넘어지는 사람들이 많은데, 하나님이 나를 죄에서 구속해 주신 덕분에 하나님의 자녀가 되어 평강과 소망 가운데 살게 된 것이 감사하다.

- Supplication(간구): 요즘 팀원들끼리 식사하거나 차를 마실 때 상사를 욕하는 말들이 나올 때가 많다. 나 혼자 대화에 동참하지 못하면 따돌림을 당할까 두려워서 마음에도 없는 말들을 보탤 때가 있다. 내가 입술로 내뱉는 말들이 나의 믿음을 드러내야 하고, 하나님은 말에 대해서도 심판한다고 하셨

는데, 내가 하는 말들이 아름답고 덕스럽지 못한 점이 많았음을 돌아본다. 내 입에 파수꾼을 두어서 내가 내뱉는 말들이 주님 보시기에 기쁜 말들이 되기를 기도한다. 그리고 침묵해야 할 때는 침묵할 줄 아는 지혜를 달라고 기도해야겠다. 또 직장의 상하 관계의 화목을 위해서도 기도드린다.

요약

- 말씀을 실천하려면 말씀이 머릿속에 저장되어 있어야 한다.
- 성경 암송은 기독교의 오랜 영적 전통이었다.
- 구약 시대부터 유대인들은 암송의 습관을 이어 오고 있다.
- 성경 암송은 사람을 변화시키는 능력이 있다.
- 말씀 충만이 바로 성령 충만의 길이다.
- 말씀을 가슴에 새길 때 영적 변화가 일어난다.
- 끊임없는 반복이 영적 성장의 비결이다.
- 말씀으로 기도하는 것은 묵상과 한 몸이다.
- 말씀기도는 응답과 변화와 능력을 낳는다.
- 말씀기도나 말씀 묵상을 할 때 'ACTS'식으로 하면 유익하다.

소그룹 나눔

1. 그동안 자신이 읽었던 말씀이 자신의 머리에 얼마나 저장되어 있는지 나누어 보자.
2. 정통 유대인 가정에서 자녀들이 성경을 암송하는 방법에 대해서 정리해 보자(119-120쪽 참고).
3. 왜 성경 암송이 영적 성장을 위한 최고의 방법이 되는지 이유를 이야기해 보자(121-129쪽).
4. 성경을 읽으면서 그 말씀을 가지고 기도로 옮기는 방법을 통해 얻을 수 있는 유익들에 대해 나누어 보자(134-139쪽 참고).
5. 이 장에서 배운 내용에서 가장 크게 와닿는 점이 무엇인지, 자신은 그중에서 어떤 사항을 실천에 옮길 수 있을지 이야기해 보자.

연습

o 자신의 언어로 지금 곧바로 'ACTS' 기도문을 만들어 보자. 그러고 나서 이
   내용으로 기도하자.

   Adoration(찬양, 송축, 경배)

   Confession(고백, 회개)

   Thanksgiving(감사)

   Supplication(간구)

 주간 과제

o 시편 23편 1-6절을 소리 내어 매일 10회씩 읽고 나서 종일 수시로 읊조리
   자. 그리고 이 말씀으로 'ACTS'식 기도문을 만들고 그 내용으로 기도하자.

5강

X

묵상의 핵심은
하나님의 음성을
듣는 것이다

나는 신학대학원을 졸업하고 곧바로 육군 군목으로 3년간 전방 부대에서 사역했다. 입대한 지 3년째가 되어 7월 말이면 전역을 하게 된 해, 3월이 되니 슬슬 걱정되기 시작했다. '불과 5개월 후면 전역인데 어디로 갈 것인가?' 염려가 밀려왔다. 담임목사로든 부목사로든 어디든 초빙하는 데가 있어야 할 텐데, 연락 오는 곳이 아무데도 없었다.

답답한 마음을 부여안고 매일 습관처럼 큐티 책자를 펼쳤다. 그날의 본문은 요한복음 14장 1절 이하였다. "너희는 마음에 근심하지 말라 하나님을 믿으니 또 나를 믿으라 내 아버지 집에 거할 곳이 많도다 그렇지 않으면 너희에게 일렀으리라 내가 너희를 위하여 거처를 예비하러 가노니 가서 너희를 위하여 거처를 예비하면 내가 다시 와서 너희를 내게로 영접하여 나 있는 곳에 너희도 있게 하리라"(요 14:1-3). 이 구절을 읽으면서 온몸에 전율이 이는 것 같았다. 하나님이 나에게 주시는 음성임이 강하게 느껴졌다. 하나님은 어디로 가야 할지, 정해진 거처가 없어서 근심하고 있는 나를 보고 명확하게 명령하셨다. 근심하지 말라고, 하나님을 신뢰하라고, 내가 너를 위해 거처를 준비하겠노라고.

이 구절은 예수님이 십자가를 지시기 전날 저녁에 열두 제자에게 마지막 유언처럼 설교하신 '다락방 강화'의 한 부분이다. 예수님이 십자가에서 죽으시는 것이 끝이 아니라, 승천해서 천국의 집을 예비하실 것이라는 약속의 말씀이다. 먼 훗날 예수님이 다시 오셔서 제자들을 천국의 영광으로 이끌어 가실 것이라는 약속이다. 지금 나의 상황과는 상관없는 2,000년 전의 약속이지만 그 말씀이 오늘의 나에게 주시는 격려와 약속으로 믿어졌다.

신기하게도 이 말씀을 묵상하고 나서 내 마음이 평안해지기 시작했다. 뭔지 모를 든든함이랄까, 평안함이랄까, 소망이 내 심령 속에 자리 잡았다. 그로부터 며칠 후 군목 입대 전에 전도사로 섬기던 교회의 담임목사님으로부터 전화가 걸려 왔다. 군목 제대하자마자 곧바로 부목사로 다시 오라는 내용이었다. 나는 그 전화를 받고 나서 며칠 전에 묵상했던 바로 그 말씀이 하나님의 음성이 맞았구나, 하는 생각을 했다.

✝ 그리스도인은 하나님의 음성을 듣는 사람이다

성경을 읽는 것과 성경을 묵상하는 것의 차이가 무엇일까? 성경을 읽는 주된 목적은 성경의 내용을 알기 위한 것이다. 성경에 무슨 내용이 적혀 있는지를 앎으로써 하나님이 어떤 분이신지를 알고자 하는 것이 성경 읽는 행위의 본질이다. 사실 성경 읽기를 천천히, 글자의 뜻을 음미하면서 집중해서 한다면 그 자체가 묵상이 될 수도 있다. 하지만 대부분의 경우, 성경 읽기는 빠른 속도로 내용 파악에만 신경 쓰게 된다. 그래서 성경 읽기와 별도로 말씀 묵상이 필요하다. 묵상은 읽기와 다르게 하나님의 음성을 듣는 것이 주된 목적이다. 내용 파악은 기본이고, 그날 그 시간에 나에게 말씀하시는 하나님의 목소리를 듣는 것이 묵상의 의미이다.

하나님의 음성을 듣는 것이 신앙생활에서 중요한 이유는 신앙생활이 하나님과 관계를 맺는 것이기 때문이다. 관계를 맺는 최초의 길, 그리고 가장 핵심적인 방편은 듣는 것이다. 인간이 이 땅에 태어나서 가장 먼저 만나는 존재는 엄마이다. 자신을 낳은 엄마의 눈을 처음 쳐다보고, 엄마의 목소리를 처음 듣는다. 그때부터 아기는 엄마의 목소리를 매일 수십, 수백, 수천 번 듣는다. 엄마로부터 '엄마'라는 소리를 3,000번 들으면 아기가 입을 벌려서 "엄마"라고 부를 수 있게 된다고 한다.

아기는 엄마의 목소리를 들음으로 말하는 법을 배우고, 엄마의 목소리를 들음으로 심적 안정감을 느끼고, '사랑받는 자'라는 자아 정체성을 갖게 된다. 무엇보다도 아기는 엄마가 하는 말을 들음으로 엄마와의 관계를 형성하게 된다. 이처럼 엄마, 아빠와의 관계 맺음을 통해서 나라는 인간의 인간됨이 비롯된다. 그러므로 인간이 인간으로서의 삶을 제대로 살기 위해서는 나와 가까운 인격체, 나를 사랑하는 인격체의 목소리를 듣는 것이 최우선이다.

인간다움의 가장 깊은 원천은 하나님이시다. 엄마 이전에 하나님이 나를 선택하시고, 빚으시고, 이 땅에 보내셨다. 하나님의 목소리를 듣는 것은 영적인 아버지의 목소리를 듣는 것이요, 그 목소리는 인간의 정체성을 확립하는 기초석이다. 신앙생활에서 하나님의 음성을 듣는 것보다 더 우선순위는 없다.

상대방을 사랑하고 진심으로 귀히 여긴다면 그의 말을 경청하지 않을 수 없다. 내게 당장 필요한 것을 달라고 떼를 쓰기보다 상대방이 무엇을 생각하며 무엇을 원하는지를 먼저 듣는 자세가 참된 사랑이며, 참된 경건일 것이다. 그러므로 하나님을 진정으로 경외한다면 그분에게 간구하기 이전에 그분의 음성에 귀 기울여야 한다. 미국의 도덕재무장운동의 창시자 프랭크 부크먼(Frank Buchman)은 이렇게 말했다. "사람이 들으면 하나님은 말씀하신다. 우리가 하나님께 말할 것이 아니라 하나님이 말씀하시게 해 드려야 한다. … 세상에 가장 필요한 기술은 하나님을 듣는 기술이다."[104]

✝ 양은 목자의 음성을 알아듣는다

나는 예전에도 개를 키워 본 적이 있고 지금도 한 마리 키우고 있다. 개를 키우면서 신기한 점은 주인의 말을 알아듣는다는 것이다. 먹으라는 소리, 기다리라는 소리, 달려가서 갖고 오라는 소리, 앉으라는 소리, 발을 한 짝 내밀어 보라는 소리 등 반복 훈련을 시키면 많은 소리를 분간해서 행동한다. 주인이 입을 열어 뭐라고 말을 하면 개는 주인이 무슨 말을 하는지 들으려는 듯이 귀를 살짝 움직이며 고개를 갸우뚱하면서 쳐다본다. 철저하게 훈련된 군견들은 자기 주인 외에 다른 사람의 지시는 절대 따르지 않는다. 오직 자기 주인의 목소리만을 듣고 분별하고 행동한다.

　성경은 목축 문화권을 배경으로 기록되었다. 이스라엘을 비롯한 중동과 유럽 지방에서는 목축을 많이 한다. 〈세계 테마 기행〉, 〈걸어서 세계 속으로〉 같은 TV 프로그램을 보면 양과 염소, 소를 키우는 장면들을 자주 보게 된다. 양을 키우는 사람은 자기 양들이 100마리나 되어도, 다 비슷비슷하게 생긴 것 같은데도 그 양들의 이름을 각각 알고 부른다. 이름을 부르면 그 양이 다가와서 젖을 짜는 틀 속에 들어와서 대기한다. 또 다른 양을 부르면 그 양이 다가와서 대기한다. 다 함께 들판에서 풀을 뜯어 먹다가도 자기 목자의 목소리가 들리면 다 같이 그 방향으로 움직인다. 다른 사람이 이름을 불러도 그쪽으로는 가지 않는다. 양은 철저하게 목자의 음성을 듣는 짐승이다.

　"문지기는 그를 위하여 문을 열고 양은 그의 음성을 듣나니 그가 자기 양의 이름을 각각 불러 인도하여 내느니라 자기 양을 다 내놓은 후에 앞서 가면 양들이 그의 음성을 아는 고로 따라오되 타인의 음성은 알지 못하는 고로 타인을 따르지 아니하고 도리어 도망하느니라"(요 10:3-5). "내 양은 내 음성을 들으며 나는 그들을 알며 그들은 나를 따르느니라"(요 10:27). 성경은 그리스도인과 예수 그리스도의 관계를 양과 목자의 관계에 비유한다. 믿는 사람에게는 예수님이 목자요, 주인이신 것이다.

　예수님을 주인으로 모신 양은 주인이신 예수님의 음성을 정확하게 알아듣고 주인을 따른다. 그러나 예수님께 속하지 않은 양은 그분의 음성을 듣지 않는다. "하나님께 속한 자는 하나님의 말씀을 듣나니 너희가 듣지 아니함은 하나님께 속하지 아니하였음이로다"(요 8:47). 그러므로 예수님의 말씀을 듣고 따르느냐, 따르지 않느냐에 따라 믿음의 유무를 판정할 수 있다.

예수님의 제자들은 예수님을 자신의 목자로 알고 예수님을 따랐다. 예수님은 길이요, 진리요, 생명이시기에 예수님의 음성을 듣고 순종할 때 영생을 얻는다(요 14:6). 예수님의 음성을 듣는 자들은 자신이 진리에 속한 자라는 것을 입증하는 셈이다. 예수님은 "무릇 진리에 속한 자는 내 음성을 듣느니라"(요 18:37)라고 말씀하셨다.

주님을 진실로 안다면, 그분을 사랑한다면 그분의 목소리를 알아들을 뿐만 아니라 그분의 음성에 따라서 행동하는 것이 자연스럽다. 그렇게 주님의 음성을 듣고 그대로 따라가면 그 길은 안전하고 평탄하다. 주님의 지시대로, 인도하심대로 걸어가면 가장 복된 항구에 닿을 수 있다. 하나님의 길로 가는 것이 가장 행복한 인생길이다. 그렇기에 다윗은 아침에 먼저 주님의 목소리를 듣기를 소원했다. "아침에 나로 하여금 주의 인자한 말씀을 듣게 하소서 내가 주를 의뢰함이니이다 내가 다닐 길을 알게 하소서 내가 내 영혼을 주께 드림이니이다"(시 143:8).

✢ 하나님의 음성은 들으려고 귀를 여는 자에게 들린다

하나님의 음성을 듣는 것이 신앙생활의 기본이라는 사실을 머리로는 이해하면서도 쉬이 그 진리를 수긍하지 못하는 신자들이 많다. 왜냐하면 실제 생활 가운데서 하나님의 음성이 들리지 않기 때문이다. 신앙생활을 수십 년 해도 하나님의 음성 같은 것은 한 번도 들어 보지 못했다는 신자들이 수두룩하다. 기도할 때나 성경 읽을 때나 하나님의 음성을 듣는다는 사람들이 오히려 이상하게 느껴진다고 이야기하는 신자들도 많다.

물론 자신의 생각이나 감정을 하나님의 음성이라고 오해하는 경우도 비일비재하다. 우리가 인간인지라 무지몽매하고 자기중심적으로 사고하기 쉽기 때문에 하나님의 뜻과 나의 뜻을 혼동하거나 바꾸어서 착각하는 일도 허다할 수밖에 없다. 하지만 그렇다고 해서 하나님의 음성을 듣지 못하는 것이 정당화되어서는 안 된다. 성경의 진리는 틀림없이 하나님의 사람들이 하나님 아버지의 목소리를 듣는 것이 당연하다고 말하고 있기 때문이다.

잔 다르크(Jeanne d'Arc)는 프랑스와 영국 사이에 벌어진 백 년 전쟁 (1337-1453)에서 프랑스가 최종 승리하는 데 큰 기반을 다진 전쟁 영웅이었다. 그녀는 평범한 시골 소녀였지만 13세부터 신의 음성을 들었고, 그 신의 음성을 당시 프랑스의 왕세자였던 샤를(Charles, 후에 샤를 7세 왕이 됨)에게 전달했다. 그리고 흰 갑옷을 입고 전투의 선봉에 서서 영국군에게 점령당한 랭스 지역을 수복하고 샤를 왕세자가 왕위 대관식을 통해 왕위에 즉위하는 데 앞장섰다.

아일랜드의 극작가 버나드 쇼(George Bernard Shaw)는 잔 다르크를 주인공으로 희곡 《성 조앤》을 썼다. 그 희곡 가운데서 샤를 왕세자와 잔 다르크가 대화하는 장면이 나온다. 샤를 왕세자가 그녀에게 물었다. "오, 하나님의 음성, 하나님의 음성! 왜 나에게는 하나님의 음성이 들려오지 않지? 이 나라 왕세자는 네가 아니라 바로 나인데 말이야." 그러자 잔 다르크는 이렇게 대답했다.

> 하나님의 음성은 분명히 저하에게도 들려옵니다. 그러나 저하께서 그 소리를 들으려 하지 않고 있는 것입니다. 저하께서 저녁에 그 소리를 듣기 위해 고요한 들판에 홀로 앉아 있는 일이 없었습니다. 안젤루스의 종[105]이 울릴 때에도 저하께선 십자가를 긋기는 했지만 단지 그것뿐이었어요. 만일 저하께서 진정으로 기도를 드리고 종소리가 그친 뒤에도 허공에 울리는 그 여음에 귀 기울였다면, 저하께선 분명히 저와 같이 하나님의 음성을 들을 수 있었을 것입니다.[106]

버나드 쇼의 희곡 속에서 했던 잔 다르크의 말은 의미심장하다. 하나님의 음성은 24시간 항상 어디선가 들려오고 있다. 하나님의 말씀인 성경이 가장 진정한 의미에서의 하나님의 음성이지만, 하나님은 대자연이나 주위 사람들을 통해서도 얼마든지 말씀하시기 때문이다. 중요한 것은, 하나님의 음성을 들으려는 마음 자세와 열정이다. 예수님을 영접하면 하나님을 아버지로 모시게 되지만, 그 아버지의 음성을 듣고 분별하고 적용하는 데는 아버지의 목소리에 귀를 쫑긋 세우는 자녀의 태도가 관건이다. 그러기에 성경은 "귀 있는 자는 들을지어다"(마 11:15; 계 3:6 등)라고 반복하여 강조한다.

사람에게 귀가 있는 것은 자연스럽다. 하지만 육신의 귀가 있다고 다 듣는 것은 아니다. 마음의 귀를 열어야 들을 수 있다. 들을 마음이 없는 사람에게는 아무리 큰 소리로 이야기해도 들리지 않는다. 어머니는 수많은 군중 사이에서 우는 자기 아이의 목소리를 알아듣는다. 평소에 관계가 깊고 애정이 뜨거우면 멀리서도 들을 수 있는 법이다. 하나님과 평소에 자주 만나고 그분을 사랑한다면, 그리고 그분의 음성 듣기를 갈망한다면 어디에서나 어떤 형태로나 하나님의 음성을 들을 수 있다.

✝ 하나님의 음성을 듣는 다양한 통로 가운데 성경이 가장 중요하다

일반적으로 하나님의 음성을 들으면서 그 음성을 통해 하나님의 뜻을 분별하는 방편은 여러 가지가 있다. 어떤 문제를 품고 기도할 때 마음에 상황을 초월하는 신비로운 평강이 임한다면 그것이 하나님의 음성일 경우가 많다. 또한 주위 환경이 계속해서 일정한 흐름으로 형성될 때 그것이 하나님의 목소리일 수 있다. 내게 하는 다른 사람의 말을 주의 깊게 경청할 때 사람들의 말속에서 하나님의 소리가 들려올 수도 있다.

우리는 자신의 생각과 욕구에만 빠져 있기 쉽기 때문에 나와 다르게 사고하고, 다른 방법으로 하나님의 음성을 듣는 사람들의 음성 듣기를 배우는 것이 하나님의 음성을 신중하게 듣는 길이 된다.[107] 또한 기도하는 사람이 자신의 마음과 생각, 감정의 방향이나 계획이 지속적으로 한쪽으로 몰입될 때 자신의 생각을 잘 관찰해 보면 자신의 생각이 하나님이 이끄시는 길일 때가 많다. 하나님이 말씀하실 때 자신의 머릿속에서 섬광처럼 떠오르는 어떤 생각으로 다가올 때가 있다. 그리고 그 생각이 '이거야!'라는 확실한 느낌으로 즉시 우리의 심령 속으로 파고듦을 감지할 수 있다.[108] 대체로 그럴 때 우리의 머리에 떠오르는 생각과 방향이 하나님의 음성일 경우가 많다.

하지만 기도할 때마다 그 생각이 머리에 떠오르면서 그것이 지속되고, 마음에 평강도 임한다고 해서 그 생각이 정말 하나님의 음성인지에 대해서 확신하는 것은 쉽지 않다. 하나님의 음성을 듣는 데 있어서 가장 큰 문제는 인간의 생각이나 감정, 판단은 100% 믿을 수가 없다는 점이다.

우리 대부분은 나도 모르게 내가 원하는 욕구를 합리화하기 십상이다. 내가 평소에 간절하게 원하는 목표가 있다면 그 목표에 합치되는 방향으로 내 감정과 생각을 몰아갈 수밖에 없다. 그렇다면 내가 그 시점에서 꾸는 꿈이나 순간적으로 스치는 생각이나 다른 사람과의 대화에서 들리는 이야기가 대부분 내가 늘 몰입하는 그 생각이라고 속단하기 쉽다. 왜냐하면 사람은 누구나 자신이 관심 갖는 분야만 눈에 들어오고 귀에 들려오기 때문이다. 그러므로 아무리 평소에 열심히 기도하는 사람이라 할지라도 내가 갖는 생각과 내가 느낀 감정과 내가 품는 목표가 하나님의 음성에 의한 것이라고 확신하는 것은 좀 더 신중할 필요가 있다.

그렇기 때문에 하나님의 마음과 생각이 담긴 교과서라고 할 수 있는 성경 말씀이 중요한 것이다. 성경 말씀은 하나님의 뜻의 보고(寶庫)와 같고, 우리 인생길을 인도하는 내비게이션과 같다. 하나님은 모든 시대 모든 인간에게 꼭 필요한 모든 지침을 성경책에 다 넣어 놓으셨다. 그러므로 우리는 결국 성경 말씀에서 우리 생각과 감정의 기준점을 찾아야 한다. 하나님이 주시는 내적인 느낌과 주변에서 일어나는 하나님의 섭리적인 환경이 있다 할지라도, 외적인 하나님의 말씀도 같이 하나로 초점이 맞추어질 때까지 조용히 기다리는 자세가 필요하다.[109]

어느 한 가지 하나님의 음성을 아는 방편만으로 섣불리 맞다고 확신하기보다는 우리 심령 속에 들려오는 하나님의 음성을 하나님의 객관적 계시인 성경 말씀 속에서 확증하는 것이 훨씬 더 안전하다. 그런 점에서 규칙적인 말씀 묵상 습관을 가진 사람은 하나님의 음성을 들을 때 오류나 왜곡에 빠질 확률이 적어지는 것이다.

무엇보다도 우리는 우리가 원하는 길보다는 하나님이 주시는 큰 방향에 대해서 늘 더 많은 주목을 할 필요가 있다. 하나님의 음성을 듣고자 하는 사람들은 대부분 세밀하고 현실적인 고민에서 하나님의 뜻을 알기 원한다. 하지만 성경은 모든 그리스도인의 생활 속에서 일어나는 수백, 수천 가지 상황에서의 세밀한 답변을 주기 위해 쓰인 책이 아니다. 하나님은 인간에게 자유의지를 주셨다. 그 자유의지는 삶의 순간순간 우리의 지성과 판단력과 감성을 조율하면서 한 걸음씩 선택해 나가라는 취지에서 주신 선물이다.

그러므로 세밀하고 현실적인 모든 문제 하나하나를 놓고 성경을 펴서 어디에 무슨 말씀이 있나 살펴볼 필요는 없다. 아주 크고 중대한 선택의 기로에서 하나님의 음성을 듣기 위해 성경을 신중하게 묵상하는 것은 바람직하지만 매일 수십 번씩 '이것이 하나님의 뜻이 아니면 어쩌지?' 하면서 불안해할 필요는 없다는 뜻이다. 하나님의 전체적이고 광대한 방향은 성경 속에 다 계시되어 있다. 성경을 숙독하면서 하나님의 원대하고 장기적인 방향 제시와 큰 틀을 숙지한 상태에서 소소한 생활 속의 일들에 대해서는 우리가 가진 이성의 신중한 판단으로 자유로이 결정할 수 있다.

하나님의 전체적인 뜻에 일치하는 목적만 지향한다면 작은 일들에 대해서는 선택의 자유를 누려야 한다. 어느 것이 더 최선인가, 어느 길로 가야 하나님이 더 기뻐하실까 고민하는 것은 신앙인으로서 아름다운 마음 자세이다. 하지만 그 고민에 너무 얽매여서 시간을 허비하는 것보다는 일단 지금 알고 있는 범위 안에서 하나님이 하라고 하시는 일부터 실천하는 것이 더 현명한 태도이다.[110]

하나님의 음성 듣기와 관련해서 무엇보다도 중요한 마음가짐이 있다. 달라스 윌라드는 이렇게 말했다. "우리는 단순히 하나님의 음성을 듣는 것이 아니라 그분과의 사랑의 관계 안에서 성숙한 사람이 되는 것을 기본 목표로 삼아야 한다. 그럴 때에만 그분의 음성을 바로 들을 수 있다."[111] 하나님의 음성을 듣고 싶어 하는 욕구는 모든 그리스도인에게 있어 가장 큰 욕구에 속한다. 하지만 대부분 현세적이고 물질적인 욕망을 충족하려는 목적으로 욕구할 확률이 높은 것도 사실이다. 내가 현실 세계에서 원하는 것이 있는데, 이것이 하나님의 뜻에 맞을까를 고민하는 것이 대다수이다.

물론 하나님은 그러한 관심과 기도에도 자주 응답하신다. 하지만 성경 전체를 볼 때 하나님의 주된 관심사는 그리스도인들이 점점 더 거룩해지는 것이다. 하나님의 마음과 생각을 더 닮아 가는 것이다. 하나님의 관심이 가는 방향으로 성도들의 생각이 움직이는 것이다. 그것을 가리켜서 '영적 성숙'이라고 일컫는다. 사람들은 주로 성공을 원하지만 하나님은 성숙을 지향하신다. 우리는 행복을 추구하지만 하나님은 우리의 거룩을 원하신다. 우리는 처한 환경이 달라지기를 소원하지만 하나님은 나 자신이 변화되기를 기대하신다. 그러기에 하나님이 주시는 음성들은 주로 하나님이 이끄시는 성숙으로 우리를 빚어 가시려는 것이다.

그러므로 우리의 관심과 생각들을 하나님의 주파수와 일치시키려는 자세가 우리에게 필요하다. 지금보다 점점 더 하나님이 기대하시는 사람으로 나를 변화시키는 것에 초점을 맞춘다면 하나님의 음성이 날이 갈수록 더 선명하게, 자주자주 들려올 것이다. 그리고 그 하나님의 큰 목적에 나의 관심을 합치시켜 간다면 서서히 나의 일상적인 일들에 있어서도 하나님의 뜻을 이해하기가 더 쉬워질 것이다.

✛ 말씀 묵상을 배우고 훈련해야 한다

예수님을 영접한 그리스도인이라면 누구나 하나님의 음성을 날마다 듣는 것이 상식이다. 하지만 막상 현실 속에서는 하나님의 음성을 듣는 성도들의 수가 극히 미미하다. 그 원인은 하나님의 음성을 들을 수 있도록 자신의 영적 습관을 가꾸어 나가는 데 소홀하기 때문이다. 그냥 교회 마당만 왔다 갔다 할 뿐 하나님의 음성을 들으면서 살고자 하는 갈망도 없을 뿐 아니라 하나님의 음성을 듣기 위한 구체적인 노력을 하지 않는다. 사람들의 소리, 텔레비전이나 유튜브에서 흘러나오는 소리는 열심히 듣지만 하나님의 음성 듣기에는 큰 관심이 없기 때문이다.

말씀 묵상이 생활 가운데서 들려오는 하나님의 목소리를 듣는 행위인데, 이토록 중요한 말씀 묵상이 소홀히 여겨지는 현실은 참으로 안타깝다. 토머스 왓슨(Thomas Watson)은 "세상에서 경건한 그리스도인을 찾아보기가 힘든 이유는 묵상하는 그리스도인이 거의 없기 때문이다"라고 탄식했다. 그는 설교를 듣고 기도도 하는 그리스도인들은 많이 있지만 마귀는 그런 신자들을 보고도 별로 관심을 기울이지 않는다고 이야기했다. 마귀는 말씀을 통해 심령이 변화되게 하는 방편인 묵상하는 그리스도인들만 없다면 만족스러운 웃음을 짓는다고 말했다.[112] 결국 마귀가 가장 싫어하는 성도가 묵상하는 성도라는 의미이다. 묵상 습관이야말로 하나님의 음성을 경청함으로 영성을 고양시키고 삶을 변화시켜 육신적인 사람을 영적인 전사로 무장시켜 주는 최선의 방편이기 때문이다. 모리스 로버츠(Maurice Roberts)는 1990년 스코틀랜드에서 다음과 같이 썼다.

우리 시대는 애석하게도 영적 위대성이라고 부를 수 있는 것이 없습니다. 이 문제의 근저에는 '천박함'이라는 현대병이 자리 잡고 있습니다. 우리는 모두 너무나 조급하여 자신이 고백하고 있는 믿음에 대해 차분히 묵상하지 못합니다. … 영적 위대성은 온갖 경건 서적들을 열심히 두루 섭렵한다거나, 신앙을 견고케 해 주는 영적 활동과 의무에 정신없이 바쁘다거나 하는 데에 있지 않습니다. 오히려 그것은 복음의 진리들을 찬찬히 서두르지 않고 묵상하며, 거룩한 성품이라는 열매를 낳는 진리들에 우리 마음을 노출시키는 것입니다.[113]

30여 년 전에 쓴 글인데도 오늘날의 모습을 예리하게 진단하는 것 같아 섬뜩할 정도이다. 오늘날 기독교 신앙의 현실은 '천박함' 그 자체이다. 깊이와 넓이와 높이가 없이, 깃털처럼 한없이 가볍기만 해서 세상을 복음으로 정복하기보다는 세상의 문화에 잠식당하고 마는 서글픈 모습을 노출하고 있다. 찬양도 가벼운 내 감정 위주로 흐르고 있고, 설교도 내가 듣기에 좋은 소리만 듣고 싶어 하고, 봉사도 내가 기분이 내키면 하고, 헌금도 마음이 동할 때 하는 식으로 신앙의 색깔이 퇴색되어 가고 있다.

교회엔 온갖 종류의 프로그램이 백화점처럼 차려져 있고, 성도들은 어느 것 하나에도 몰입하지 않은 채 이 행사, 저 모임에서 수많은 메시지를 듣는 것 같지만 어느 하나로도 심령이 채워지지 않는 듯하다. 유튜브와 기독교 텔레비전과 라디오를 통해서 수많은 설교와 찬양이 넘쳐 나고 있지만 정작 그 어떤 말씀 한 구절에도 몰입하지 못하는 성도가 대부분이다. 말씀 한 구절만이라도 제대로 맞닥뜨리면 분명히 영혼에 새로운 혁명이 일어나 달라질 텐데, 조용히 한 구절의 말씀에 가슴을 치며 통회(痛悔)하는 성도를 찾아보기가 어렵다.

경건 서적을 읽는 것도 필요하고, 신학과 교리를 다지는 것도 필수이며, 부르짖는 기도와 찬양 집회에서 땀 흘리는 것도 영적 유익을 준다. 하지만 그 모든 것에 앞서서 혼자 침묵하면서 '하나님이 오늘 이 구절에서 나에게 하시는 말씀은 무엇인가?'를 경청하는 습관이 먼저 자리 잡아야 평생 하나님의 사람으로 단단하게 서 있을 수 있다.

루이스 캐럴(Lewis Carrol)이 쓴 명작 동화 《이상한 나라의 앨리스》에는 앨리스가 체서 고양이와 만나서 대화하는 장면이 나온다.

> "여기서 어느 길로 가야 하는지 가르쳐 줄래?"
> 고양이가 대답한다. "그건 네가 어디로 가고 싶은지에 달렸지."
> "어디로 가고 싶은지는 아직 생각해 보지 않았는데…"
> "그럼 어느 길로 가든 상관없지 뭐."
> 앨리스가 말했다. "하지만 어딘가 도착하고 싶어."
> 고양이가 덧붙였다. "넌 틀림없이 도착하게 되어 있어. 계속 걷다 보면 어디든 닿게 되거든."114

오늘날 많은 성도의 모습에 앨리스의 모습이 투영된다. 길을 부지런히 찾고는 있는데, 어디로 가고 싶다는 명확한 목표 의식이 없다는 점, 그러면서도 도착은 하고 싶어 한다는 부분이 매우 유사하다. 그런 점에서 김영봉은 《사귐의 기도》(IVP, 2012)에서 우리의 신앙에 방향이 중요하고 방법론적 실천이 중요함을 설파하고 있다.

믿음을 가진다는 것은 어디로 가는지도 모르는 채 뛰고 있는 대열에서 벗어나

잠시 멈추고, 자신이 어디에 있으며 어디로 가야 하는지를 생각해 보는 것이다. 중요한 것은 '얼마나 많이 가느냐'의 문제가 아니라 '어디로 가느냐'의 문제이고, '얼마나 빨리 가느냐'의 문제가 아니라 '어떻게 가느냐'의 문제다. 이렇게 사는 것이 바로 묵상의 삶이다.115

무엇보다도 많은 그리스도인이 남이 만들어 놓은 지도에만 관심을 둘 뿐, 자신만의 지도를 만들 생각을 하지 않는다는 점이 안타깝다. 이곳저곳 영적인 프로그램을 기웃거리기도 하고, 영적으로 컬컬하게 느껴질 때는 기도원에 올라가기도 하고, 유튜브에서 좋아하는 설교자들의 설교를 들으면서도 정작 자기 자신만의 영적 우물을 파는 수고는 하지 않으려 한다. 주일마다 설교자가 떠먹여 주는 설교라는 밥만 먹고, 일주일 내내 혼자서는 성경을 펼치지 않는 성도들이 대다수이다. 묵상지에 있는 예화 하나 읽고, 신앙의 선배들이 써 놓은 본문 묵상 글 하나 읽고는 묵상했다고 착각하는 그리스도인들도 부지기수다.

나만의 지도를 만들기 위해서는 내가 발로 뛰는 수고를 해야 한다. 내가 영적인 지성의 이빨을 갖고 딱딱한 말씀도 힘들여 씹어야만 나만의 양식을 먹을 수 있다. 내가 땀을 뻘뻘 흘리면서 내 영혼의 근육을 단련시켜야 죄라는 병균에 잠식당하지 않는 튼튼한 영성을 기를 수 있다. 결국 묵상은 심은 대로 거두는 법이다. 스스로 심지 않으면 아무 열매도 딸 수 없는 것이 묵상이다. 기독교 작가 엘리자베스 오코너(Elizabeth O'Connor)는 이렇게 진단했다.

말씀 묵상이야말로 우리가 익혀야 할 가장 기본적인 영적 훈련이다. 묵상이란 먼저 하나님의 말씀을 듣는 법을 배우고, 그 말씀이 우리를 가르쳐서 우리 안에 뿌리내리게 하는 법을 배우는 것이다. 이는 아주 어려운 일일지도 모른다. 묵상은 제대로 터득한 사람들로부터 배워야 하는 기술이라는 사실에도 불구하고, 또 교회의 가장 중대한 과제가 하나님의 말씀에 귀 기울이는 것이라는 사실에도 불구하고, 교회가 묵상을 가르치지 않기 때문이다.[116]

묵상은 신앙생활에서 가장 기본 요소인데, 아이러니하게도 가장 경홀히 여겨지고 있다. 교회에서도, 신학교에서도 묵상 훈련이 매우 희귀한 현실임에도 불구하고 묵상은 하나님을 진정으로 체험하고 그분의 뜻대로 살고자 몸부림치는 성도라면 누구나 필수로 터득해야 할 영적 훈련이다. 하나님의 음성을 날마다 듣는 삶을 살겠노라는, 들은 그 음성대로 실천에 옮기는 삶을 살겠노라는 영적인 목표를 붙잡는다면, 묵상 습관이 몸에 배어들기까지 두 주먹을 쥐고 끈기 있게 달려가야 한다.

✛ 하나님의 음성을 들을 시간과 장소를 준비해야 한다

하나님의 음성을 듣기 위해서는 목표 의식도 중요하고 들으려는 마음의 태도도 중요하지만 또 하나, 들을 여유를 만들어야 한다. 다그 함마르셸드(Dag Hammarskjold) 전 유엔 사무총장은 이렇게 말했다. "당신이 결코 들으려 하지 않는다면 어떻게 계속해서 들을 수 있겠는가? 당신은 하나님이 당신을 위해 시간을 내는 것을, 당신이 그분을 위해 시간을 낼 수 없다는 것만큼이나 당연하게 여기는 것 같다."[117] 하나님의 음성을 듣는 데는 시간이 필요하다는 이야기이다.

마음이 있으면 시간도 낼 수 있고, 내야 한다. 바쁘고 분주한 삶 가운데서 늘 들려오는 하나님의 음성을 듣기 위해서는 분주한 발걸음을 잠시 멈추고 하나님의 음성에 귀를 세우는 시간의 헌신이 필요하다. 그래서 큐티 묵상의 명칭 자체에 '경건의 시간', '조용한 시간' 등 '시간'이라는 말이 중요하게 들어가 있는 것이다. 시간을 구별하는 것이 영성 훈련의 출발점이다. 시간을 설정하지 않는 한 영적 성장은 요원하다. 내가 하나님과 만나는 시간을 애써서 만들지 않으면 하나님의 음성은 들을 수 없다.

하루 24시간은 누구에게나 평등하게 주어진 하나님의 선물이다. 흘러가는 대로 시간에 몸을 맡기고 살면 주님과 만날 시간은 평생 한 번도 생기지 않는다. 경건의 시간은 누가 줄 수 있는 것이 아니라, 내가 스스로 만들어 내야 한다. 하루의 시간을 분석해 보고 가장 첫 시간, 그리고 가장 집중할 수 있는 시간을 제일 먼저 확보해야 한다. 바쁜 일보다 중요한 일을 먼저 해야 하며, 인생에서 가장 중요한 일이 하나님과 만나는 시간이라면 그 시간부터 먼저 설정해 놓고 나서 나머지 일정을 짜는 것이 지혜롭다.

그렇게 주님과 따로 만나는 시간을 최우선 순위로 확보해서 매일 실천하려고 애쓰면 점차로 경건의 시간이 확보된다. 한 번, 두 번, 세 번 반복되다 보면 그 시간이 나의 삶에 정착된다. 그렇게 시간을 정해서 하나님이 말씀하시길 기다리다 보면, 자주 반복해서 들으려고 하면, 그리고 한 번 묵상할 때 시간을 많이 들이려고 한다면 하나님의 음성이 점차 더 잘 들리게 된다. 주님과 만나는 데 시간을 드리기 시작하면 우리의 마음 밭이 점차 부드러워지고 더 크게 열리면서 주님과 조금씩 더 가까워지게 된다.

시간과 더불어 장소라는 환경도 무시할 수 없다. 어떤 사람이 미국에 갔다가 급한 전화를 할 일이 있어서 공중전화 부스를 찾았다. 날이 어두운 데다 공중전화 부스가 자기 나라 것과 달라서 전화번호부를 볼 수가 없었다. 천장에 전등이 있었지만 전원 스위치가 보이지 않았다. 그가 당황하며 주위를 두리번거리고 있는데 지나가던 사람이 말해 주었다. "공중전화 부스의 문을 끝까지 닫으면 전등이 자동적으로 켜집니다." 문을 꼭 닫자 불이 자동으로 켜져 전화번호부를 펴고 무사히 전화 통화를 할 수 있었다.[118]

공중전화 부스의 문을 닫을 때 불이 켜진 것처럼, 우리가 고요한 장소를 만들 때 말씀을 깨달을 수 있는 성령님의 조명을 받기 쉬워진다. 시끄러운 장소에서도 정신만 집중하면 주님과 교제할 수 있겠지만, 그럼에도 불구하고 가능한 한 조용한 장소를 찾는 것이 하나님의 음성을 듣기에 더 용이할 것이다.

사람과 상황에 따라 주님과 만나는 장소는 다를 것이다. 어떤 사람에게는 직장에 일찍 출근해서 책상에 앉는 것이 용이할 수 있고, 어떤 사람의 경우 버스나 지하철 안이 경건의 장소가 될 수도 있다. 전업주부에게는 집 안에서 방해받지 않는 부엌이 기도실이 될 수 있고, 어떤 사람에게는 공원 벤치나 커피숍이 주님을 만나는 성소가 될 수 있다. 어떤 장소이건 상관없이 내 마음을 주님께 집중할 수 있는 장소가 바로 경건의 성소이다.

╬ 내 생각과 말을 내려놓고
하나님 앞에 침묵하며 기다려야 한다

하나님을 만나기 위해서 조용한 시간과 장소를 만드는 것과 더불어 가장 중요한 요소는 '침묵'이다. 하나님의 음성을 듣지 못하는 데는 여러 가지 원인이 있겠지만 중대한 원인을 꼽는다면 항상 내가 말하기에 급급하다는 점일 것이다.

기도하러 자리에 앉으면 당장 내게 긴급한 기도 제목을 하나님께 외치기에 바쁘다. 성경을 펴도 고민과 염려, 다음 스케줄, 할 일에 대한 구상이 머리에 가득해서 단어와 문장에 몰입이 되지 않는다. 예배드리는 시간에도 하나님의 마음에 집중하기보다는 예배 인도자나 참석자, 주위 환경, 주보, 음악 소리에 더 마음이 가 있기 십상이다. 내속에 내 목소리가 가득해서 하나님의 목소리가 들어올 자리가 없는 것이다. 다음은 우리나라 대중가요 가사 가운데서 절창(絶唱)으로 손꼽히는 "가시나무"의 가사 일부이다.

내 속엔 내가 너무도 많아 당신의 쉴 곳 없네
내 속엔 헛된 바람들로 당신의 편할 곳 없네

내 속엔 내가 어쩔 수 없는 어둠 당신의 쉴 자리를 뺏고

내 속엔 내가 이길 수 없는 슬픔 무성한 가시나무 숲 같네.

이 노래는 원래 대중가요가 아니라 CCM(Contemporary Christian Music, 기독교 대중음악)으로 만들어진 노래였다. 이 노래를 만든 가수 하덕규(지금은 목회자)가 현실과 이상 사이의 부딪침, 술과 대마초, 어디 기댈 곳 없는 방황 끝에 떨어져 죽을 마음으로 고향 근처 한계령에 올랐다가 하나님을 만남으로 하산한 후에 지은 노래이다. 그의 간증에 따르면, 이 노래는 한계령을 내려온 후 어느 날 누나에게 이끌려 간 송구영신 예배에서 탄생했다. 그는 그 예배에서 가시나무 숲속을 헤매는 수많은 자신의 모습을 보았다고 한다. 욕심과 욕망이 가득하고, 날카로운 가시로 사랑하는 사람들에게까지 상처를 주고, 어둠과 슬픔과 우울이 가득한 '너무도 많은 내'가 보였다고 한다. 그리고 그때 가시나무 덩굴 가운데 피 흘리는 예수님의 형상이 보이는 듯했다. 그는 무언가에 이끌려 곧장 노래를 쓰기 시작했고 10분 만에 완성했다.

하덕규는 이 노래는 외롭고 곤고한 영혼에게 구원의 손길을 내민 하나님이 주신 선물이라 생각한다고 했다. 자신이 만든 노래 가운데 최초로 자기 영혼으로 부른 노래라면서 이렇게 고백했다. "예수님을 영접하고 40년이 지났지만 여전히 내 안에 있는 죄악 된 마음 때문에 견딜 수 없었습니다. 그분이 내 안에 오셔서 이런 가시나무와 같은 나를 버리지 않으시고 내 가시에 찔리면서 가시를 뽑아 주시고 끝까지 저를 품어 주셨습니다."[119]

하나님의 음성을 잘 들으려면 내 속에 가득 찬 나를 하나님 앞에 굴복시켜야 한다. 내 안에 있는 헛된 바람들, 들끓는 욕망들, 파괴적인 근심들을 십자가 앞에 내려놓고 주님이 뭐라고 말씀하시는지에 귀를 기울여야 한다. 말의 침묵도 중요하지만 무엇보다 마음의 침묵으로 하나님 앞에 서야 한다. 오로지 하나님만 쳐다보기 위해 침묵할 때 하나님은 그 사람에게 찾아오셔서 그분의 뜻을 전달해 주신다. "사람이 여호와의 구원을 바라고 잠잠히[침묵하면서] 기다림이 좋도다"(애 3:26). "나의 영혼아 잠잠히[침묵하고] 하나님만 바라라 무릇 나의 소망이 그로부터 나오는도다"(시 62:5).

모세는 하나님의 지팡이를 손에 들고 홍해를 가를 때 백성들에게 명령했다. "… 너희는 두려워하지 말고 가만히[아무 말도 하지 말고] 서서 여호와께서 오늘 너희를 위하여 행하시는 구원을 보라 너희가 오늘 본 애굽 사람을 영원히 다시 보지 아니하리라 여호와께서 너희를 위하여 싸우시리니 너희는 가만히 있을지니라"(출 14:13-14). 하나님 앞에서 아무 말도 하지 않고 침묵하라는 것은 나의 생각과 감정과 경험을 버리고 오직 하나님만을 절대적으로 신뢰하고 의지하라는 의미이다. 그리고 오직 마음의 귀를 하나님 한 분께만 열어 드리라는 뜻이다. 그런 자세로 나아가는 자만이 성경을 통해서나 자연을 통해서나 사람을 통해서나 환경을 통해서나 세미한 소리로 들려오는 하나님의 뜻을 들을 수 있다.

스위스의 의사 폴 투르니에가 말한 것처럼, 우리가 조용한 시간을 지속적으로 가진다면 침묵하는 가운데서 우리 마음속에 떠오르는 생각이 하나님의 음성임을 감지할 수 있게 된다.[120] 기독교 영성 고전 《기독교인의 완전》에서 프랑수아 페넬롱(François Fénelon)은 이렇게 말한다.

> 하나님은 말씀하시기를 멈추지 않으신다. 밖에 있는 피조물과 안에 있는 열정이 지닌 소음이 우리 귀를 막아 우리로 듣지 못하게 할 뿐이다. 영혼 전체가 깊은 침묵 가운데서 감히 입에 올릴 수도 없는 그분의 목소리를 듣기 위해서는 모든 피조물이 침묵해야 하며, 우리 자신도 침묵해야 한다. 우리는 무릎을 꿇고 귀를 기울여야 한다. 그 음성은 부드럽고 세미하며 더 이상 다른 것은 듣지 않는 이들만이 들을 수 있는 음성이기 때문이다.[121]

지금 이 순간도 하나님은 말씀하고 계신다. 밖에 있는 소음과 내 안에 있는 소음 때문에 듣지 못하는 것뿐이다. 조용한 환경을 갖추고 나서 내 속에 자리 잡은 내 생각과 경험과 계획과 언어를 포기해야 한다. 성급하게 내 바람과 계획부터 말하지 말 일이다. 먼저 하나님이 뭐라고 말씀하시는지를 묻고 그분의 대답을 기다려야 한다. "너는 하나님의 집에 들어갈 때에 네 발을 삼갈지어다 가까이하여 말씀을 듣는 것이 우매한 자들이 제물 드리는 것보다 나으니 그들은 악을 행하면서도 깨닫지 못함이니라 너는 하나님 앞에서 함부로 입을 열지 말며 급한 마음으로 말을 내지 말라 하나님은 하늘에 계시고 너는 땅에 있음이니라 그런즉 마땅히 말을 적게 할 것이라"(전 5:1-2).

나 자신의 소리를 절제하고서 세미한 소리로 다가오시는 하나님의 음성을 듣기 위해 영혼의 귀를 높이 세우면 하나님은 사랑하는 자녀에게 꼭 필요한 목소리를 들려주실 것이다. "나 곧 내 영혼은 여호와를 기다리며 나는 주의 말씀을 바라는도다 파수꾼이 아침을 기다림보다 내 영혼이 주를 더 기다리나니 참으로 파수꾼이 아침을 기다림보다 더하도다"(시 130:5-6).

✛ 한 구절로도 얼마든지 묵상할 수 있다

일반적으로 성경을 묵상한다고 할 때 한 단락씩 묵상하는 것이 보편적이다. 큐티 책자에서도 거의 단락 단위로 구절이 구획되어 있다. 물론 단락 단위로 묵상하는 것이 가장 자연스럽다. 단락 단위로 구분하기 어려운 잠언 같은 책을 제외하면 대부분 단락을 구분할 수 있고, 그 단락 안에 주제가 내포되어 있는 경우가 많다.

하지만 단락도 어차피 기초 단위는 한 구절이다. 한 구절, 한 구절이 모여서 단락이 되고, 한 장, 한 권으로 발전된다. 처음부터 단락 단위로 묵상하기에는 버겁거나, 아니면 매우 바빠서 단락 단위의 정식 묵상이 어려울 경우, 한 구절만으로도 묵상은 가능하다. 그리고 어떤 면에서는 한 구절 묵상이 묵상을 배우는 데 유용할 수 있다.

한 구절만 묵상한다고 해서 가볍게 여겨서는 안 된다. 교회사를 보면 수많은 믿음의 선진이 한 구절 묵상을 해 왔기 때문이다. 초대 교회 시절 사막 교부나 수도사들은 일주일 내내 한 구절이나 한 단어만 붙잡고 묵상한 경우가 허다했다. 하루 종일 단 하나의 구절만 입술로 중얼중얼하면서 마음이 머무르는 한 단어를 떠올리며 하나님을 생각했다는 기록들이 많이 있다. 사실상 기도 역시 한 문장의 기도에 몰입하는 것이 기도를 배우는 효과적인 방법이 될 수 있는 것과 마찬가지다.

기도를 한 구절로 하루 종일 할 수 있다면 묵상도 마찬가지이다. 신학 교육에서 묵상 훈련을 가장 첫 시간에 배치했던 본회퍼도 명저 《성도의 공동생활》(복 있는 사람, 2016)에서 이렇게 말했다.

> 성경 묵상 시간에 본문 전체를 다룰 필요는 없습니다. 종종 우리는 문장 하나에 머물러 있거나, 또는 오로지 단어 하나에 머물러 있어야 할 때도 있습니다. 왜냐하면 그 말씀에 붙잡혀 도저히 그냥 지나쳐 버릴 수 없기 때문입니다. '아버지', '사랑', '긍휼', '십자가', '성화', '부활' 등의 단어는 우리의 짧은 묵상 시간을 채우고도 남음이 있지 않을까요?[122]

우리나라에 와서 30년간 뇌전증 환자들을 위해 사역했던 레나 벨 로빈슨(Lenna Belle Robinson) 선교사도 매일 새벽 4시에 일어나서 묵상할 때 본문은 많이 읽지만 묵상 자체는 한두 구절에만 집중했다고 한다. 그리고 나서 그 한두 구절을 그날 실천하는 데 집중했다고 한다.[123]

대학교 1학년 겨울방학 때였다. 경제적으로 궁핍해서 단칸 자취방에 불을 때지 않고 전기장판만으로 겨울을 견뎠다. 방 안 전체에 냉기가 가득해서 이불 밖으로 나오기도 힘든 한겨울, 이불을 뒤집어쓰고 엎드려서 성경을 읽었다. 갈라디아서 2장 20절을 읽는데, 온몸에 전기가 흐르는 듯 감동이 밀려왔다. "내가 그리스도와 함께 십자가에 못

박혔나니 그런즉 이제는 내가 사는 것이 아니요 오직 내 안에 그리스도께서 사시는 것이라 이제 내가 육체 가운데 사는 것은 나를 사랑하사 나를 위하여 자기 자신을 버리신 하나님의 아들을 믿는 믿음 안에서 사는 것이라."

수많은 믿음의 선진들에게 인생의 구절이 된 바로 그 구절이 나의 인생에서도 인생 구절이 되는 순간이었다. 그 말씀을 읽으면서 대학 노트에 느낀 점을 적었는데, 지금 기억에 거의 대여섯 페이지를 적었다. 아쉽게도 그 묵상 노트는 사라졌지만 아련하게나마 이런 요지로 글을 썼던 기억이 난다.

"오늘의 '나'는 내가 사는 것이 아니다. 오늘의 '나'는 과거의 내가 죽음으로 시작되었다. 과거의 '나'는 2,000년 전에 예수님과 함께 십자가에 못 박혀 죽었다. 과거의 나라는 사람은 이미 죽은 것이다. 지금 살고 있는 '나'는 내 안에 예수님이 살고 계시는 새로운 '나'이다. 나라는 존재 자체만으로는 의미가 없고 예수님이 내 안에 존재하시므로 '나'는 의미 있는 존재가 된 것이다. 미래의 '나'는 어떻게 살아야 할까? 나를 위해 목숨을 버리신 예수님을 믿는 믿음으로 살아야 한다. 나를 위해 생명 주신 예수님을 위해서 살아야 한다. 나를 위해 전부를 희생하신 예수님을 높이며 살아야 한다."

이런 식으로, 한 구절만으로도 하루 종일 혹은 며칠간 계속 영혼을 뜨겁게 데울 수 있고 삶의 변화를 도출할 수 있다.

한 구절을 묵상하는 데 유용한 방법 가운데 하나는 한 구절을 읽을 때 한 단어, 한 단어에 악센트를 주어 천천히 읽는 것이다. 그렇게 읽다 보면 내가 악센트를 준 한 단어에 주목이 되고, 그 한 단어만으로도 묵상이 흘러나온다. 그러다가 그다음 단어에 강조를 두고 기도한다면 그 단어 하나의 뜻이 내 영혼을 휘감게 될 수도 있다. 그리고 그다음 단어에 생각이 머무르면 그 단어가 주는 은혜가 그다음 단어로 넘어가지 못하게 나를 잡고 안 놓아줄 수도 있다. 그런 식으로 한 단어씩 주의를 집중하다 보면 결국 한 구절 묵상을 하려다가 한 단어 묵상에서 진도가 더 나아갈 수 없는 지경에 이를 수도 있다. 하나님의 말씀은 한 단어, 한 구절만으로도 영혼을 뒤집는 힘을 지녔다.

예를 들어 여호수아 1장 9절을 한 단어씩 강하게 악센트를 주면서 여러 번 소리 내어 읽어 보자.

"내가 / 네게 / 명령한 것이 / 아니냐 / 강하고 / 담대하라 / 두려워하지 말며 / 놀라지 말라 / 네가 / 어디로 가든지 / 네 하나님 여호와가 / 너와 함께하느니라 / 하시니라."

그리고 그 한 단어가 나에게 던져 주는 독특한 강조점에 대해 3분 이상 생각해 보자. 그 생각이 지금의 나에게 주시는 하나님의 메시지일지도 모른다. 그리고 그다음 단어, 또 그다음 단어를 계속해서 묵상해 보자. 이렇게 묵상하면 자신도 모르게 하루 종일을 한 구절 묵상에 바쳐도 시간이 모자랄 수도 있다.

요약

- 그리스도인은 하나님의 음성을 듣는 사람이다.
- 양은 목자의 음성을 알아듣는다.
- 하나님의 음성은 들으려고 귀를 여는 자에게 들린다.
- 하나님의 음성을 듣는 다양한 통로 가운데 성경이 가장 중요하다.
- 말씀 묵상을 배우고 훈련해야 한다.
- 하나님의 음성을 들을 시간과 장소를 준비해야 한다.
- 내 생각과 말을 내려놓고 하나님 앞에 침묵하며 기다려야 한다.
- 한 구절로도 얼마든지 묵상할 수 있다.

소그룹 나눔

1. 자신의 신앙생활 가운데 '하나님의 음성을 들었다', '하나님이 나에게 하시는 말씀이라고 분명히 인식할 수 있었다'라고 느꼈던 체험이 있다면 나누어 보자.

2. 신자가 하나님의 음성을 들을 수밖에 없는 원리와 그 방법에 대해 정리해 보자(149-160쪽 참고).

3. 하나님의 음성을 듣는다는 의미에서의 말씀 묵상이 우리의 신앙생활에 주는 유익에 대해서 이야기해 보자(160-165쪽 참고).

4. 말씀 묵상을 배우고 익히는 것이 왜 어렵고 많은 사람이 실천하지 않는지, 그 원인에 대해서 말해 보자.

5. 하나님의 음성 경청을 방해하는, 내 속에서 나오는 소리들은 주로 어떤 내용인지 나누어 보자.

연습

○ 여호수아 1장 8-9절로 한 구절 묵상을 실습해 보자. 여러 번 읽으면서 한
   단어씩 악센트를 주어서 읽어 보자. 읽고 나서 잠시 묵상의 시간을 가진 후
   특히 가슴에 와닿는 한두 단어를 생각하면서 깨닫거나 느낀 점을 나누어
   보자.

주간 과제

○ 전도서 5장 1-12절을 매일 소리 내어 10회씩 읽고 매일 매 순간 종일 읊조
   려 보자. 그리고 이 본문 가운데서 마음에 와닿는 한 구절이나 두 구절을 집
   중 묵상하면서 하나님이 이 말씀에서 나에게 지금 들려주시고 싶은 음성은
   무엇인지 깨닫고 느낀 바를 노트에 적어 보자. 듣고 깨달은 바를 실생활에
   서 순종하도록 힘써 보자.

6강

×

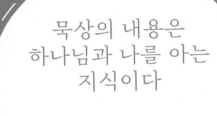

묵상의 내용은
하나님과 나를 아는
지식이다

　　　　●

　　　젊었을 때 나의 심령을 흥분시켰던 말 가운데 WEC 선교회(Worldwide Evangelization for Christ)의 창설자로 알려진 C. T. 스터드(C. T. Studd) 선교사가 입버릇처럼 했던 말이 있다. "만약 예수 그리스도가 하나님이시며 그분이 나를 위해 죽으셨다면 그분을 위한 나의 어떤 희생도 결코 크다고 할 수 없다"(If Jesus Christ be God and died for me, then no sacrifice can be too great for me to make for Him). " 이 말을 다이어리 맨 앞에 써 놓고 외우기도 했다.

　　　C. T. 스터드는 25세에 중국에 가서 10년 동안 선교했고, 다시 6년 동안 인도 선교사로 활동했으며, 50세의 늦은 나이에 아프리카 콩고 선교사로서 18년 동안 사역하다가 하늘나라로 부름받았다. 1885년 그와 함께 중국 선교사로 건너간 케임브리지대학 졸업생 7명을 가리켜 '케임브리지 7인'이라고 부른다(스탠리 P. 스미스, M. 비우챔프, 윌리엄 W. 캐슬스, 닥슨 E. 호스트, 아서 T. 폴힐터, 세실 H. 폴힐터 등). 세계 최고 명문 대학 졸업생들이 동시에 중국 선교사로 헌신한 것은 세계 선교 역사에서 매우 주목할 만한 일이었다. 장래가 촉망되는 젊은이 7명을 동시에 주님의 일에 헌신하게 만든 원동력은 무엇이었을까?

　　　1882년 영국의 케임브리지대학에서 미국의 복음 전도자 D. L. 무디(D. L. Moody)의 집회가 열렸다. 그 집회에서 큰 은혜를 받은 대학생들 중 후퍼(Hooper)와 손턴(Thornton)을 비롯한 그리스도인 대학생들은 집회를 마친 후 자신들의 삶을 곰곰이 성찰해 보았다. 강의 듣고, 숙제하고, 운동하고, 차 마시며 하루하루 정신없이 바쁘게 살다 보니까 개인적으로 하나님을 만나는 시간이 없었다는 사실을 발견했다. '이렇게 사는 것이 과연 신앙인으로서 바른 삶인가?'라는 질문이 내면에서 솟구쳤다. 그들은 온통 세속적인 관심들로만 꽉 차 있는 마음과 생활 패턴을 반성하면서 거룩을 유지하기 위한 방법을 고민하게 되었다. 고민 끝에 그들이 찾아낸 방법은 하루 중 얼마의 시간을 성경 읽기와 기도로 하나님께 드리는 것이었다.

믿음의 친구들은 이 문제로 함께 대화한 후에 다음과 같이 서약했다. "나는 하나님과 교제하기 위해 아침 일찍 최소한 20분, 가능하다면 한 시간씩을 기도와 성경 읽기를 위해 따로 떼어 놓으며, 잠자기 전에도 계속해서 잠깐씩 그러한 시간을 갖도록 노력하겠습니다." 그들은 주님과 단 둘이 만나는 시간을 가리켜 '경건의 시간'이라고 불렀다. 그들이 구별하여 지킨 경건의 시간이 오늘날 널리 알려진 '큐티'(Quiet Time)의 현대적 기원이라고 할 수 있다. 그들은 서로서로에게 "경건의 시간을 기억하자!"고 말했고, 경건의 시간은 기본적으로 아침에 잠에서 깨어나서 지키는 것이었기에 "Remember the Morning Watch!"(아침에 해야 할 일을 반드시 기억하자!)라는 말로 전해졌다.

사실 20대 젊은이들이 잠을 줄이고 좀 더 일찍 일어난다는 것은 쉬운 일이 아니다. 그들은 잠과의 싸움을 해야만 큐티 시간을 지킬 수 있었다. 그래서 심지어 손턴이라는 학생은 머리를 써서 장치를 하나 발명하기도 했다. 자명종 시계가 울리면 그 진동으로 미리 연결해 놓은 낚싯대를 튕기게 하는 장치였다. 그 낚싯대 끝에 담요를 묶어 놓아서 낚싯대가 들리면서 덮고 있던 담요가 휙 날아가 버리게 만들었던 것이다. 이렇게까지 해서라도 아침에 등교하기 전에 먼저 하나님의 음성을 듣고 그분과 교제하기를 원했다. 그들의 이런 영적인 열정과 경건의 시간 습관이 이들 중 일곱 명을 졸업 후에 곧바로 중국 선교사로 몸 바치게 만든 요인이었다.

✛ 묵상의 시간은 수천 년 동안 이어져 온 영적 습관이다

사실 '경건의 시간'이나 '묵상의 시간', '큐티', '묵상' 등 명칭은 다양하게 사용되지만 내용은 동일하다. 하루의 시작인 아침에 제일 먼저 하나님께 예배하고 그분의 음성을 듣는 것은 신앙인들에게는 자연스러운 1순위 영적 의무였다. 수천 년 동안 믿음의 선배들은 어떤 형태로든 매일 아침마다 하나님을 만나 그분과 교제하는 시간을 지켜 왔다.

믿음의 족장 이삭은 성경에서 처음 언급된 묵상의 사람이다. "이삭이 저물 때에 들에 나가 묵상하다가 눈을 들어 보매 낙타들이 오는지라"(창 24:63). 하나님은 모세의 후계자 여호수아에게 입술로 소리 내어 율법을 읊조리며 묵상에 힘쓸 때 형통할 것이라고 약속하셨다. "이 율법책을 네 입에서 떠나지 말게 하며 주야로 그것을 묵상하여 그 안에 기록된 대로 다 지켜 행하라 그리하면 네 길이 평탄하게 될 것이며 네가 형통하리라"(수 1:8).

다윗을 비롯한 이스라엘의 시인들은 아침에 하나님께 기도하며 그분의 음성에 귀를 기울이는 습관을 가졌다(시 59:16, 88:13, 92:2, 130:6). "여호와여 아침에 주께서 나의 소리를 들으시리니 아침에 내가 주께 기도하고 바라리이다"(시 5:3). 욥은 자녀들이 죄를 범했을까 싶어서 아침마다 그들의 명수대로 번제를 드렸다(욥 1:5).

또한 아침에만 아니라 저녁에도 예배의 시간을 지켰다. 성막에서의 상번제는 아침과 저녁에 드렸고, 향도 아침과 저녁에 살랐다(민 28:4; 출 30:7-8). 구약 시대부터 지금까지도 정통 유대인들은 아침과 저녁에 '쉐마 본문'(신 6:4-9)을 암송하면서 기도한다. 더 나아가서 하루에 세 번 시간을 정하여 하나님을 만난다.

다윗은 하루에 세 번 기도한다고 고백했다. "저녁과 아침과 정오에 내가 근심하여 탄식하리니 여호와께서 내 소리를 들으시리로다"(시 55:17). 다니엘은 사자 굴에 던져질 것을 알고서도 하루 세 번 기도 시간을 목숨처럼 지켰다. "다니엘이 이 조서에 왕의 도장이 찍힌 것을 알고도 자기 집에 돌아가서는 윗방에 올라가 예루살렘으로 향한 창문을 열고 전에 하던 대로 하루 세 번씩 무릎을 꿇고 기도하며 그의 하나님께 감사하였더라"(단 6:10). 구약 시대부터 지켜져 온 하루 세 번 기도의 전통은 신약 시대 예수님과 사도들에게로 고스란히 이어졌다(행 3:1, 10:9, 30). 초대 교회에서도 신약 성도들이 이 기도의 시간을 지속했다는 역사적 증거들이 많이 있다.[124]

무엇보다도 경건의 시간을 가장 중요하게 지키신 분은 바로 예수 그리스도이시다. "새벽 아직도 밝기 전에 예수께서 일어나 나가 한적한 곳으로 가사 거기서 기도하시더니"(막 1:35). 예수님은 설교하고 제자들을 가르치고 병자들을 고치고 귀신을 쫓아내고 사람들과 상담하는 등 24시간이 모자랄 정도로 바쁜 삶을 사셨지만 날이 밝기 전에 기도하는 습관을 가지셨다. 예수님도 유대인이셨으므로 구약 시대부터 이어져 온 읊조리는 묵상 습관도 철저히 지키셨을 것임은 두말할 필요가 없다.

교회사에서 16-17세기 경건 생활의 모범을 보여 준 청교도들 역시 시간을 내어 묵상과 기도를 실천했다. 청교도들은 묵상을 '다른 종류의 영적 의무를 잘 수행하도록 이끄는 일상의 의무'라고 여겼다. 기름이 엔진을 부드럽게 하듯 묵상은 은혜의 방편들을 잘 사용하게 하고, 은혜의 표지를 깊게 하며, 다른 사람들과의 관계를 돈독하게 만들어 준다고 생각했다.

청교도들은 묵상을 크게 두 종류로 나누었다. '임시적 묵상'과 '계획적 묵상'이다. 임시적 혹은 우발적 묵상이란 즉흥적이고 짧은 시간을 할애해서 하늘에 대해서, 하나님의 창조 세계에 대해서 묵상하는 것을 가리킨다. 다윗이 달과 별들을 보며 묵상했던 것(시 8편 참고), 솔로몬이 개미를 보고 묵상했던 것(잠 6장 참고), 예수님이 우물물을 보고 묵상하셨던 것(요 4장 참고) 등이 여기에 속한다.[125]

계획적 묵상은 날마다 시간을 정해 놓고 하는, 요즘 식으로 말해서 정식으로 '경건의 시간'을 갖는 것을 의미한다. 청교도들은 주로 성경을 읽고서 어떤 구절을 선택해서 집중하거나 비교적 쉬운 교리를 정해서 집중하라고 권면했다. 특히 하나님의 속성들을 묵상하는 것이 유익하고, 한 번에 한 가지 주제를 묵상할 것을 추천했다. 신학자 월터 카이저(Walter C. Kaiser)의 말대로, 성경적 묵상이란 하나님의 말씀과 창조와 구속을 통해 나타나는 하나님의 행위 그리고 그것들을 통해 계시되는 하나님의 속성들에 초점을 맞추는 일이기 때문이다.[126] 묵상의 결론 부분에서는 자기 속에 있는 약함이나 더러운 죄를 생각하고 점검했다. 그리고 묵상의 마지막에는 생각한 모든 것을 확고한 결정으로 매듭지었으며, 마칠 때는 기도와 함께 시편 찬송을 부르도록 조언했다.[127]

청교도들이 영국 국교회의 체제와 맞서 싸우면서 온갖 시련을 겪는 가운데서도 인내하며, 세속에 물들지 않고, 자신들의 믿음을 지켜낸 힘의 원천은 지속적인 묵상의 실천에 있었음을 기억해야 한다.

✛ 묵상은 믿음의 뿌리를 깊게 내리게 한다

묵상은 날마다 하나님이 나에게 무슨 말씀을 하시나 듣는 자세로 성경을 펼치는 습관이다. 그리고 그 말씀을 토대로 생각을 정돈하고, 감정을 수정하며, 생활을 변경시켜 나가는 삶이다. 이렇게 하나님의 음성을 들으려는 자세로 성경을 묵상할 때 얻는 유익은 적지 않다. 교회사의 초창기에 활동했던 영적 스승들은 한결같이 묵상의 축복에 대해 강조했다. 아우구스티누스와 크리소스톰(Crysostom)과 키프리안

(Cyprian)은 "묵상은 경건의 산실(産室)"이라고 했고, 제롬(Jerome)은 "묵상은 나의 낙원"이라고 말했으며, 바실리우스(Basilius)는 "묵상은 모든 은혜가 간직된 보물 창고"라고 표현했고, 데오필락투스(Theophylactus)는 "묵상은 영원으로 들어가는 문"이라고 언급했다.[128] 토머스 왓슨은 묵상의 일곱 가지 유익을 다음과 같이 정리했다.

첫째, 묵상은 성경 말씀을 통해서 확실한 유익을 얻게 하는 수단이 된다. 건성으로 성경을 많이 읽는 것보다 한 구절이라도 깊이 묵상할 때 진리에 젖어 들게 된다.

둘째, 묵상은 마음을 진지하게 만들어서 항상 최상의 상태로 유지시켜 주며 마음을 차분하게 안정시킨다. 그래서 그리스도인들의 마음이 세상 풍조나 악덕에 깃털처럼 쉽게 흔들리는 것을 막아 준다.

셋째, 묵상은 거룩한 감정을 일으키는 풀무와 같다.

넷째, 묵상은 심령을 부드럽게 만들어서 거룩한 의무를 행하기에 적합한 상태로 다듬어 준다.

다섯째, 묵상은 하나님이 받으실 만한 기도를 할 수 있게 돕는다.

여섯째, 묵상은 죄를 강력하게 억제하는 수단이 된다.

일곱째, 묵상은 세상을 사랑하는 마음, 즉 탐욕을 억제한다.[129]

이 모든 묵상의 유익은 결국 릭 워렌(Rick Warren)의 표현대로, 그리스도인 각자에게 영적인 뿌리를 깊이 내리게 만들어 주는 것이다.[130] 뿌리가 없으면 열매가 날 수 없고, 뿌리가 얕으면 열매가 부실하다. 풍성한 열매, 견고한 줄기를 기대한다면 뿌리를 깊게 내리는 데 힘을 쏟아야 한다. 그리스도인들의 신앙이 자주 흔들리고 열매가 부실한 원인은 영적인 뿌리가 빈약하기 때문이다. 한글로 만든 최초의 노래인 《용비어천가》(龍飛御天歌)에 유명한 시가 나온다.

> 뿌리 깊은 나무는 바람에 흔들리지 아니하므로
> 꽃이 좋고 열매도 좋으니,
> 샘이 깊은 물은 가뭄에도 그치지 않고 솟아나므로
> 내가 되어 바다에 이르니.

이 보편적인 진리를 성경은 묵상에 빗대어 이야기한다. "오직 여호와의 율법을 즐거워하여 그의 율법을 주야로 묵상하는도다 그는 시냇가에 심은 나무가 철을 따라 열매를 맺으며 그 잎사귀가 마르지 아니함 같으니 그가 하는 모든 일이 다 형통하리로다"(시 1:2-3). 시냇가에 심은 나무는 물의 근원에 뿌리를 내린 식물이니 형통한 열매를 맺을 수밖에 없다. 여기서 말씀을 즐거워하여 주야로 묵상하는 습관을 가진 신자를 가리켜 '시냇가에 심은 나무'라고 묘사한다는 점을 주목해야 한다. 이렇게 주야로 묵상하는 사람을 가리켜 성경은 '의인'이라고 칭한다. "무릇 의인들의 길은 여호와께서 인정하시나 악인들의 길은 망하리로다"(시 1:6).

왜 묵상하는 사람이 의인일 수밖에 없는가? 예레미야가 그 해석을 말해 준다. "그러나 무릇 여호와를 의지하며 여호와를 의뢰하는 그 사람은 복을 받을 것이라 그는 물가에 심어진 나무가 그 뿌리를 강변에 뻗치고 더위가 올지라도 두려워하지 아니하며 그 잎이 청청하며 가무는 해에도 걱정이 없고 결실이 그치지 아니함 같으리라"(렘 17:7-8). 물가에 심은 뿌리 깊은 나무가 왜 복을 받는가? 하나님을 의지하는 믿음을 가졌기 때문이다. 하나님을 신뢰하는 믿음이 있으니 의로운 자요, 견고한 반석이신 하나님께 뿌리를 내렸으니 복된 인생이다.

이사야서에도 비슷한 말씀이 있다. "주께서 심지가 견고한 자를 평강하고 평강하도록 지키시리니 이는 그가 주를 신뢰함이니이다"(사 26:3). 하나님을 신뢰하는 사람은 심지가 견고한 사람, 즉 쉬이 흔들리지 않는 사람이며, 그런 사람에게는 마음의 평강이 있다. 반대로 하나님을 의지하지 않는 사람은 악한 사람이며, 그런 사람은 굳게 서지 못하고 조만간 넘어진다. 그러나 하나님께 뿌리내린 의인은 요동치 않는다. "사람이 악으로서 굳게 서지 못하거니와 의인의 뿌리는 움직이지 아니하느니라"(잠 12:3).

이상의 말씀들을 종합하면, 묵상은 우리의 뿌리를 거룩한 땅, 곧 영원한 반석이신 하나님에게로 깊이 내림으로써 영혼에 양분을 섭취하는 일이다. 뿌리를 아래로 깊게 내릴수록 위로 더 많은 열매를 맺는다. "유다 족속 중에 피하여 남은 자는 다시 아래로 뿌리를 박고 위로 열매를 맺으리니"(사 37:31).[131] 묵상이 뿌리를 내리는 과정이라는 말은 묵상을 하면 할수록 하나님을 신뢰하는 믿음이 더욱더 견고해진다는 의미이다. 하나님의 말씀을 알면 알수록, 그 말씀을 통해서 하나님과 만나면 만날수록 하나님을 더 사랑하게 되고, 그분 안에 더 깊이 들어가게 된다. 그렇게 하나님의 음성을 더 들을수록 그분을 신뢰하는 마음이 더 강해지면서 웬만한 바람에는 흔들리지 않는 태산 같은 믿음이 형성된다.

감명 깊게 본 디즈니 애니메이션 중에 《뮬란》이 있다. 영화 내용 중에 중국을 침략한 훈족 일당이 황궁에 잠입하여 황제를 사로잡았다. 황제에게 일당의 두목 샨유가 나라를 자신들에게 넘기고 지금 이 자리에서 자신에게 절을 하라고 협박했다. 그때 황제가 그의 말을 거부하면서 한 대사가 유명하다. "바람이 아무리 세게 불어도 태산이 흔들릴 수는 없는 법이다"(No matter how the wind howls, the mountain cannot bow to it).

태풍이 집을 무너뜨릴 정도로 거세게 분다 해도 태산은 끄떡없다. 이와 같이 그리스도인의 믿음은 아무리 비바람이 강하게 불어온다 해도 끄떡없는 태산과 같아야 한다. 시험과 상처와 조롱과 핍박의 물결에 이리저리 휩쓸리는 조각배가 아니라, 태풍 앞에 의연한 자로 우뚝 서 있어야 한다. 그런 강하고 담대한 믿음, 그리스도의 장성한 분량이 충만한 데까지 이르는 믿음을 어떻게 가질 수 있는가? 말씀을 바로 알고 철저하게 믿는 믿음 위에 굳게 서면 가능하다. 말씀 위에 굳게 서는 묵상의 사람은 바람에 흔들리지 않는 믿음의 승리자가 될 수 있다. 새찬송가 546장 "주님 약속하신 말씀 위에서"도 이 진리를 노래하고 있다.

주님 약속하신 말씀 위에서 영원토록 주를 찬송하리라

소리 높여 주께 영광 돌리며 약속 믿고 굳게 서리라

굳게 서리 영원하신 말씀 위에 굳게 서리

굳게 서리 그 말씀 위에 굳게 서리라.

✝ 묵상은 변화와 기쁨 그리고 교회의 건강을 가져온다

영적인 에베레스트산으로 비유되기도 하는 조나단 에드워즈(Jonathan Edwards)는 회심한 직후에 쓴 일기에서 다음과 같이 성경 묵상의 기쁨을 술회했다.

구절마다 강력한 빛을 발하고 있었고, 나는 그 빛을 보는 듯하였다. 그래서 나는 줄줄 읽어 나갈 수가 없었다. 각 구절은 나의 마음을 신선하게 하는 음식이었다. 종종 한 구절을 오랫동안 곰곰 생각하며 그 속에 담겨 있는 경이로운 것들을 보았다. 그런데 거의 모든 구절이 경이로운 것들로 가득 차 있는 것 같았다.[132]

조나단 에드워즈는 성경 말씀의 구절, 구절마다 빛으로 가득 차 있어서 오랜 시간을 들여 한 구절에 머물러 있을 때 말씀으로부터 경이로운 보물들을 채굴하는 환희를 체험할 수 있었다고 고백했다. 성령의 9가지 열매 중에 하나가 '희락'(기쁨)인데, 그 신령한 기쁨을 누리며 사는 비결은 말씀 묵상에 있다. 시편 104편 34절은 이렇게 노래한다. "나의 기도를 기쁘게 여기시기를 바라나니 나는 여호와로 말미암아 즐거워하리로다." 이 노래에서 '기도'로 번역된 단어의 원어는 '시아흐'로서, 주로 '묵상'으로 번역된다. 사실상 '기도'와 '묵상'은 성경에서 동의어로 쓰인다. 둘 다 하나님과 깊이 교제하는 행위이기 때문이다. 기도하는 사람은 하나님으로 말미암아 영적인 기쁨에 잠긴다. 마찬가지로 묵상하는 사람도 하나님 안에서 즐거움을 누린다. 성경을 빨리빨리 읽으면 많이 읽었다는 자긍심이 생길지는 모르지만 성경을 천천히 읊조리면서 묵상하면 하나님의 마음을 발견하고 삶의 해답을 찾는 영적 회열을 맛볼 수 있다.

빠른 속도로 성경을 '읽어 치우는' 데서 벗어나 조용히 머물러 서서 말씀 속으로 침잠(沈潛)해 들어가면, 그 순간부터 믿음의 질이 상승한다. 무작정 열심히 달리기만 하는 신앙생활에서 탈피하여 말씀을 깊이 묵상하면서 하나님의 음성을 듣는 방향으로 바꾸면 서서히 그 말씀이 그리스도인들을 하나님의 사람으로 변화시키며, 그 교회를 하나님이 기뻐하시는 교회로 다듬어 간다. 그런 점에서 1천여 개의 교회를 조사해서 그리스도인들과 교회의 영적 건강, 즉 성숙도를 결정하는 것이 무엇인가를 조사한 결과가 바로 '묵상'이었다는 통계는 의미심장하다. 그 통계 자료는 이렇게 언급하고 있다.

성경 묵상보다 영적 성장에 큰 영향을 미치는 것은 없다. 만약 교회가 다양한 영적 성숙 단계에 있는 사람들이 그리스도와의 관계에서 성장하는 데 도움을 줄 수 있는 단 한 가지 방법을 골라야 한다면, 그들의 선택은 분명하다. 교회는 사람들이 성경을 읽을 수 있도록 격려하고 권면하고 도울 것이다. 구체적으로는 성경을 묵상함으로써 자기 인생에서 의미를 찾을 수 있도록 권장할 것이다.[133]

"교회의 성장이 더 중요한가, 교회의 성숙이 더 중요한가?" 이 질문에 대해 곰곰이 생각해 보면 정답은 분명하다. 교회의 성숙이란 다른 말로 교회의 건강이다. 건강한 아이는 키도, 몸무게도 자란다. 아이가 외형적으로 자라지 않거나 더디게 자란다면 병원에 가 보아야 한다. 아이의 몸 속에 뭔가 문제가 도사리고 있을 확률이 높다. 교회도 살아 있는 그리스도의 몸이라면 몸 자체의 건강이 가장 중요하다. 교회가 진정으로 건강하다면 그 교회는 질적으로, 양적으로 자랄 수밖에 없다.

그렇다면 교회의 건강은 무엇으로 측정할 수 있을까? 교회를 구성하는 개개인 성도의 영적 건강이다. 개개인 성도들이 영적으로 활력 있는 하루하루를 살아간다면 그 교회는 전체적으로 건강한 교회라고 부를 수 있다. 그렇다면 개개인 성도들이 날마다 영적으로 건강하다는 것은 무엇으로 측정할 수 있을까? 자기 속에 살아 계신 주인이신 예수 그리스도와 대화하면서 그분의 뜻을 이해하고 그분의 의도대로 살아 드리려고 애쓰는 상태, 자신의 계획과 의지를 내려놓고 주님의 분부에 따라 말하고 생각하고 행동하는 모습, 이 세상에서 빛과 소금으로 살기 위해서 분투하는 태도를 가진 그리스도인들이 바로 살아 숨 쉬는 믿음의 사람들일 것이다. 날마다 영적으로 깨어서 주님의 음성을 듣고 그 음성에 의지하여 하루를 살아 보겠노라고 다짐하는 그리스도인, 그들이 바로 건강한 신자들이 아닐까?

그러한 성숙한 신자들이 빚어지는 통로는 말씀과의 진한 만남이다. 누구든지 성령님이 역사하시는 말씀을 뜨겁게 만나면 변화되지 않을 수 없기 때문이다. 말씀 속으로 파고 들어가면 그 말씀이 영혼을 뒤흔들어 놓기 때문이다. 설교의 황태자 찰스 스펄전이 평생 모토로 삼았던 말이자 그가 세운 '설교자 학교'(pastor's school)의 슬로건이 되었던 말과 같다. "나는 붙잡을 뿐만 아니라, 붙잡히기도 한다"(et teneo et teneor). 시간과 정성을 하나님의 말씀에 들이다 보면 그 말씀의 능력에 붙잡히게 되고, 말씀에 붙잡히면 그 사람은 평생 하나님의 사람으로 살게 된다.

✛ 묵상은 무엇을 보건, 무엇을 하건 하나님을 생각하는 것이다

성경의 인물들이나 예수님이나 초대 교회 교부들이나 청교도들에게서 볼 수 있듯이 묵상은 크게 분류하면 자연이나 일상을 보고 묵상하는 것과 성경 말씀으로 묵상하는 것, 두 가지가 있다. 신학적인 용어로는 하나님이 자연에서 자신의 존재를 계시하신 '일반 계시'를 보며 묵상하는 것과 하나님이 성경을 통해 자신의 성품과 사역을 계시하신 '특별 계시'에 의존해서 묵상하는 것이다.

하나님을 사랑하는 사람들은 하늘과 태양과 나무와 돌과 곤충을 보면서도 하나님의 존재를 음미할 수 있다. 시편 19편 1절에서 다윗이 선언한 진리와 같다. "하늘이 하나님의 영광을 선포하고 궁창이 그의 손으로 하신 일을 나타내는도다." 또한 로마서에서 사도 바울이 선포한 말씀이기도 하다. "창세로부터 그의 보이지 아니하는 것들 곧 그의 영원하신 능력과 신성이 그가 만드신 만물에 분명히 보여 알려졌나니 그러므로 그들이 핑계하지 못할지니라"(롬 1:20).

그러기에 아우구스티누스는 "여러분 앞에 읽을 수 있는 성경이 펼쳐져 있습니다. … 글자를 아는 사람만이 책을 읽을 수 있지만 글자를 모르는 사람들도 세상이라는 책을 읽을 수 있습니다"라고 했다. 또한 그는 마태복음 11장 25절("그때에 예수께서 대답하여 이르시되 천지의 주재이신 아버지여 이것을 지혜롭고 슬기 있는 자들에게는 숨기시고 어린아이들에게는 나타내심을 감사하나이다")에 관한 설교에서 이렇게 말했다. "어떤 사람들은 하나님을 발견하려고 책을 읽습니다. 그러나 하나님의 창조 세계 자체가 바로 책입니다. … 여러분이 발견하고자 하는 하나님은 먹물로 글자를 쓰지 않으셨습니다. 그분이 직접 만드신 것들을 여러분의 눈앞에 펼쳐 놓으셨습니다."[134]

5세기의 학자 풀젠티우스(Fulgentius)는 로마에 방문했다가 전쟁에서 승리하고 돌아온 황제가 말을 타고 행진하는 모습을 보자 이렇게 크게 외쳤다고 한다. "여기 지상에 있는 로마에서도 이렇게 큰 영광이 있다면, 오, 하늘의 영광은 어떨 것인가!"[135] 어느 경건한 노인이 사악한 정부(情夫)를 기쁘게 하려고 화장을 하는 매춘녀를 보면서 울었다고 한다. "왜 우느냐?"는 질문을 받자 그는 이렇게 대답했다고 한다. "나는 이 여인이 자신의 정부를 기쁘게 하려고 정성껏 옷과 얼굴을 가다듬는 것을 보고 운다. 내 영이 나의 하나님을 기쁘게 하기 위해 그렇게 많이 단장하지 못했음을 생각하면서 운다."[136]

평소에 묵상의 습관이 잘 정착된 사람들은 어떤 상황이 닥쳤을 때 곧바로 말씀이 떠오르거나 하늘나라가 영의 눈에 들어오게 된다. 그래서 환난이나 곤고한 일이나 슬픈 일을 믿음으로 잘 이겨 내게 된다. 16세기 영국 청교도의 아버지로 불리는 존 후퍼(John Hooper)는 메리 여왕(Mary Stewart) 시절에 화형을 당했다. 그는 자신이 순교할 것을 상상하고 나서 이런 고백을 남겼다.

> 내가 불로 화형당할 것이라고 상상해 보니 두렵기 시작했다. … 하지만 지옥의 불을 생각하자 영원한 불에 대한 두려움이 일시적인 불을 견딜 수 있도록 해 주었다. … 삶을 끝낸다고 생각하니 두렵기 시작했다. 나는 생명이 소중하다는 것을 안다. … 하지만 하늘의 기쁨을 묵상하고, 내가 그곳에서 누릴 우선권을 묵상하자 이것은 나로 하여금 불을 지나가도록 했고, 하늘로 가는 순교의 자리로 담대하게 나아가게 했다.[137]

헨리 나우웬은 탕자가 돌아왔을 때 아버지가 맞아 준 성경의 장면(눅 15:11-32)을 그린 렘브란트 반 레인(Rembrandt van Rijn)의 그림 "탕자의 귀향"을 보면서 묵상한 내용을 책으로 냈다. 그는 그 그림을 처음 봤을 때 고단한 떠돌이 생활과 행군을 마치고 완전히 탈진해 있는 자신을 안아 주시는 포근한 하나님 아버지의 품을 느꼈다. 그리고 그 그림은 하나님이 주시는 진정한 안식을 더욱더 갈망하는 그의 영적 여정에 동반자가 되어 주었다. 그 그림은 마음속 깊은 곳에서 내면의 보금

자리를 열망하고 있던 그의 영적 상태를 보여 주고 있었으며, 자기 영혼이 돌아갈 고향이 어디인가에 대해 묵상하게 도와주었다.

헨리 나우웬은 러시아에 있는 원화 앞에서 몇 시간 동안 묵상의 시간을 가졌다. 그리고 그 그림의 복제화를 자신의 방에 붙이고 매일 보면서 묵상했다. 그는 그 그림을 만난 지 2년 만에 하버드대학 교수를 그만두고 지적 장애인 공동체로 들어갔다. 그러곤 시간이 좀 흐른 뒤에 완전히 그 공동체의 한 식구로 정착했다. 그가 사람들이 선망하는 자리를 박차고 장애인들과 더불어 살기로 결심하게 된 데 렘브란트의 그림을 묵상한 것이 큰 영향을 끼친 것이다.[138]

헨리 나우웬이 그림 한 점을 보고 오랜 시간 자신의 지난날을 돌아보며, 현재의 상태를 점검하고, 미래의 삶을 생각한 것은 평소에 묵상의 습관이 되어 있었기 때문이다. 평소에 늘 하나님을 향해 마음을 열어 놓고, 하나님이 어떤 일을 하시는지 관심을 갖고, 하나님의 생각에 촉각을 곤두세우는 사람은 그림을 보건, 음악을 듣건, 개와 놀건, 쇼핑을 하건, 운동을 하건, 어떤 상황 가운데서도 하나님의 임재를 알아차릴 수 있다. 그리고 일상에서 만나는 모든 사건, 모든 대화, 모든 생각의 흐름들이 전부 다 하나님을 느끼는 묵상의 재료가 된다.

기도와 묵상의 훈련이 몸에 붙은 성도들은 이렇게 삶의 어떤 순간에도 머릿속으로 성경 구절을 떠올릴 수 있으며, 모든 일 가운데서 마음으로 기도를 드릴 수 있다. 사실상 성경의 명령인 "쉬지 말고 기도하라"(살전 5:17)라는 말씀을 문자 그대로 실천하면서 살 수 있는 것이다. 헨리 나우웬은 일상생활 속에서 말씀을 묵상하고 쉬지 않는 기도를 하는 것에 관해 다음과 같이 말했다.

> 침대에 누워서, 차를 운전하면서, 버스를 기다리면서, 개를 데리고 산책하면서, 당신은 성경 구절의 한마디 한마디를 당신의 생각 속에서 천천히 되풀이할 수 있다. 단지 그 구절이 무슨 말씀을 하고 있는지 당신의 전 존재로 들으려 하면서 말이다. 여러 가지 염려로 계속해서 주의가 흩어지겠지만, 그 말씀으로 계속해서 돌아가면, 점차 염려에 덜 집착하고, 진정으로 기도를 즐기기 시작한 당신을 볼 수 있을 것이다. 그리고 기도가 생각에서부터 당신 존재의 중심으로 내려갈 때 치유하는 능력을 발견할 것이다.[139]

✢ 묵상은 성경을 통해서 하나님이 어떤 분이신지 알아 가는 것이다

이처럼 묵상은 자연을 보면서도, 사람들을 관찰하면서도, 일상의 여러 가지 말과 행동들을 생각하면서도 할 수 있지만, 묵상의 가장 우선적인 도구는 성경이다. 성경을 갖고 묵상하는 것은 성경 말씀이 하나님의 영감된 계시인 점을 믿으면서 그 말씀을 통해서 하나님을 아는 지식을 함양하는 과정이다.

19세기 영국 케임브리지 대학생들을 중심으로 비롯된 이른바 '큐티 묵상 운동'이 국제성서유니온선교회의 사역을 통해서 계승되고 퍼져 나갔는데, '성서유니온식' 큐티 묵상 방법은 본문에 세 가지 질문을 던지는 방식이었다. 종교 개혁자 마르틴 루터가 사용한 큐티 묵상법이라고 해서 '마르틴 루터식'이라고도 부른다.

첫째, 하나님(예수님, 성령님)은 어떤 분이신가?
둘째, 나에게 주는 교훈은 무엇인가?
셋째, 나는 어떻게 적용할 것인가?

이 질문들에 대한 답변을 찾아가는 과정을 가리켜 좁은 의미로 '큐티 묵상'이라고 부른다. 물론 이는 앞에서 설명한 바대로 주야로 말씀을 입으로 읊조리는 묵상의 큰 틀 안에 포함되는 의미이다. 일차적으로 묵상은 입술로 소리 내어 중얼중얼 읊조리며 가슴 판에 새기는 것이지만, 이차적으로는 이성을 활용하여 생각하면서 의지적으로 실천의 결단을 하는 것이기 때문이다.

이렇게 큐티 묵상을 하면서 던지는 첫째 질문이 "하나님은 어떤 분이신가?"라는 것은 매우 중요한 의미를 지닌다. 그리스도인이 성경을 펼칠 때 성경에서 받아야 할 첫 번째 은혜가 성경 속에서 내가 믿는 하나님을 발견하는 일이기 때문이다. 우리가 성경 말씀을 대한다는 것은 곧 살아 계신 하나님을 만나는 일이기 때문이다. [140]

사실상 성경을 읽는 목적 자체가 하나님(예수님, 성령님)을 아는 지식을 얻기 위함이라고 해도 과언이 아니다. 궁극적으로 성경을 기록하신 분은 하나님이시기에, 하나님은 그분의 존재와 성품과 사역을 성경 가운데 적어 놓으셨다. 예수님은 성경을 기록한 목적이 예수 그리스도 자신을 증거하는 것이라고 분명히 말씀하셨다. "너희가 성경에서 영생을 얻는 줄 생각하고 성경을 연구하거니와 이 성경이 곧 내게 대하여 증언하는 것이니라"(요 5:39).

보혜사 성령님이 오신 목적 또한 예수님이 하신 말씀의 의미를 설명해 주고, 예수님이 하신 말씀을 기억나게 하고, 예수 그리스도에 대해 증언하시는 것이다(요 14:26, 15:26). 그렇기에 우리가 성경을 읽을 때나 시간을 들여서 정성껏 묵상할 때나 성경을 연구할 때나 목적은 동일하다. 하나님이 어떤 분이신가를 바로 알고 그분이 행하신 일들을 자세히 궁구(窮究)하는 것이다.

그런 점에서 종교 개혁 신학을 집대성한 책으로 일컬어지는 존 칼빈의 《기독교 강요》의 제1장이 "하나님에 관한 지식과 우리 자신에 관한 지식은 서로 연결되어 있다"이며, 제1장 2절이 "하나님을 알지 못하고는 자신을 알지 못한다"라는 점은 의미심장하다. 먼저 하나님을 바로 알고 나면 그다음으로 자기 자신에 대해서 바른 통찰을 할 수 있다. 그리고 나서 자기 자신 외의 세상 사물들에 대한 바른 관점을 가질 수 있다. 성경은 하나님에 대한 지식, 인간에 대한 지식, 이 세상에 관한 지식을 바르게 갖게 하는 책이기에, 그 책 속에 담긴 진리의 보화들을 부지런히 채굴하는 것이야말로 인간이 지녀야 할 최우선의 관심사가 되어야 한다.

묵상하는 사람들은 먼저 성경 본문을 자주 입술로 읊조리면서 마음속에 새기기를 힘써야 한다. 그러면서 읊조리는 말씀에서 하나님의 성품이 발견되는지, 하나님이 하시는 일이 깨달아지는지를 살펴야 한다. 본문에 따라서는 하나님의 모습이 명확하게 드러나는 경우도 있을 것이며, 아무리 읽어도 전혀 보이지 않는 본문도 있을 수 있다.

예를 들어 구약 성경의 에스더서에는 '하나님'이라는 이름이 한 번도 기록되지 않았다. 하지만 에스더서의 사건들 하나하나의 배후에는 하나님의 섭리가 숨겨져 있음을 발견할 수 있다. 아가서 같은 경우에도 남녀 간의 로맨스 외에 하나님을 찾는다는 것이 어렵게 느껴질 수 있다. 하지만 아가서를 통해 남녀 간 사랑의 감정이나 결혼 생활에도 하나님의 계획하심이 있음을 알 수 있으며, 바로 하나님이 남녀 간의 사랑과 결혼을 구상하신 분이며, 서로를 향한 사랑의 언어 이면에 그리스도의 신부인 우리와 우리의 신랑이신 예수님과의 사랑이 담겨 있다는 사실을 발견하게 된다.

욥기에서 친구들의 논리 그리고 욥의 논박을 살피다 보면 그 속에서 하나님의 일반 은총적인 보편 진리들을 발견할 수 있으며, 인간의 고난 그리고 그 고난의 목적, 이해할 수 없는 하나님의 섭리의 신비, 창조 세계의 신비, 인간의 생과 죽음의 의미, 하나님의 주권 등 수많은 보화를 채굴할 수 있다. 금을 찾기 위해 산을 샅샅이 파헤치는 광부의 손놀림과 정성을 기억하면서 감추어진 보화를 찾듯이 진리의 광맥인 성경 말씀에 눈길을 쏟을 때 그 들인 시간과 정성만큼 하나님의 모습이 구절과 단어 가운데서 서서히 드러나게 될 것이다.

그리고 그렇게 성경을 통해서 하나님을 좀 더 알아 가면 갈수록 우리의 영혼은 더더욱 하나님을 사모하게 될 것이며, 하나님을 더욱 갈망하다 보면 천국에서 하나님의 영광에 참예하는 날을 고대하게 될 것이다. 14세기 영국의 수도자 노리치의 줄리안(Julian of Norwich)의 말처럼, 우리가 천국에서 완전해질 때까지 하나님에 대해 계속해서 알아가고 하나님을 사랑하는 것이 하나님의 뜻이다. 우리 영혼이 은혜와 사랑 안에서 축복된 하나님의 얼굴을 보면 볼수록 그 모습을 더욱더 충분히 보기를 열망할 것이다.[141]

이것이야말로 신앙인들이 일평생 추구해야 할 영적인 목표일 것이다. 그런 점에서 성경을 읽으면서 "하나님은 어떤 분이신가?"를 찾아보고 정리하며 음미해 보는 것은 영적 성장을 추구하는 그리스도인의 필수 덕목이다.

✛ 묵상은 말씀의 거울 앞에서 자신을 성찰하는 것이다

성경을 보면서 "나에게 주는 교훈은 무엇인가?"를 물어본다는 것은 하나님이 지금 나에게 주시는 음성을 듣는 동시에, 지금의 내가 어떤 상태에 있으며, 앞으로 어떻게 행해야 하는지를 생각하는 것이다. 하나님의 말씀이라는 거울에 비추어서 나 자신의 과거, 현재, 미래를 성찰하는 것이다.

묵상 습관이 성도들의 영성 함양에 절실히 필요한 이유는 분주한 현대 생활 속에선 자신을 돌아볼 여유가 없기 때문이다. '나는 누구인가?'에 대한 생각은 하지 않고 그저 주어지는 일을 처리하고, 목표를 향해 질주하며, 인간관계와 남들이 보는 시선을 신경 쓰고, 걱정에 얽매이다 보면 자기 자신을 상실하고 만다. 하나님 앞에 예배하러 가서도 나를 돌아보기보다는 늘 내 삶의 문제들을 해결해 주는 하나님의 '한 방' 치유책만을 갈구하기 쉽다. 기도의 자리에 앉아서도 내 걱정근심에만 온통 몰두할 뿐, 하나님을 열망하지도 않고, 나 자신도 들여다보지 않는 경우가 더 많다.

성경을 읽으면서조차 하나님을 알려고 하지 않고, 성경 본문을 거울로 삼아 나를 반성하지 않는다면 그 사람의 영성은 속이 텅 빈 채 겉껍질만 화려할 뿐이다. 흔히 '속 빈 강정'이라 일컬어지는 상태가 되고 만다. 그렇게 자신에 대한 성찰의 시간을 하루에 5분도 갖지 않고 주의 일에만 바쁘게 뛰어다니다 보면 주의 일 자체가 그를 더 교만하게 하고, 남에게 상처를 주며, 공동체에 문제를 야기하게 되는 경우가 허다하다. 주의 일을 열심히 하고 있다는 것만으로 자신의 신앙이 자라 가고 있다고 착각하는 우를 범하게 된다.

주님의 일을 하는 것과 나 자신의 영성이 성숙하고 있는 것은 전혀 다른 이야기이다. 주님을 '위해' 사는 것과 주님과 '함께' 사는 것은 같지 않다. 영성이 성숙해지기 위해서는 하나님을 깊이 알아 가야 하며, 하나님이 보시는 눈으로 자신의 내면세계를 관찰하는 시간을 가져야 한다.

20대 신학생 시절 어느 날, 잠언의 말씀을 묵상했다. "여호와를 경외하는 것은 악을 미워하는 것이라 나는 교만과 거만과 악한 행실과 패역한 입을 미워하느니라"(잠 8:13). 잠언에는 특히 교만에 관한 말씀이 많다. "교만은 패망의 선봉이요 거만한 마음은 넘어짐의 앞잡이니라"(잠 16:18). "눈이 높은 것과 마음이 교만한 것과 악인이 형통한 것은 다 죄니라"(잠 21:4). "미련한 자는 교만하여 입으로 매를 자청하고 지혜로운 자의 입술은 자기를 보전하느니라"(잠 14:3). "무릇 마음이 교만한 자를 여호와께서 미워하시나니 피차 손을 잡을지라도 벌을 면하지 못하리라"(잠 16:5).

교만에 관한 말씀을 묵상하면서 '나에게는 교만한 점이 없는가?' 생각해 보았다. 한참 말씀의 거울 앞에서 나 자신을 비추어 보니 깨닫게 되는 것이 있었다. 부교역자로서 담임목사님의 설교에 대해 이러쿵저러쿵 비판하고 있음을 돌아보게 되었다. 이제 갓 신학을 공부하면서 설교가 뭔지에 대해서 제대로 아는 것도 없고, 경험도 일천한 햇병아리 설교자가 수십 년을 설교한 담임목사님의 설교에 대해 이런저런 단점을 이야기한다는 것이, 가만히 생각해 보니 기가 찬 노릇이었다. 그야말로 교만의 하이라이트가 아닐까 싶어서 얼굴이 화끈거리고 '이 세상에 나보다 더 교만한 사람도 없구나' 하는 반성이 되었다.

그러면서 조금 더 묵상해 보니, 내가 모시는 윗사람의 설교를 비판하면서도 나 자신의 설교에 대해서는 말도 안 되는 자부심이 가득한 점도 발견되었다. 아직 어린 설교자이기에 성도들이 격려해 주는 차원에서 "설교 잘했다", "은혜 받았다"고 인사해 주는데, 아직 어린 나이인지라 그 말들을 액면 그대로 받아들이는 어리석음을 발견했다. 이제 설교자의 길에 입문한 초보인 내가 수십 년 설교한 분들보다 더 잘하는 것 같다는, 웃기는 착각까지 스며들었다. 나중에 알고 보니 이 문제는 나만의 문제가 아니라, 나와 비슷한 연배의 신학생들이 비슷하게 갖고 있는 교만과 허영의 죄였다.

교황 그레고리우스(Gregorius)는 영적 지도자들에게 주는 권면에서, 설교자들이 교만에 취약하다고 지적했다. 특히 (자신이 생각하기에) 훌륭한 설교를 하고 난 직후의 민감한 순간에 대해 말했다. "적절하게 결실이 풍성한 메시지를 전했을 때, 전한 사람의 마음은 자신이 이룬 성과에 대한 기쁨으로 의기양양해진다. … 그는 자신의 영적 건강을 무시하여 교만이라는 종양을 키우지 않도록 해야 한다."142

성도들도 나름대로 삶의 현장에서 다양한 죄의 요소들을 맞닥뜨리지만 영적 지도자의 경우에는 특히 교만과 자기를 높이는 유혹이 가장 큰 죄악의 씨앗이 될 수 있다.143 그래서 16세기 청교도 피터 모팻(Peter Moffat)은 이렇게 권면했다. "당신의 샘을 깨끗이 하는 것보다 당신의 마음을 깨끗이 하는 데에, 당신의 양 떼를 먹이기보다 당신의 마음을 먹이는 데에, 당신의 집을 지키는 것보다 당신의 마음을 지키는 데에 주의를 기울이라."144

이렇게 날마다 내 마음과 생각을 면밀히 들여다보면서 "내 마음속에 하나님이 기뻐하지 않으시는 부분은 무엇인가? 오늘 나의 하루 가운데 하나님이 금하신 것을 행한 일들이 있었는가? 내가 종교적 의무를 열심히 하면서도 주님의 발아래 겸손히 앉아서 하나님의 음성을 듣는 일을 등한히 했던 적은 없었나?" 하고 질문을 던져 보는 시간이 절실히 필요하다. 16세기 스페인의 영성가 로욜라의 이냐시오(Ignatius of Loyola)는 잠자리에 들기 전에 이런 기도를 드렸다고 한다.

예수님, 오늘 제 삶 속에 저와 함께 계셨습니다. 지금도 가까이 계시옵소서. 주님과 함께 저의 오늘 하루를 돌아보기 원합니다. 주님의 사랑의 눈으로 보기 원합니다. 제가 오늘 주님의 음성을 들은 때는 언제입니까? 오늘 제가 주님의 음성을 거부한 때는 언제입니까? 예수님, 모든 것이 주님의 선물입니다. 오늘의 모든 선물로 인해 주님께 감사와 찬양을 드립니다. 제 삶을 치유해 주옵소서. 제 죄를 용서하시며 긍휼을 베풀어 주옵소서. 예수님, 날마다 제 삶 속에 저와 함께 계속 계시옵소서.145

하루에 10분, 20분 큐티 묵상을 통하여 자기 성찰의 시간을 갖는 것만으로도 그리스도인의 삶은 이전보다 한 단계 성숙의 계단으로 올라갈 수 있다. 그런 점에서 성경을 읽는 가운데 "나에게 주는 교훈은 무엇인가?"를 물으면서 하나님의 뜻과 더불어 자신을 성찰하는 습관은 그리스도인의 삶에서 매우 유익한 시간이다.

✛ 영혼의 일기 쓰기를 통해 자신을 성찰할 수 있다

일반적으로 큐티 묵상을 할 때 자신이 묵상한 내용을 노트에 기록하게 마련이다. 하나님 앞에서 자신을 성찰하는 도구로서 글쓰기는 매우 유익하다. 영국의 철학자 프랜시스 베이컨(Francis Bacon)이 한 말은 널리 알려져 있다. "독서는 완성된 사람을, 담론은 재치 있는 사람을, 필기는 정확한 사람을 만든다." 글로 쓰는 것은 자신의 생각과 감정을 정확하게 표현함으로써 자신을 객관화시켜 준다. 네비게이토선

교회의 창설자인 도슨 트로트맨도 평소에 "생각이란 입술을 지나서, 연필 끝을 통해서 해결된다"라고 자주 말했다고 한다.

내 생각을 내가 글로 묘사하지 못한다면 그 생각은 아직 설익은 과일에 불과하다. 또한 나의 감정 역시 글로 나타낼 수 없다면 그것은 부정확한 것이다. 이것은 신앙의 세계에서도 마찬가지이다. 내가 믿는 바를 글로 적어 보고, 내 신앙을 글로 묘사할 때 내 믿음의 현주소를 정확하게 가늠할 수 있다. 그리고 그렇게 하기에 가장 효과적인 방편은 묵상을 글로 옮기는 것이다.

사실상 성경적인 묵상의 출발점은 소리 내어 읽으면서 하루 종일 읊조리는 것이다. 하지만 한편으로, 성경 본문을 깊이 숙고하는 것 역시 추가되어야 한다. 성경 본문을 사색하면서 그것을 나 자신의 삶에 관련짓는 행위를 가리켜서 큐티 묵상이라고 한다면, 큐티 묵상에서 적는 행위는 필수가 될 수밖에 없다. 적지 않고 말씀을 묵상할 수 없는 것은 아니지만 적는 행위를 통해서 내가 본문을 이해하고, 그 본문에 나 자신을 관련짓는 일이 확실해지기 때문이다. 그리고 내가 하나님을 어떻게 생각하는지, 내가 나 자신을 어떻게 응시하고 있는지가 좀 더 분명하게 정리 정돈이 되기 때문이다.

그런 점에서 큐티 묵상의 요소로서 '4P'를 이야기할 수 있다. 기도(Prayer), 장소(Place), 펜(Pen), 종이(Paper)이다. 큐티 묵상을 하기 전에 말씀 조명을 위해 기도해야 하고, 묵상을 할 조용한 장소가 필수인 점은 누구나 아는 상식이다. 그러나 많은 경우에 펜과 종이가 필수 요소임을 간과한다. 펜과 종이는 보다 효과적이면서 섬세한 묵상을 위해서

유용한 요소이다.

큐티 묵상을 글로 쓰는 것을 가리켜 '영혼의 일기'라고 부를 수 있다. 내 영혼이 하나님과 교제하면서 하나님의 시각에 비추어서 자신을 살피는 기록이 바로 큐티 묵상 노트이기 때문이다. 원래 일기라는 것 자체가 매일의 삶을 기록으로 남기는 것이다. 그러나 일기는 단순히 매일 했던 일을 적는 것만이 아니라 자기 발견의 도구가 된다. 떠오르는 생각을 붙들어 두는 방이며, 감정을 표현하는 편안한 통로이며, 영혼의 거울이 된다. 우리는 일기를 통해서 자신의 사고, 가정, 꿈, 사람들과 하나님과의 관계, 은사, 신념 등을 깊이 있게 파헤쳐 볼 수 있다. 영혼의 일기 쓰기는 우리의 삶 속에서 인도하시고 역사하시는 하나님에 대한 인식을 증대시킬 수 있다.[146]

처음에 큐티 묵상을 배우는 과정에서는 본문의 줄거리를 글로 써 보고, 하나님이 누구신가에 대해 발견한 점들을 써 볼 수 있다. 그리고 하나님이 본문을 통해 나에게 주시는 교훈을 몇 가지 찾아 단문으로 적어 볼 수 있다. 이어서 실천하고 싶은 점을 짧게 적어 볼 수도 있다.

큐티 묵상이 점점 정착되면서 시간을 더 할애할 수 있다면 묵상 노트를 일기 형태로 전환하는 것이 유익하다. 본문 요약과 하나님에 대한 발견 등은 그대로 남는 핵심 요소이고, 거기에다 자신의 경험과 느낌을 좀 더 상세히 서술해 보는 것이다. 예를 들어 큐티 묵상을 하기 전에 일어났던 일들, 그 가운데 느낀 점, 내가 고민하는 문제와 오늘 본문과의 상관관계, 오늘 내가 해야 할 일들과 그 일에 대하여 하나님의 도우심이 필요한 점, 오늘 내가 갖고 있는 고민 그리고 나는 오늘 그 문제를 어떻게 해결할 생각인지, 오늘 나는 누구에게 전화해서 기도 부탁을 할 것인지, 오늘 내가 가야 할 곳은 어디인지, 오늘 내가 만나야 할 사람이 있는데 무슨 말을 할 것인지 등 오늘의 삶에서 필요한 생각과 사건과 감정 등을 상세히 기록하는 것이다.

더 나아가서 하나님과의 대화 일기 형식으로 써 보는 것도 유익하다. 내가 현재 고민하는 문제들에 대해서 하나님께 드리는 질문을 적어 보고, 성경 본문을 읽으면서 하나님의 답변을 추론해서 적어 보고, 그 답변에 대해 다시 의문을 토로해 보는 것이다. 이렇게 대화식으로 적어 본다면 하나님의 마음을 더 실감 나게 느낄 수 있고, 내가 현재 하고 있는 생각과 품은 감정을 솔직하고도 구체적으로 직시할 수 있어서 치유 효과도 생길 수 있다. 물론 하나님께 쓰는 편지 형식이라든지, 시를 적어 보는 등 다양한 방법으로 영혼의 일기를 쓸 수 있다. 이런 형태로 쓰는 것을 가리켜 '영성 일기'라 부른다.

이처럼 큐티 묵상을 적다 보면 큐티 묵상 노트와 일기장을 하나로 통합하는 것이 가능해지고, 매일 묵상 노트를 적다 보면 그 노트가 내 영혼의 일기가 되어서 오래오래 신앙의 동반자로 남을 수 있다. 가끔 영혼이 메마른 광야를 지날 때 일기를 다시 읽으면 과거에 내게 베푸신 하나님의 은혜를 되새기면서 새로운 용기가 날 수 있다.

무엇보다도 영혼의 일기를 쓴다는 마음가짐으로 큐티 묵상을 하면 날마다 하나님이 보시는 눈으로 자신의 내면세계와 생활을 관찰할 수 있게 된다. 그럴 때 추상적이었던 회개가 실제적으로 변할 수 있고, 기도 역시 뜬구름 잡는 기도가 아니라 구체적인 기도가 될 수 있으며, 매일의 행동이 좀 더 하나님의 뜻에 맞는 방향으로 개선될 여지가 생긴다. 하나님이 누구신지 알아 가는 과정 그리고 하나님을 알아 가면서 변화되어 가는 나의 모습을 노트에 적는 습관을 가질 때 우리는 점점 더 깊은 믿음의 물속으로 헤엄쳐 들어가게 될 것이다.

요약

- 묵상의 시간은 수천 년 동안 이어져 온 영적 습관이다.
- 묵상은 믿음의 뿌리를 깊게 내리게 한다.
- 묵상은 변화와 기쁨 그리고 교회의 건강을 가져온다.
- 묵상은 무엇을 보건, 무엇을 하건 하나님을 생각하는 것이다.
- 묵상은 성경을 통해서 하나님이 어떤 분이신지 알아 가는 것이다.
- 묵상은 말씀의 거울 앞에서 자신을 성찰하는 것이다.
- 영혼의 일기 쓰기를 통해 자신을 성찰할 수 있다.

소그룹 나눔

1. 성경과 교회사에 나오는 묵상의 실제 사례에 대해서 이야기해 보자(182-185, 194-197쪽 참고).
2. 자연이나 일상생활의 사건들을 통해서 하나님을 알게 되고 하나님을 높였던 경험이 있다면 나누어 보자.
3. 성경 말씀을 묵상하는 시간을 통해서 그전에 깨닫지 못했던 하나님의 성품이나 하나님이 나를 위해 하신 일을 새롭게 발견했던 체험이 있다면 나누어 보자.
4. 성경 말씀을 볼 때 그 속에서 자신의 과거의 죄악이나 현재의 모습을 발견했던 경험을 나누어 보자.
5. 자신의 묵상이나 기도나 영적 경험 등을 기록할 때 얻는 유익은 무엇인지 이야기해 보자(205-209쪽 참고).

연습

- ○ 마가복음 4장 35-41절을 읽고 나서 성서유니온식(마르틴 루터식) 묵상 질문에 대해 생각하면서 노트에 적어 보자. 그러고 나서 묵상한 것을 나누어 보자.

주간 과제

- ○ 마태복음 4장 1-11절을 소리 내어 매일 10회 읽자. 그리고 수시로 종일 읊조리면서 본문에 대해 성서유니온식(마르틴 루터식)으로 묵상 노트를 적어 보자. 적용점을 적고 나서 실천에 옮기기를 힘쓰자.

7강

×

묵상의 유익은
하나님의
인도를 받는 삶이다

20세기 최고의 신학자 가운데 한 사람으로 일컬어지는 디트리히 본회퍼는 히틀러가 교회를 위협하고 세계 평화를 깨트리려고 획책하던 1939년 6월 초에 미국으로 건너갔다. 미국에 있는 친구들이 본회퍼를 혼란한 상황에서 구하여 신학 강의와 저술에 집중하도록 초청했기 때문이었다. 본회퍼는 1년 정도 유니온신학교에서 강의하고 돌아가려고 생각했으나 고난받는 조국교회를 두고 떠나왔다는 죄책감 때문에 도착하면서부터 줄곧 번민의 날을 보냈다. 그리고 마침내 그는 한 달 반 만에 독일로 돌아와 버렸다.

그가 고국으로 돌아가기로 마음먹은 날이 6월 20일이었는데, 며칠 후 6월 26일에 그의 결심에 확증을 준 성경 말씀을 만났다. 그는 매일 말씀 묵상을 했는데, 그날의 본문은 디모데후서 4장이었다. 디모데후서 4장 9절과 21절에서 개인적으로 하나님의 음성을 들었다. "너는 어서 속히 내게로 오라 … 너는 겨울 전에 어서 오라." 감옥에 있는 사도 바울이 디모데에게 한 개인적인 부탁의 말인데, 그는 이 말씀을 자신에게 하시는 하나님의 명령이라고 받은 것이다. 미국에 있기보다는 속히 독일로 돌아가는 것이 하나님의 뜻이라는 점을 그는 이 구절에서 확신했다. 그는 일기에 이렇게 고백했다.

그 말씀이 하루 종일 내 마음속에 자리를 잡고서 떠나지 않았다. 그것은 전선에서 휴가를 받아 귀가했다가, 모든 예상되는 일을 무릅쓰고 다시 전선으로 돌아가는 군인과 우리에게 주시는 말씀이다. 우리는 더 이상 전선에서 도망쳐선 안 된다. … 내가 이 말씀을 나에게 주시는 말씀으로 받아들이고 하나님이 나에게 그리할 수 있는 은혜를 주신다면, 이는 성경의 오용이 아닐 것이다.[147]

결국 본회퍼는 안전과 편안한 신학 연구 활동이 보장된 미국 생활을 포기하고 불안과 핍박이 기다리는 고국으로 돌아갔고, 히틀러 암살 음모에 가담한 결과로 1945년 4월 9일, 39세의 나이에 교수형을 선고받아 죽게 된다. 개인적으로 본회퍼의 책을 읽고 너무나도 큰 감명을 받은 터라 그의 결정이 못내 아쉽기만 하다. 미국에서 남은 일생 살아가면서 신학교 교수로서 저술 활동을 했다면 후세에 어마어마한 가치가 있는 책들을 더 많이 남겼을 것이다. 그랬다면 교회사 전체를 생각할 때 하나님의 교회에 끼치는 유익이 얼마나 더 컸을까, 하는 아쉬움을 가져 본다.

하지만 본회퍼는 자신이 개인적으로 들은 하나님의 음성에 근거하여 결심하고 행동한 것이다. 어느 누구도 본회퍼가 스스로에게 적용한 말씀 묵상에 대해 이러쿵저러쿵 말할 수 없다. 결국 그리스도인은 각자가 하나님으로부터 음성을 듣는 것이기 때문이다. 물론 묵상할 때 성경이 처음 쓰인 그 시대의 저술 목적과 저작 상황을 바탕으로 본문의 객관적인 의미를 찾는 것이 우선이다. 하지만 각자가 자기 삶의 정황에서 그 본문을 읽을 때 그 본문이 나에게 주시는 하나님의 음성으로 다가오는 점도 소중한 것이다. 본회퍼는 그 본문이 사도 바울이 디모데에게 한 말이라는 점과 그 편지가 쓰인 맥락을 분명히 알고 있었을 것이다. 하지만 그는 그 본문을 그 시점에서 자신이 처한 상황에 결부시켜 해석했고, 그 해석을 자신의 삶에 적용했다. 이러한 성경 읽기 방식을 가리켜 강영안은 《읽는다는 것》(IVP, 2020)에서 '인격적 읽기'라고 부른다.

성경을 읽을 때는 먼저 객관적인 성경의 해석이 튼튼하게 세워져 있어야 한다. 하지만 그 토대 위에서 자기 삶의 정황 가운데서의 '주관적인 성경 읽기'도 가능하다. 말씀을 자신의 영으로 기록하신 하나님이 말씀을 읽고 그 말씀에 순종하여 살아가려는 사람과 함께하셔서 그 말씀이 삶의 현실 속에서 실현되도록 이끌어 주신다는 믿음이 말씀 묵상의 기초가 된다.[148] 객관적인 사실 위에서 기록된 성경 말씀을 나의 인격과 온 삶을 통해서 지금 나에게 주시는 하나님의 음성으로 받아들이는 것이 말씀 묵상이며, 그러한 인격적 읽기를 통해서 수천 년 전에 쓰인 성경 말씀 한 구절이 오늘 나의 인생을 이끌어 간다.

물론 인격적 읽기와 더불어 날마다의 성경 통독, 성경 전체의 주제와 스토리에 대한 공부 그리고 각 성경에 대한 귀납적 성경 연구, 성경 해석을 올바로 하기 위한 신학적, 교리적 이해 등을 겸하여 갖추려는 노력은 그리스도인이 지녀야 할 매우 중요한 태도일 것이다. 주관적인 말씀 묵상만 하다 보면 어느새 자기 합리화의 사고 틀로 성경을 보는 왜곡된 모습을 갖게 될 수도 있다. 그러므로 항상 설교 경청을 신앙생활의 첫머리에 두고서 체계적이고도 종합적인 성경 연구, 기본적인 신학적 소양 쌓기 등에도 열정을 쏟아야 한다.

이런 이유로 필자 역시 온라인으로 말씀묵상학교를 인도할 때 말씀 묵상 자체보다, 귀납적 성경 연구에서의 1단계인 성경 본문 관찰 작업을 더 많은 시간 동안 훈련시키고 있다. 문맥 파악을 중심으로 본문 자체를 꼼꼼히 관찰하여 문법적인 해석의 기반을 다지는 과정이 엉뚱한 해석과 아전인수격 적용에 덜 빠지는 길이기 때문이다.

✝ 성경은 우리를 참 그리스도인으로 빚어 가는 책이다

신구약 성경 66권은 기본적으로 구원 계시의 책이다. 하나님이 성경을 주신 주된 목적은 하나님이 죄인을 구원하시려는 마음과 그 구원의 방법을 알려 주심으로 모든 사람이 영생을 얻게 하시려는 것이다. 성경은 하나님의 아들 예수 그리스도가 어떤 분이신지를 알려 주는 책이며, 예수 그리스도를 믿음으로 말미암아 구원을 받을 수 있는 길, 즉 구원 얻는 지혜를 담고 있는 책이다. 예수님을 영접한 그리스도인들은 일평생 지속적으로 성경을 읽어야 한다. 왜냐하면 구원의 책인 성경 속에는 그리스도인들이 어떻게 살아야 하는가에 대한 세세한 지침도 들어 있기 때문이다.

"모든 성경은 하나님의 감동으로 된 것으로 교훈과 책망과 바르게 함과 의로 교육하기에 유익하니 이는 하나님의 사람으로 온전하게 하며 모든 선한 일을 행할 능력을 갖추게 하려 함이라"(딤후 3:16-17). 이 말씀은 성경의 역할을 네 가지로 정리하고 있다.

첫째, 성경은 우리에게 '교훈'을 준다. 예수님을 영접하여 새 생명의 삶을 출발한 그리스도인은 영적으로 갓난아기와 같다. 이제 구원의 완성이라는 고지에 이르도록 계속해서 자라 가야 한다. 그러기 위해서 거룩한 젖과 같은 하나님의 말씀을 빨아들여야 한다. "갓난아기들같이 순전하고 신령한 젖을 사모하라 이는 그로 말미암아 너희로 구원에 이르도록 자라게 하려 함이라"(벧전 2:2).

한 번 복음을 들은 것으로 믿음이 완성되는 것이 아니라, 이제 시작에 불과하다. 예수님도 복음을 전파하신 동시에 가르침을 병행하셨다(마 9:35). 복음을 들은 사람들은 날마다 성경을 통해서 주시는 주님의 교훈을 잘 받아야 한다. 그래야 믿음의 정상으로 한 걸음씩 올라갈 수 있다. 태어나서는 밥을 꼬박꼬박 먹어야 몸이 자라는 이치와 같다. 영적으로 새로 태어난 신자는 영혼의 양식인 말씀의 가르침을 성실하게 받아야 영적으로 성장할 수 있다. 성경적으로 교훈이란 스승, 부모, 통치자로부터 주어지는 삶의 지침을 가리킨다. 한마디로, 교훈이란 "무엇이 올바른 삶인가?"에 대한 것이다.[149] 어떻게 살아가는 것이 가장 올바른가에 대해서 알기 원한다면 성경을 봐야 한다는 것이다.

둘째, 성경은 우리가 잘못된 삶을 살거나 올바르지 못한 마음을 품을 때 '책망'한다. 이 구절에서 '책망'이라는 말은 죄를 깨닫게 하시는 성령님의 사역과 관련된다.[150] 성경의 저자이신 성령님은 성경이라는 거울을 통해서 마음속 깊은 곳을 보게 만드신다. 맑은 물을 쳐다보면 내 얼굴이 보이듯이, 성경을 자세히 묵상하면 그 성경이 내 얼굴뿐만 아니라 내 심령까지 살펴보는 것을 깨닫게 된다. 그러면 숨겨진 죄까지 토설하며 바로잡게 된다. 우리아의 아내를 범한 다윗왕에게는 나단 선지자가 와서 책망했지만(삼하 12:1), 오늘을 사는 우리에게는 성경책이 나단 선지자가 되어 준다. 물론 말씀을 날마다 겸손히 묵상하는 습관을 갖고 있다면 말이다.

경건의 선배인 청교도들이 지적한 바와 같이, 성경을 묵상하는 습관을 갖고 있으면 과거에 저지른 죄에 대한 불안감이 생기며, 지금 생각하고 있는 불의한 일의 해악을 상기시켜 준다. 그래서 죄에 대한 고통을 느끼게 해 주며 죄와 맞서 싸움으로 사탄의 유혹을 물리칠 수 있게 도와준다.[151] 그러기에 성경을 펼칠 때마다 찰스 웨슬리(Charles Wesley)가 작시한 찬송가 가사와 같은 기도를 진심으로 드릴 필요가 있다.

우리가 죄의 길을 배회할 때마다
살아 계신 하나님이 우리 죄를 사하셨으니
주의 말씀으로 우리 양심을 책망하시고
방황하는 우리를 돌이키소서.
성령의 검으로 깊은 상처를 입은 후에
길르앗의 유향으로 회복되게 하소서.[152]

셋째, 성경은 우리를 '바르게 하는' 데 유익하다. '책망'과 '바르게 함'은 같은 뜻이 아니다. 물론 책망을 통해서 바르게 함으로 연결된다는 점은 사실이다. 바르게 한다는 것은 어떤 것을 곧게 만들거나 정렬

하거나 완전하게 한다는 의미이다. 즉 수리를 하거나 다시 쌓아 올린다는 뜻이다. 치아를 교정하거나 뼈를 교정하는 것을 연상하면 된다.

성경은 우리 안에서 새로운 존재 방식과 일치하지 않는 모습을 드러내 깨닫게 해 준다. 말씀이 내 삶의 모난 것과 틀린 부분을 드러내 보여 줄 때 우리는 부끄러워진다. 성경이 제시하는 올바른 방향을 쳐다보면서 내 삶의 항로를 수정하려고 애쓰게 된다. 그럴 때 성령님이 손잡아 이끌어 주신다. 그래서 내 삶이 서서히 말씀의 자극과 도전과 지도를 받아서 아름다운 모습, 거룩한 얼굴로 교정되도록 만들어 주신다.

대학 시절 청년부에서 야유회를 갔을 때, 물이 마른 하천 옆 숲길로 걸어가고 있었다. 손에 과자와 음료수 캔을 들고 먹으면서 걷다가 무심코 다 먹고 난 캔을 옆 하천으로 휙 던졌다. 평소에 쓰레기를 아무데나 버리는 편은 아닌데, 그날따라 왜 그렇게 행동했는지 모르겠다. 내 뒤에서 걸어오던 후배가 한마디했다. "형님이 그러시면 됩니까?" 그 말이 비수처럼 내 심장에 꽂혔다. 얼굴이 화끈거렸다. 그 후배의 일침은 두고두고 나를 각성하게 만들었다. 그 일을 생각할 때마다 온몸이 소스라친다. 이후 내 모습을 지켜보는 사람이 나에게 지적할 때면 반성하면서 내 삶을 고치려고 애쓰게 되었다.

성경 말씀이 우리에게 하는 역할이 이와 같다. 말씀이 나에게 주는 책망은 나를 회개하게 만들고, 그 말씀의 불꽃같고 추상같은 한마디 감화로 인해 우리의 심령은 새로운 결단을 하게 된다. 그리고 말씀이 그려 주는 거룩한 목표 지점을 바라보며 그쪽으로 인생을 돌려야겠다는 강렬한 열망이 샘솟는다. 그러면서 점점 더 생각과 태도와 행동을 고쳐 가게 된다.

'바르게 함'이라는 단어에서 'orthodoxy'(정통)라는 단어가 파생되었다. '정통'이란 복음 진리와 하나님 나라 생활 양식과 부합되는 견해나 관점이다.[153] 그리스도인은 평생 복음의 진리에 부합되도록 자기 자신의 마음과 삶을 꾸준히 교정해 가야 하는 사람이다.

넷째, 성경이 우리에게 주는 유익은 우리를 '의로 교육'시키는 것이다. 여기서의 '교육'은 '훈련, 교육, 징계, 훈계'라는 뜻이다. '의로 훈련하기에 유익하니'로 번역하는 것이 더 정확하다. 당시 어린이들에 대한 교육은 집안 노예 가운데 믿을 만하고 지혜로운 이가 담당했다. 그 노예가 어린이의 가정 교사가 되어 매일같이 시간을 보내면서 예의 범절이나 실생활의 여러 가지 태도와 행동들에 대한 지도를 했다.

그리스도인들은 성경 말씀을 가정 교사로 삼아야 한다. 내 믿음의 내용과 하나님을 향한 태도 그리고 성화를 향한 달음질을 하는 데 있어서 말씀의 세세한 훈련에 자신을 드려야 한다. 육체의 단련을 위해서도 체계적이고 지속적인 강훈련이 필요하다면 영적인 성숙을 위해서는 얼마나 더 열심 있는 훈련을 받아야 할 것인가(딤전 4:7-8)! 그러므로 성도들은 "경건에 이르도록 네 자신을 연단하라"(딤전 4:7)라는 주님의 명령에 순종해야 한다. '연단'(γυμνάζω, 귐나조, gumnazo)에서 나온 단어가 'Gymnasium', 즉 '체육관'이다. 그리스도인들은 체육관에서 땀 흘리며 운동하는 사람들처럼 평생 경건을 위해 땀 흘리며 분투할 의무가 있음을 잊지 말아야 한다.

성경 말씀의 네 가지 유익을 잘 따른다면 우리는 '온전'하게 되어 간다. '온전'이란 '어떤 것의 본질에 완벽하게 적합한 것'을 의미한다. 과일 바구니에서 완벽한 사과라고 생각되는 것을 발견하면 그 사과는 '온전'한 것이다. 사과로서의 본질을 잘 갖춘 것이다. 이와 같이 영적 성숙의 목표는 우리가 하나님의 형상에 적합한 사람이 되는 것이며, 모든 선한 일을 행할 능력을 갖추는 것이다.[154]

우리는 하나님이 보시기에 구원에 합당한 사람으로 성장해야 한다. 그 방편이 바로 성경 말씀이다. 성경 말씀을 날마다 읽으면서 그 말씀이 나를 가르치게 하고, 나를 책망하게 하고, 나를 바르게 교정하게 하고, 나를 의로 훈련시키도록 내가 말씀에 순종한다면 나는 점점 더 하나님이 기대하시는 바로 그 모습으로 빚어져 갈 것이다. 말씀 묵상이 나를 하나님의 사람으로 완성시켜 가는 하나님의 큰 그림을 위해 사용되는 것이다.

✠ 성숙한 그리스도인은 날마다 하나님의 가르침을 따른다

19세기 초, 영국 서머싯에 너무나 가난하여 공부해야 할 나이에도 학교에 가지 못하고 직공 생활을 하던 소년이 있었다. 그는 16세에 예수님을 인격적으로 만나 자신의 삶을 헌신했다. "하나님, 내 몸과 영혼을 모두 바쳐 주님을 위해 살게 하소서. 주께서 십자가에서 죽으심으로 이 죄인을 구원해 주신 것을 생각할 때 저는 어찌할 바를 모르겠습니다."

그는 상점(포목상)의 견습 사원으로 취업했고, 20대에 들어서는 런

던으로 옮겨서 가게 매니저 겸 주인의 사위가 되었다. 그는 매일 말씀을 읽었는데, 19세의 어느 날 고린도전서 15장 2절을 읽었다. "너희가 만일 내가 전한 그 말을 굳게 지키고 헛되이 믿지 아니하였으면 그로 말미암아 구원을 받으리라." 그는 이 말씀을 읽으면서 자신같이 배움도 짧고 내세울 것이 없는 사람도 말씀을 굳게 붙잡기만 하면 반드시 주님께 쓰임받을 것이라는 확신이 들었다. 그러면서 하나님의 말씀을 더 굳게 믿고 믿음이 더 자라 가려면 어떻게 해야 할까 궁리했고, 친구들과 함께 신앙 훈련을 하면 좋겠다는 생각이 들었다.

이후 그는 23세였던 1844년 6월 6일부터 열두 명의 청년들과 주말마다 모여서 같이 기도와 성경 공부, 운동과 게임을 하기로 했다. 이것이 바로 오늘날 전 세계에 3,000만 명의 회원을 가진 YMCA(Young Men's Christian Association)의 시작이며, 그 청년이 바로 조지 윌리엄스(George Williams)이다. [155] 조지 윌리엄스는 말씀을 곱씹는 가운데 하나님이 주신 아이디어가 샘솟아서 영적 훈련 모임을 시작하게 된 것이다.

성경 구절에 구체적으로 "그런 모임을 만들어라!"라는 지시는 적혀 있지 않지만, 말씀으로 감화를 받고 나서 마음에 스치는 생각들은 하나님의 인도하심의 열매가 된다. 말씀을 몰입해서 읽는 가운데 그 말씀을 내 삶과 관련짓기 시작하면 그 말씀이 행동을 인도하는 경험을 하게 된다.

물론 성경이 내 삶의 전부를 구구절절 지시하는 것은 아니다. 아침에 일어나서부터 밤에 잠자리에 들 때까지 다양한 선택의 기로에서 성경이 모든 문제에 대해서 낱낱이 답을 주지는 않는다. 하지만 성경을 묵상하는 사람에게 하나님은 꼭 필요한 삶의 지침은 얼마든지 내려 주신다. "내가 네 갈 길을 가르쳐 보이고 너를 주목하여 훈계하리로다"(시 32:8). 하나님은 우리가 할 일, 우리가 갈 길을 알려 주시고, 우리에게 꼭 필요한 훈계를 하신다고 틀림없이 약속하셨다. "너는 범사에 그를 인정하라 그리하면 네 길을 지도하시리라"(잠 3:6). 하나님은 우리의 인생길을 세심하게 코치해 주신다. 하나님은 우리의 자상한 아버지시며, 섬세한 스승이 되시기 때문이다.

"너희의 구속자시요 이스라엘의 거룩하신 이이신 여호와께서 이르시되 나는 네게 유익하도록 가르치고 너를 마땅히 행할 길로 인도하는 네 하나님 여호와라"(사 48:17). 하나님이 우리의 걸음을 이끌어 주시고 가르쳐 주시는 방편이 바로 말씀이다. "그것[말씀]이 네가 다닐 때에 너를 인도하며 네가 잘 때에 너를 보호하며 네가 깰 때에 너와 더불어 말하리니 대저 명령은 등불이요 법은 빛이요 훈계의 책망은 곧 생명의 길이라"(잠 6:22-23). 하나님의 말씀은 그 말씀을 전심으로 갈망하며 음미하는 사람에게 분명한 음성으로 길을 이끌어 준다.

✛ 'SPACE'식 묵상은 구체적인 가르침을 받기에 유익하다

큐티 묵상의 방법 가운데 널리 활용되는 묵상 내지 적용의 원리가 있는데, 이를 'SPACE 원리'라고 부른다.

Sins to confess: 내가 고백해야 할 죄가 있는가?

Promise to claim: 내가 붙잡을 약속이 있는가?

Actions to avoid: 내가 피해야 할 행동이 있는가?

Commands to obey: 내가 순종해야 할 명령이 있는가?

Examples to follow: 내가 따라야 할 모범이 있는가?

성경 본문을 세심하게 살피는 가운데 내 죄를 발견해 보고, 내가 주장할 약속의 말씀을 찾아보며, 지금 내가 피하거나 고칠 행동은 무엇일지 성찰해 보고, 내가 따라야 할 명령이 나오는지 찾아보고, 내가 본받아야 할 모범이 있는지 살펴보는 것이다. 이러한 구체적인 질문들을 본문에 던지는 것은 좀 더 구체적인 순종을 하기 위한 몸부림이다.

사람이 자신의 생각과 말과 행동을 바꾸는 일은 결코 쉽지 않다. 구원받고 나서 성령님의 역사로 인해 급격하게 변화되기도 하지만 많은 경우에 가장 고질적인 문제들은 고스란히 남아 있다. 그러기에 성경은 구체적인 삶의 변화를 명령하는 것이다. 만약 구원받을 때 자동으로 삶이 바뀐다면 성경에서 자세하게 삶의 변화를 명령할 필요가 없었을 것이다. 그러나 구원받은 그리스도인들에게 보내진 수많은 편지는 삶의 변화를 위한 의지적인 선택을 상세하게 촉구하고 있다.

로마서나 에베소서, 골로새서, 갈라디아서 등 구원을 위한 중요 교리들을 담고 있는 서신서에서는 전반부에서 교리를 설명하고, 후반부에서는 실천을 위한 명령들을 나열하고 있다. "우리가 무엇을 믿어야 하나?"를 논증하여 그들의 구원관을 확립시켜 주고 나서는 여지없이 "우리가 어떻게 살아야 하나?"를 설명하고 있다. 부모와 자녀 관계, 부부 관계, 노사 관계, 언어의 사용, 물질의 사용, 분노와 욕심의 문제, 교회 안의 견해 차이 등에 관해 세밀한 명령들을 하고 있다.

이 명령들에 순종하는 것은 인간의 죄성과 투쟁해야 하는 부분이며, 그리스도인들이 살아가는 세상 문화에 역행해야 하는 것이기에 결코 간단한 문제가 아니다. 사탄도 여전히 삼킬 자를 찾고 있다. 그러므로 그리스도인들은 날마다 하나님의 명령들을 읽고 그 뜻을 마음에 새겨야 한다. 이 말씀들을 날마다 접하지 않으면 우리의 눈과 귀에 들어오는 세속의 가르침들이 우리를 지배하게 된다. 하나님의 구체적인 교훈들을 보고 듣고 마음 판에 새겨서 이대로 행하려는 의지를 다지지 않는다면 그 틈새로 다른 사상과 감정들이 들어와 자리를 차지해 버릴 것이다.

그러므로 말씀 묵상을 하면서 마음을 점검하고 내 삶을 체크하면서 내가 오늘 그리고 내일 구체적으로 무엇을 행할 것인가를 계획해 보는 것은 그리스도인의 성화를 위해서 필수 불가결한 습관이다. 그런 점에서 'SPACE'식으로 세밀하게 나의 모습을 점검하면서 삶을 바로 잡아 가려는 습관은 그리스도인의 거룩한 삶을 위한 매우 아름다운 모습이다.

그날그날 나 자신을 향한 말씀의 가르침에 순종함으로 변화된다

성서유니온 국제 총무였던 나이젤 실베스터(Nigel Sylvester)는 개인 경건의 시간에 고아와 과부를 돌보라는 말씀을 읽었다. 그리고 왜 이 말씀이 오늘 아침에 주어졌을까를 곰곰이 생각해 보았다. 며칠 전에 흑인 아이 하나를 입양할 사람을 찾고 있다는 소식을 들은 일이 기억났다. 그리고 하나님께 묻는 기도를 드렸다. "하나님, 제가 그 아이를 입양하라는 말씀입니까?" 기도를 해도 마음이 복잡했다. 이미 자신의 딸도 있고, 몇 년 전에 방글라데시 아이를 하나 입양해서 키우고 있는데 또 해야 하나 번민이 생겼다. 하지만 그다음 날 다시 성경을 묵상하는데 "순종하라!"는 말씀이 심령에 확 다가왔다. '무엇에 순종해야 할까?' 다시 생각하며 하나님께 물어보다가 문득 어제의 입양에 관한 적용이 떠올라서 "하나님, 순종하겠습니다" 하고는 그 아이를 입양했다. [156]

사실 이런 순종은 특이한 행위가 아니다. 믿는다는 말은 순종한다는 뜻이다. 묵상한다는 말도 결국 순종한다는 의미이다. 순종은 내가 오늘 들은 말씀이 있을 때 행해진다. 예수님을 영접하고 나서 성경을 묵상한다는 행위는 그날 나에게 주시려는 하나님의 말씀이 있다고 믿는 데서 시작된다. 단순히 성경 지식 하나를 더하기 위해서나 성경을 읽었다는 만족감을 위해서가 아니라 오늘 하루 내가 살아가는 데 필요한 하나님의 만나를 내려 주시기를 기다리는 태도가 묵상의 출발점이다. 이스라엘 백성이 매일 하늘에서 내리는 만나를 먹고 살았듯 그리스도인은 하늘에서 내리는 말씀의 만나를 먹고 하루를 살아

갈 기운을 낼 수 있다.

하나님은 성경을 통해 10년 후, 20년 후에 관한 그림도 보여 주실 수 있는 분이시다. 하지만 대부분의 경우, 말씀은 그날그날 내가 해야 할 일을 일러 준다. 오늘 내가 순종해야 할 지침을 준다. 오늘 순종하는 습관이 쌓이다 보면 먼 미래의 일들까지 인도받는 셈이 된다. 하루가 모여 한 달이 되고, 한 달이 모여 1년이 되고, 1년이 모여 평생이 되기 때문이다. 그러기에 영적인 세계에서도 오늘 하루 이 순간이 가장 중요하다. 그리고 지금 내가 서 있는 이 삶의 자리가 하나님이 역사하시는 자리이다.

수도사의 전통에서 회자되는 이야기가 있다. 옛날 두 명의 수도사가 있었는데, 하나님을 찾는 이 구도자들은 오래된 책에서 세상 끝 어딘가에 하늘과 땅이 맞닿은 곳이 있다는 내용을 읽었다고 한다. 그곳에는 두드리기만 하면 바로 하나님 곁으로 갈 수 있는 문이 있다는 내용도 적혀 있었다. 그들은 이곳을 찾기 전에는 돌아오지 않기로 결심하고 길을 나섰다. 그들은 온 세상을 돌아다니며 힘든 일들을 이겨 내면서 찾아 헤맸고, 마침내 그토록 찾던 곳을 발견했다.

그들은 떨리는 가슴으로 문을 두드린 후 그 문이 열리는 모습을 지켜보았다. 문 안으로 들어서자 그들은 놀랍게도 수도원 방 안, 즉 그들의 집에 서 있었다. 그토록 오랜 시간 찾아 헤매던 곳이 다름 아닌 자신들이 평소에 살던 방 안이었던 것이다. 그때 그들은 하늘과 땅이 맞닿은 곳이 언제나 지금 있는 그 자리임을 깨달았다.[157]

내가 지금 있는 이곳에서, 지금 이 순간 하나님이 나에게 말씀하시는 음성을 듣고, 그 음성에 순종하면 그 사람의 일생은 하나님의 인도를 받는 양 같은 삶이 된다. 그렇게 선한 목자의 인도를 받아 물 댄 동산 같은 평강을 누리기 위해서는 첫째, 온전히 하나님을 의지해야 한다. 둘째, 하나님께 완전히 항복해야 한다. 더 이상 희망이 보이지 않는 상황에서 자신의 의지를 포기하고 하나님께만 맡기는 것이 항복의 의미이다. 마치 물에 빠진 사람을 구하는 원리와 마찬가지이다. 물에 빠져 탈진한 사람처럼 하나님의 도움만을 전심으로 의뢰해야 한다. 의사가 처방을 하려면 환자가 전적으로 의사의 처방에 복종해야 한다. 내 마음대로 하겠다는 환자는 의사가 진료할 수 없다. 환자가 의사의 말에 복종하듯 하나님의 말씀에 대한 철저한 복종의 자세가 그리스도인들이 치료받는 자세가 되어야 한다. 이런 자세를 가질 때 성령으로 충만할 수 있다.[158]

말씀을 묵상하는 태도도 성령 충만을 위한 마음 자세와 한 치도 다르지 않다. 말씀을 펼칠 때 오늘 이 말씀이 나에게 주시는 하나님의 음성이라 믿고 전적으로 그 본문에서 말씀하시는 하나님을 의지해야 한다. 그리고 구체적인 말씀이 나에게 주어질 때 "아멘" 하면서 그 음성에 항복해야 한다. 철저히 그대로 하겠다는 의지를 갖고 따라야 한다. 그럴 때 그 말씀을 실천에 옮길 수 있고, 실천에 옮기는 사람에게 하나님은 길을 계속 열어 가신다.

하나님은 한 걸음씩 우리의 길을 이끄신다

빌리 그레이엄(Billy Graham) 목사와 함께 다니며 부흥회에서 찬양을 하던 찬양 사역자 중 한국계 미국인인 킴 윅스(Kim Wickes)가 있었다. 그녀는 세 살 때 한국 전쟁 중 시력을 잃었고 고아원에서 어린 시절을 보냈다. 고아원에서 복음도 듣고 자신에게 음악적 재능이 있다는 것도 알게 되었다. 감사하게도 그녀는 미국인 가정에 입양되었고, 16세 때 월드비전의 창설자인 밥 피어스(Bob Piece)의 설교를 듣고 자신의 삶을 하나님께 바치기로 헌신했다. 그리고는 음대와 대학원을 졸업하고 유학을 다녀온 후 풀타임 찬양 사역자가 되었다. 그녀는 빌리 그레이엄이 설교하기 전에 먼저 찬양하고 간증했는데, 그녀의 간증 중에 이런 대목이 있다.

사람들이 앞을 보지 못하는 나를 인도해 갈 때, "저 100m 앞에 장애물이 있다거나, 저 200m 앞에 무엇이 있다"라고 말하지 않습니다. 그분들은 단지 "바로 앞에 물웅덩이가 있으니까 한 걸음 옆으로 떼라, 혹은 조금 앞에 계단이 있으니까 발을 조금 높이 올리라"라고 말해 줍니다. 설령 100m, 200m 앞에 무엇이 있다고 말해 주어도 내게는 아무런 도움이 안 됩니다.

나는 바로 앞에 있는 한 걸음만 알면 그걸로 충분합니다. 그렇게 한 걸음, 한 걸음 떼어 놓을 자리를 알려 주면, 나는 그 말을 믿고 한 걸음, 한 걸음씩 인도함을 받아 마침내 목표 지점까지 가게 됩니다. 하나님이 나의 삶을 인도하신 것도 그런 방법이었습니다.

시각 장애자가 되었을 때 어떻게 살 것인지 암담했지만, 하나님은 다음 발 한 걸음을 떼어 놓을 자리를 내게 일러 주셨습니다. 그리고 그렇게 인도함을 받아 오늘에까지 왔습니다. 하나님은 나와 늘 함께하셨습니다. 그리고 앞으로도 나와 늘 함께하실 것입니다.[159]

킴 웍스의 고백 그대로 하나님은 오늘 하루, 지금 이 순간 내가 무엇을 해야 할지를 일러 주신다. 시각 장애자의 손을 잡고 이끄는 사람이 시각 장애자의 발밑을 보면서 한 걸음씩 안내해 주는 것과 마찬가지이다. 킴 웍스가 일평생 시각 장애인으로서 눈앞이 캄캄한 칠흑 같은 인생길에서도 즐거이 주님과 동행할 수 있었던 원동력은 바로 한 걸음씩 이끄시는 주님의 인도하심이었다. 그 인도하심을 날마다 체험하는 방편이 바로 말씀 묵상이다. 그날그날 나에게 들려오는 하나님의 말씀에 순종하다 보면 하나님이 이끄시는 다음 걸음을 내딛게 된다. 제럴드 싯쳐(Gerald L. Sittser)도 킴 웍스와 비슷한 고백을 한다.

방향을 인도해 달라고 기도할 때마다 하나님은 내 발 앞에 작은 빛 한 점을 주신다. 한 걸음을 겨우 떼 놓을 수 있을 정도의 작은 반경의 빛이다. 그 빛으로 한 걸음을 떼 놓는다. 그다음에도 또 작은 빛으로 한 걸음을 내딛는다. 이렇게 믿음으로 한 발자국씩 내딛으면서 때로 넘어지기도 하고 실수도 하기도 하지만 결국은 우리가 있어야 할 그 자리, 하나님이 인도하시는 그 자리에 이를 수 있다.[160]

묵상하는 자에게 말씀은 미래를 보여 주는 등불이 된다

부목사로 사역하던 시절, 초여름 어느 날 한 권사님으로부터 전화가
걸려왔다. 권사님이 과거 남아공에 잠시 살 때 개척 설립한 한인 교회
에서 새 목회자를 찾는다는 것이다. 그러면서 나보고 지원해 보라고
권하셨다. 그 교회의 내적인 상황은 무척 어려웠고 재정적으로도 열
악한 상태였다. 거의 교회 개척에 임하는 수준의 마음 자세를 가져야
할 것 같았다. 나는 해외 한인 목회에 대해 생각해 본 적도 없을 뿐 아
니라 아직 개척할 준비도 되지 않은 상태라 여겨져서 완곡하게 사양
의 뜻을 비쳤다.

전화를 끊고 나자 옆에 있던 아내가 "목회자라면 그런 일에 기도는
해 보고 나서 의사 표현을 해야 하는 것 아닌가요?"라고 이야기했다.
나는 아내의 말이 옳다 싶어서 그때부터 보름 정도 이 문제에 대한 하
나님의 뜻을 구하는 기도를 시작했다. 기도를 시작한 지 이삼일 후 즈
음, 날마다 하는 큐티 묵상 본문 차례가 창세기 46장이었는데 3-4절
에 눈이 머물렀다. "하나님이 이르시되 나는 하나님이라 네 아버지의
하나님이니 애굽으로 내려가기를 두려워하지 말라 내가 거기서 너로
큰 민족을 이루게 하리라 내가 너와 함께 애굽으로 내려가겠고 반드
시 너를 인도하여 다시 올라올 것이며 요셉이 그의 손으로 네 눈을 감
기리라 하셨더라"(창 46:3-4).

이 본문은 죽은 줄로 알았던 아들 요셉이 애굽의 총리가 되어 기근
에 시달리는 가문 식솔들을 애굽으로 초대하자, 야곱이 가족들을 이
끌고 애굽으로 내려가는 길에 브엘세바에서 하나님을 만난 사건이

다. 밤에 이상 중에 하나님이 야곱에게 들려주신 음성이다. 하나님은 그에게 애굽으로 내려가라고 명하시면서, 거기서 큰 민족을 이루게 하겠고, 하나님이 같이 가실 것이며, 나중에 다시 가나안으로 돌아올 것이라고 약속하셨다.

신기하게도 내 눈에 '애굽'이라는 단어가 강하게 들어오면서, 그 단어에서 아프리카 대륙을 떠올렸다. 이전에는 그런 연관 관계를 한 번도 생각해 본 적이 없었는데, 이상하게 그날따라 애굽이란 나라가 아프리카 대륙에 위치해 있다는 생각이 떠올랐다. 그러면서 남아공이란 나라도 아프리카 대륙에 있다는 생각이 들었다. 지금 내가 기도하고 있는 주제에 대해서 하나님이 응답으로 주시는 말씀 같다는 생각이 스친 것이다.

이 생각은 내가 의도적으로나 내 심중이 그 방향으로 기울어져 있거나 욕심이 있어서 생긴 것이 아님은 틀림없었다. 너무나도 열악한 그 교회에 가서 목회를 할 자신도 없었고, 경제적으로도 워낙 어려운 상태인지라 거기서 일정 기간 버틸 여력도 전혀 없었다. 가서 집도 구해야 하고, 아이들 학교도 입학시켜야 하고, 짐 부칠 경비도 크고, 네 식구 비행기 삯도 큰데 그 교회가 어렵기 때문에 대부분 자부담을 해야 할 처지였다. 거기에다 두 아들이 다 중·고등학생인데 해외로 이주한다는 것은 위험 부담이 너무 컸다. 아무리 생각해도 못 갈 조건들이 더 많이 떠오르는 상태였기에, 이런 말씀 묵상이 내 마음의 흐름에 좌우된 것은 아니었다.

하지만 그날 아침에 내 마음의 눈은 그 구절들에 사로잡혔다. 아무리 눈을 다시 떠서 읽고, 생각을 고쳐서 읽어도 내 귀에는 계속해서 "아프리카로 가는 것을 두려워하지 말라. 내가 너와 함께 갈 것이다!" 라는 하나님의 음성으로 들려왔다. 활자를 읽고 있는데 내 영혼의 귀에다 대고 하나님이 속삭이시는 것같이 느껴졌다. 그리고 이 기억은 그다음 날 말씀 묵상과 기도 시간에도 계속 떨쳐지지 않고 내 머리에 머물렀다. 결국 두 주간 정도 기도한 끝에 남아공으로 가는 것이 하나님의 뜻이라는 생각에 항복하게 되었다. 그 이후에 그러한 확신을 시험하는 사건들이 많이 벌어졌지만 우여곡절 끝에 그날로부터 4개월 후에 우리 가족은 남아공으로 건너갔다. 하나님이 여기저기서 돈을 끌어 모아 필요한 돈보다 더 넘치게 주시는 기적도 체험했다.

그로부터 4년 뒤에 다시 한국으로 돌아올 때도 하나님은 기도할 때 매일같이 눈물이 줄줄 흐르게 하시면서 한국에 돌아가고 싶다는 마음을 불러일으키셨다. 그런 가운데 이번에는 아내가 성경을 묵상하는 가운데 하나님이 아내에게 한국으로 돌아가게 될 것이라는 감동을 주셨다. 과연 하나님의 인도하심인지 확인하기 위해 40일 작정 기도를 했다. 이 모든 일이 하나님의 뜻인지를 묻는 기도를 주로 했다. 그리고 40일 작정 기도가 끝나는 그날, 한국에서 국제 전화가 걸려 와서 다시 한국으로 돌아오는 절차가 시작되었다. 그로부터 3개월 후에 나는 다시 한국으로 목회하러 오기 위해 비행기를 탔다.

이처럼 말씀 묵상 시간에 묵상하는 말씀이 나의 미래를 인도하는 하나님의 음성이 된 경우는 그 외에도 많다. 신기할 정도로 하나님은 그날그날의 본문을 통하여 나의 귀에다 말씀하시면서 하나님의 손가락을 보여 주신다. 물론 그날 당장 하나님의 인도하심이라고 확신이 드는 경우도 있고, 얼마 후에야 그때 그것이 하나님의 구름이었다고 알아차릴 때도 있고, 몇 년이 지난 후에야 그날의 말씀이 바로 그 뜻이었구나, 회상되는 경우도 있다. 그리고 지금도 여전히 내가 영적으로 무지해서 하나님은 분명히 나에게 방향을 일러 주셨는데 내가 모르고 지나쳐 버린 일도 많았을 것이다.

중요한 것은 내가 하나님의 자녀라면 하나님은 분명히 자녀인 나의 삶에 세세한 관심을 갖고 나의 걸음을 이끌어 주기를 원하신다는 사실이다. 하나님이 나를 사랑하는 아버지시라면 자녀인 나의 손을 잡고 하나님이 의도하신 선한 길로 나와 함께 가신다는 점이다. 그리고 그 하나님의 인도하심을 성경 본문을 통해 보여 주신다는 사실이다.

물론 매일 그러한 인도하심이 느껴지는 것은 아니다. 모든 결정과 선택에서 하나님이 늘 같은 방법으로 말씀하지는 않으실 수 있다. 하나님의 인도하심과 하나님이 음성을 들려주시는 방법은 그때그때 다를 수 있다. 하나님은 다양한 채널로 우리에게 다가오신다. 하지만 우리가 진심으로 마음을 열어 하나님의 인도하시는 손길이 성경 본문 속에 있을 것이라고 믿고 기대하면 하나님은 그 기대를 채워 주신다.

중요한 것은 우리가 그 사실을 믿는 것이다. 그리고 간절히 기대하는 마음으로 말씀을 읽는 것이다. 영의 귀를 쫑긋 세우고 하나님의 음성이 들려오기를 기다려 보는 것이다. 그러면서 말씀만 아니라 주위 흘러가는 상황과 주변 사람들의 말과 내 마음의 흐름들도 예의주시하는 것이다. 또한 강단에서 선포되는 설교에 더욱 바짝 귀를 기울이는 것이다. 그러한 과정들을 통해서 하나님은 오늘도 살아 계셔서 택한 백성들의 인생길을 합력하여 선을 이루는 쪽으로 인도해 주신다.

✛ 공예배에서의 설교 경청을 통해서 하나님의 음성을 듣는 것이 우선이다

말씀 묵상은 분명히 그리스도인의 삶에서 기본적인 영적 습관이다. 하지만 개인적인 말씀 묵상보다 설교를 듣는 것이 더 우선적임을 그리스도인들은 항상 잊지 말아야 한다. 왜냐하면 기본적으로 믿음의 생성은 설교 경청을 통해서 이루어지기 때문이다. "그러므로 믿음은 들음에서 나며 들음은 그리스도의 말씀으로 말미암았느니라"(롬 10:17). 이 구절의 의미는 일차적으로 선포되는 설교를 듣는 것을 의미하며, 대부분의 경험에서도 설교를 듣는 것에서 믿음이 시작된다는 사실을 누구나 공감할 수 있다.

설교를 들음으로 생겨난 믿음의 성장 역시 무엇보다도 설교를 듣는 것으로 이루어진다. 실생활에서 대다수의 성도가 하나님이 나에게 들려주시는 음성을 듣는 제1채널 역시 설교이며, 그 설교를 통해서 하나님은 믿는 자들의 영혼을 살찌우시고, 그들이 가는 길을 선하게 이끄신다.

하나님은 지상 교회에 설교자들을 세우셔서 그들로 하여금 하나님의 음성을 대언하게 하심으로 지상 교회를 말씀으로 다스려 가신다.

하나님이 독생자 예수 그리스도의 피로 값 주고 사신 교회를 운영해 가시는 가장 중요한 방법이 인간 설교자를 통해서 계속해서 말씀을 들려주시는 것이다. 그러므로 설교를 통해서 하나님의 음성을 듣는 것이 개인 묵상을 통하여 하나님의 뜻을 아는 것보다 우선되어야 한다. 존 웨슬리, 조지 휫필드와 동시대 영국의 설교자였던 찰스 시므온 (Charles Simeon)은 이렇게 말한다.

> 목사는 하나님을 대신하는 대사이며, 그리스도를 대신해서 말하는 자이다. 그가 성경에 근거한 것을 설교한다면 그의 말은-그것이 하나님의 마음과 일치하는 한-하나님의 말씀으로 간주되어야 한다. 우리는 설교자의 말을 하나님 자신의 말씀으로 받아야 한다. 그다음 우리는 겸손하게 그 말씀을 경청해야 한다. 만약 우리가 그 말씀을 무시한다면 우리는 어떤 좋은 판단도 기대하지 못할 것이다.[161]

찰스 시므온의 말은 데살로니가전서 2장 13절을 정확하게 옮긴 말이다. "이러므로 우리가 하나님께 끊임없이 감사함은 너희가 우리에게 들은 바 하나님의 말씀을 받을 때에 사람의 말로 받지 아니하고 하나님의 말씀으로 받음이니 진실로 그러하도다 이 말씀이 또한 너희 믿는 자 가운데에서 역사하느니라."

설교가 하나님이 성도들의 영혼을 위해 주시는 제1순위의 영적 양식인 것을 믿음으로 받아들인다면 설교를 듣는 그리스도인들에게는 합당한 반응이 요구된다. 웨스트민스터 대요리 문답 제160문은 성도들에게 이렇게 설교를 들을 것을 제안한다.

설교를 듣는 사람들에게는 다음 사항이 요구된다. 곧 부지런한 태도와 준비된 마음과 기도로 주의하여 설교를 들어야 한다. 또한 성경을 근거로 설교를 검토하여, 성경과 일치하면 믿음과 사랑과 온유함과 간절한 마음으로 하나님의 말씀으로 받아들여야 한다. 또한 그 설교를 묵상하고 함께 나누며 공부하고, 마음속에 간직하여 삶에서 열매를 맺어야 한다.

이렇게 설교를 경청하다 보면 그 설교를 통해 믿음이 생기며, 믿음이 더 견고해지고, 생각과 말과 행동이 바뀌는 역사가 일어난다.

미국 LA에서 일어난 일이다. 어떤 사람이 사업을 하다가 실패해서 손에 아무것도 남은 것이 없었다. 가정도 붕괴되었다. 그는 마지막 저녁을 동생네 집에서 보낸 후 그다음 날 삶을 끝내기로 결심했다. 그래도 그동안 교회를 다녔으니까, 그리고 그날이 마침 주일이었으니까 그는 이 세상에서의 마지막 예배를 드리기로 했다. 그날은 2008년 11월 9일 주일이었다. 그날 설교 제목은 "끝이 아닙니다"였다. 본문은 누가복음 8장 49-56절로, 죽었다가 살아난 회당장 야이로의 딸 이야기였다. 그는 설교를 들으면서 "끝이 아니다"라는 성령님의 음성을 가슴으로 듣게 되었고, 눈물을 흘리면서 설교를 듣는 가운데 자살 충동으로부터 벗어났다. 그 후 그는 작은 음식점을 인수하여 재기하게 되었다. 그로부터 1년 후에 그는 다음과 같은 편지를 그날 설교한 목회자에게 보냈다.

주님이 그의 발아래 엎드린 야이로의 믿음을 저버리지 않으셨던 것처럼, 저의 포기한 인생도 이 한 말씀으로 다시 살리셨습니다. 지금도 '그 순간에 주님을 만나지 못했다면 어떻게 되었을까?' 생각하면, 소름이 끼칠 정도로 끔찍한 생각이 들곤 합니다. 그날, 말씀을 듣는 중에 저의 머릿속은 갑자기 하얀 색이 되어 밝은 빛으로 꽉 찬 것을 느꼈습니다. 정말 하나님이 저를 살리신다는 믿음이 생겼습니다.[162]

설교를 주의 깊게 경청할 때 성령님께서 영혼을 살리는 기적을 일으키실 수 있다. 천지 만물을 창조한 생명의 말씀이 심령의 밭에 떨어질 때 새 생명의 싹이 움트게 된다. 그리고 그 심령이 죄로부터 이별하여 하나님의 품으로 돌아오게 된다. 마귀의 쇠사슬에서 벗어나서 하나님의 왕국으로 진입하게 된다. 하나님을 더욱 알아 가려는 열정이 샘솟게 되고, 일평생 하나님을 사랑하며 살리라는 결단도 일어난다. 그렇게 놀라운 거룩의 열매들이 빚어지면서 구원의 원대한 섭리가 실현된다. 이런 은혜의 역사들이 바로 설교 시간을 통해서 일어나는 것이다. 또한 설교 경청은 날마다의 삶에서 하나님이 말씀하시는 음성이기에 그 음성을 들음으로 인생의 걸음을 인도받는 방편이 된다.

신학대학을 졸업하고 신학대학원에 진학하려고 할 때 갑작스럽게 신학대학원이 부산에서 인천 부평으로 잠시 이전하게 되었다. 소식을 듣고 다른 신학생들은 발 빠르게 서울, 경기도로 사역지를 옮겼지만 나는 이제 막 부산에서 신혼살림을 시작했고 교회 사역도 시작한 지 얼마 되지 않아 사임하기 미안해서 주저하다가 시간을 많이 흘려 보내게 되었다. 뒤늦게 교회를 사임하고 부평으로 이사했지만 사역할 임지를 구하기는 하늘의 별 따기였다. 내가 속한 교단의 교회가 서울, 경기도에 별로 없는 데다 이미 이동할 사람은 다 이동했기에 자리가 있을 리 없었다.

수입이 없이는 하루도 살아갈 수 없는 형편과 아무도 도와줄 사람도 없는 상황에 하루하루 애간장이 탔다. 아내는 허니문 베이비를 임신하여 배는 불러 오는데, 돈이 없는 데다 사역지를 구할 가능성이 제로에 가까우니 머리가 아프고 가슴에 돌덩이를 얹은 듯 무거웠다. 잠도 잘 오지 않았고 기도하려고 해도 탄식만 나왔다.

그런 가운데 6월 초 어느 날 집에서 극동방송 라디오 설교를 들었다. 설교 본문은 사도행전 23장 11절이었다. "그날 밤에 주께서 바울 곁에 서서 이르시되 담대하라 네가 예루살렘에서 나의 일을 증언한 것같이 로마에서도 증언하여야 하리라 하시니라." 예루살렘에 도착한 사도 바울은 체포되어서 공회의 신문을 받았다. 그 당시 바울을 죽이기 전에는 먹지도 않고 마시지도 않겠다고 동맹한 유대인이 40여 명이나 될 정도로 분위기는 험악했다. 이번에는 반드시 그를 죽이고야 말겠다는 유대인들의 결의가 바울에게도 느껴지는 상황이었다. 바울도 인간인지라 이미 각오는 했지만 마음 한편에 두려움이 엄습했을 터였다.

공회에서 신문을 받고 나서 그날 밤에 감옥 안에 있는 바울에게 주님이 나타나 하신 말씀이 설교 본문 말씀이었다. 주님은 바울이 예루살렘에서 죽지 않을 것이라고 확언하셨다. 반드시 살아서 로마까지

갈 것이라고 예견하셨다. 하나님이 지켜 주시고 인도하셔서 로마에 가서 복음을 전할 것이라고 약속하신 말씀이다.

이 설교를 들으면서 눈물이 쏟아져 나왔다. 거의 통곡에 가까운 울음이었다. 몇 시간을 내리 울었다. 하나님이 사도 바울에게 하신 말씀인데, 그 말씀이 지금 나에게 하시는 말씀으로 들려왔다. 지금의 나에게도 주님은 말씀하시는 것이다. 지금 여기서 죽지 않는다고, 지금 이 상황이 끝이 아니니 낙심하거나 절망하지 말라고, 포기하지 말라고, 반드시 다음 사역의 기회가 있을 것이라고…. 그 설교가 하나님의 약속으로 들려오자 마음이 조금은 담대해지면서 뭔가 모를 실낱같은 희망이 가슴속에 부풀어 오르기 시작했다. 그날로부터 약 한 달 후 서울의 한 교회에서 교육전도사로 청빙을 받는 기적이 일어났다.

하나님은 믿는 사람들에게 설교를 통해서 그분의 음성을 전달하신다. 설교자들이 준비한 설교를 믿음으로 경청할 때 바로 그날 그 시간에 그 상황에서 하나님이 들려주고자 하시는 음성을 들을 수 있다. 그 음성에서 하나님은 믿음도 심어 주시고, 용기도 불어넣어 주시며, 위로도 해 주시고, 충고도 주시고, 지시도 해 주신다. 그러한 주님의 음성을 듣고 나서 불안한 마음은 평강을 얻게 되고, 헝클어진 머리는 정돈되며, 흐트러진 삶의 자세는 바로잡히고, 다시금 신발 끈을 동여매고 내일을 향해 전진할 태세가 갖추어진다. 설교 경청은 하나님의 음성을 듣고 하나님의 인도를 체험하는 가장 확실하고 안전한 방편이다. "주의 말씀은 내 발에 등이요 내 길에 빛이니이다"(시 119:105).

요약

- ○ 성경은 우리를 참 그리스도인으로 빚어 가는 책이다.
- ○ 성숙한 그리스도인은 날마다 하나님의 가르침을 따른다.
- ○ 'SPACE'식 묵상은 구체적인 가르침을 받기에 유익하다.
- ○ 그날그날 나 자신을 향한 말씀의 가르침에 순종함으로 변화된다.
- ○ 하나님은 한 걸음씩 우리의 길을 이끄신다.
- ○ 묵상하는 자에게 말씀은 미래를 보여 주는 등불이 된다.
- ○ 공예배에서의 설교 경청을 통해서 하나님의 음성을 듣는 것이 우선이다.

소그룹 나눔

1. 말씀 묵상을 통해서나 설교 경청을 통해서 장래에 대한 하나님의 인도하심을 체험한 적이 있으면 나누어 보자.
2. 디모데후서 3장 15-16절에 기록된 성경의 네 가지 역할과 성경의 최종 목적에 대해서 정리해 보자(217-222쪽 참고).
3. 자신의 삶에서 설교를 듣거나 성경을 읽고 나서 즉각적으로 순종해 본 적이 있다면 이야기해 보자.
4. 성경 말씀을 읽으면서 구체적인 삶의 변화를 위해서 계획을 짜 본 적이 있다면 나누어 보자.
5. 현재 자신의 삶에서 하나님의 인도하심을 구하며 기다리고 있는 일에 대해서 나누어 보자.

연습

o 누가복음 5장 1-11절을 읽고 나서 'SPACE'식 묵상 질문들에 대해 노트에 답을 적어 보자. 그리고 깨닫거나 결단한 것을 나누어 보자.

 주간 과제

o 요한복음 6장 1-15절을 소리 내어 10회 읽자. 그리고 종일 읊조리자. 'SPACE'식으로 묵상 노트를 적어 보자. 그리고 적용한 것을 실행에 옮겨 보자.

묵상의 열매는
적용과 나눔을 통해
변화되는 삶이다

우리나라에 복음이 들어올 때 강화도는 인천과 더불어 한반도의 관문에 위치한지라 복음이 빨리 전파되었다. 강화도 최북단에 최초로 세워진 교산교회에서 진사(進士)였던 김상임이 복음을 반대하다가 나중에 예수님을 영접하여 전도사까지 되었다. 김상임을 만나서 복음을 듣고 돌아온 홍의마을의 서당 훈장 박능일이 1896년 자기 집에서 홍의교회를 시작했다. 홍의교회는 불과 1년 만에 교인 수가 80명이나 될 정도로 급속하게 부흥했다. 그 마을에서 제일가는 부자인 종순일도 예수님을 영접했다. 그의 돈을 안 빌려 쓴 사람이 없을 정도의 부자였다.

그런데 종순일 성도가 예수 믿고 나서 열심히 성경을 읽는 가운데 마태복음 18장 21-35절을 묵상했다. 만 달란트라는 상상할 수 없는 거액의 빚을 탕감받았으면서도 자기에게 100데나리온 빚진 동료를 빚 안 갚는다고 감옥에 가둔 종의 모습을 생각하니, 그가 바로 자기 자신이라고 여겨졌다. 그는 1900년 어느 주일 오후 예배 후 자신에게 빚진 마을 사람들 전부를 자기 집으로 불러 모았다. 마을 주민들 거의 대부분이 모인 셈이었다. 그는 이 성경 구절을 읽고 나서 사람들에게 말했다. "이 말씀에 나오는 악한 종이 바로 나외다. 내가 이러고선 천국에 못 갈 것이니, 오늘부로 여러분에게 빌려준 돈은 없는 것으로 하겠소." 그러고는 모두가 보는 앞에서 빚 문서들을 다 불살라 버렸다. 이 일로 인해 마을은 잔치 분위기가 되었고, 감격한 주민들 중에서 교회에 나오는 신자가 더 늘어났다. 이 일은 〈대한그리스도인회보〉라는 기독교 신문에도 소개될 정도로 화제였다.

그는 또 얼마 후 마태복음 19장 21절을 읽었다. "예수께서 이르시되 네가 온전하고자 할진대 가서 네 소유를 팔아 가난한 자들에게 주라 그리하면 하늘에서 보화가 네게 있으리라 그리고 와서 나를 따르라 하시니." 이 말씀을 하나님의 명령으로 받아들인 그는 전 재산을 처분하여 교회에 헌납했다. 교회는 그 돈으로 가난한 자들을 위한 교회 묘지를 구입했다.

다시 얼마 후에 그는 누가복음 10장 1절 이하를 읽었다. "그 후에 주께서 따로 칠십 인을 세우사 친히 가시려는 각 동네와 각 지역으로 둘씩 앞서 보내시며 이르시되 추수할 것은 많되 일꾼이 적으니 그러므로 추수하는 주인에게 청하여 추수할 일꾼들을 보내 주소서 하라"(눅 10:1-2). 그는 이 말씀도 하나님이 자신에게 주시는 명령으로 들었다. 그러고는 그대로 순종하여 아내와 함께 괴나리봇짐을 메고 강화도 남쪽으로 전도 여행을 떠났다. 그는 강화도의 여러 섬들을 돌면서 수많은 교회를 개척 설립했다. 그리고 나중에는 감리교 목사가 되어 목회를 하다가 하나님의 부르심을 받았다. [163]

성경 말씀은 즉각 순종하라고 주신 하나님의 음성이다

성경의 주된 저술 목적은 성삼위 하나님이 어떤 분이시며, 우리를 위해 어떤 일을 하셨는가를 소개하는 것이다. 그리고 그러한 하나님을 아는 지식을 통해서 성도를 온전하게 하고, 선한 일을 행할 능력을 갖추게 하려는 것이다(딤후 3:16-17). 결국 성도가 예수 그리스도를 영접한 후에 '온전' 즉 '성화'(聖化)를 향해서 나아가는 것이 하나님의 구원 목적이다. 이것을 성경 용어로 '거룩'이라 부를 수 있다. 구원자이신 하나님의 큰 뜻은 성도의 거룩이다. "하나님의 뜻은 이것이니 너희의 거룩함이라"(살전 4:3). "나는 너희의 하나님이 되려고 너희를 애굽 땅에서 인도하여 낸 여호와라 내가 거룩하니 너희도 거룩할지어다"(레 11:45).

하나님을 믿는 백성이 하나님의 성품을 닮아 거룩해지지 않는다면 그것은 하나님을 모르는 것이고, 하나님과 상관이 없다는 의미이다. 생명의 씨앗인 복음이 사람의 심령에 심기면 그 씨앗은 자라서 거룩의 열매를 맺을 수밖에 없다. 그 일을 이루어 가시는 분이 보혜사 성령님이시며, 성령님은 그 일을 성경 말씀과 기도, 성례 그리고 교회 공동체에서의 성도의 교제와 교회에 세우신 지도자들을 통해 완성해 가신다.

거룩하다는 것은 다른 말로 이 땅에서 선을 행한다는 의미이다. 선의 본체는 하나님이시다. 그 하나님이 베푸시는 구원의 은혜가 또한 선한 것이다. 그리고 선한 구원의 은혜를 받은 사람에게 하나님의 성품이 심기어 하나님의 성품인 선을 반사한다. 내면에 계시는 하나님의 선하심이 성도들의 몸을 통해 바깥 세상에 비치게 된다.

성경은 예수 그리스도의 구원이 '선한 일'을 위함이라고 분명히 언급한다. "우리는 그가 만드신 바라 그리스도 예수 안에서 선한 일을 위하여 지으심을 받은 자니 이 일은 하나님이 전에 예비하사 우리로 그 가운데서 행하게 하려 하심이니라"(엡 2:10). '선한 일'은 빛이신 예수 그리스도의 빛을 주위 사람들에게 비추는 모습이다. 결국 그 빛은 '착한 행실'로 나타난다. "이같이 너희 빛이 사람 앞에 비치게 하여 그들로 너희 착한 행실을 보고 하늘에 계신 너희 아버지께 영광을 돌리게 하라"(마 5:16).

성경은 그리스도인들을 향해 동료 성도나 주위 불신 이웃에게 끊임없이 착한 행실을 베풀라고 명령하고 있다(롬 15:2; 고후 9:8; 갈 6:9-10; 엡 5:8-9; 살전 5:15; 딤전 6:18; 히 13:16; 약 4:17; 벧전 4:19; 요삼 1:11). 그리고 그 착한 행실, 즉 말씀에 대한 순종은 말씀을 읽고 듣고 깨달은 즉시 해야 한다. 즉각 순종하는 습관들이 쌓여 가면 언젠가는 '온전'한 상태가 된다. 즉 매일의 말씀 순종이 거듭 반복되면 결국 '성화'의 상태로 성숙해 가는 것이다. 반대로 성경을 읽고도, 설교를 듣고도 내 삶에서 바로 순종하지 않는다면 그러한 성도의 거룩은 요원할 수밖에 없다. 그런 사람은 성경을 제대로 읽지 않았다는 얘기가 된다.

어떤 유대인 청년이 랍비에게 찾아가서 《탈무드》를 배우고 싶다고 말했다. 《탈무드》는 율법학자들의 구전과 해설을 집대성한 책으로서 정통 유대인들이 토라(모세 오경)와 더불어 가장 중요시하는 책이다. 랍비는 그 청년에게 《탈무드》를 몇 번이나 읽었는지 물었다. 청년은 자신 있게 열 번 넘게 읽었다고 대답했다. 1톤 트럭의 짐칸에 실어야 할 만큼 분량이 방대한 《탈무드》를 열 번 읽었다면 그의 학구열과 독서

경력은 참으로 대단하다고 평가할 수 있었다. 하지만 랍비는 정색하고 물었다. "탈무드가 자네를 읽은 것은 몇 번이나 되는가?" 청년은 대답할 말을 찾지 못했다.[164]

성경을 아무리 많이 읽어도 성경이 나를 읽지 않았다면 그것은 읽지 않은 것이나 다를 바 없다. 성경을 반복해서 많이 읽는 목적은 성경 말씀이 나를 읽게 하는 데 있다. 말씀에 의해 내가 정복되고 새롭게 변화되지 않는다면 성경을 아무리 묵상하거나 연구해도 지적인 교만의 키만 높아질 공산이 크다. 나를 변화시키기 위해서 성경 말씀 앞에 무릎을 꿇고 읽는 자세가 진정한 성경 묵상이라 할 수 있다. 말씀이 나를 읽는다는 것은 결국 말씀이 명하는 대로 순종하는 삶이다. 순종하되 철저하게 그리고 즉각적으로 순종하는 삶이다. 앞에서 언급한 종순일 성도는 성경을 읽고 나서 지체하지 않고 곧바로, 문자 그대로 순종했던 역사적 본보기이다.

복음은 듣고 바로 결단하기를 요구한다. "회개하라 천국이 가까이 왔느니라"(마 4:17)라고 외치신 예수님의 선포를 들으면 곧바로 회개함으로 반응하는 것이 정석이다. 그 회개의 순종은 마음만으로가 아니라 겉으로 보이는 행동의 변화로 드러나야 정상이다. 그러기에 세례 요한은 회개에 대해서 이렇게 권면했다. "대답하여 이르되 옷 두 벌 있는 자는 옷 없는 자에게 나눠 줄 것이요 먹을 것이 있는 자도 그렇게 할 것이니라 하고 세리들도 세례를 받고자 하여 와서 이르되 선생이여 우리는 무엇을 하리이까 하매 이르되 부과된 것 외에는 거두지 말라 하고 군인들도 물어 이르되 우리는 무엇을 하리이까 하매 이르되 사람에게서 강탈하지 말며 거짓으로 고발하지 말고 받는 급료를 족한 줄로 알라 하니라"(눅 3:11-14).

"회개에 합당한 열매"(눅 3:8)란 구체적인 삶의 변화로 나타난다. 옷 두 벌 있는 자가 말씀을 듣고 나서 옷 한 벌을 이웃에게 나눠 줄 때 그는 회개한 것이다. 예수님을 영접한 세리가 자신이 횡령하거나 늑징한 것을 배상하거나 더 이상 속여서 부과하지 않아야 믿음을 가진 것이다. 군인이 믿음을 갖고 나면 강탈하는 습관을 고쳐야 진정으로 예수님을 영접한 것이다. 그리고 그런 변화는 그 말씀을 듣고 나서 한참 생각하고, 한참 고민하고, 몇 달 몇 년이 지난 후에 할 것이 아니다. 말씀을 듣는 대로 곧바로 순종에 옮겨야 그것이 바로 믿음이다. 그렇게 즉각적으로 자기 행동과 말과 생각을 고칠 때 구원받는 믿음이 있다고 평가할 수 있다.

✛ 누구나 곧바로 실천에 옮기면 실천이 가능하다

그렇다면 질문이 제기될 수 있다. "말씀을 들어서 뜻을 알긴 알겠는데, 아직 실천하고 싶은 마음이 안 생긴다면 어떻게 하나요?" 이 질문에 대해 C. S. 루이스는 현명한 대답을 한다. "이웃을 정말 사랑하는지 고민하느라고 절대로 시간을 낭비하지 말라. 이웃을 사랑하는 것처럼 행동하라. 그러면 위대한 비밀을 발견하게 된다. 어떤 사람을 사랑하는 것처럼 행동할 때 결국 그를 사랑하게 될 것이다. 만일 미워하는 사람에게 상처를 준다면 그를 더 미워하게 될 것이다. 그러나 그에게 호의를 베푼다면 그를 덜 미워하게 될 것이다."[165]

많은 사람이 말씀을 듣고 나서 실천해야지, 하고 바로 결심은 하지만 차일피일 미루다 보면 결국 못하게 된다. 말씀 묵상을 하면서 감동을 받긴 하지만 잊어버리고, 그다음 날 또 다른 본문 앞에서 또 다른 결단도 하지만 그때뿐이다. 기억에 깊이 새기지 못한 원인이 가장 크지만 또 다른 이유는 변화라는 것이 그만큼 힘들기 때문이다. 기존에 하던 말과 생각과 행동을 바꾸어야만 실천이 가능한데, 사람은 해 오던 대로 하는 것이 편하기 때문에 다른 행동을 시도하는 것이 쉽지 않다. 관성의 법칙도 작용하는 데다 옛 본성의 저항도 만만치 않고 사탄의 방해 공작과 주위 사람들의 시선도 존재한다. 그리고 성경의 명령은 대부분 순종하면 이 세상에서 손해를 보거나 사람들과의 거리가 생길 확률이 높다고 느껴지기에 주저하게 된다. 제자도의 실천에 따르는 대가 지불에 두려움이 생기는 것이다.

이런저런 이유로 실천하지 않으면 결국 말씀 묵상은 날이 갈수록 지식만 늘어 가분수형 인간으로 변하게 하는 원인이 될 수도 있다. 성경을 읽지 않는 사람에 비해서 하나님의 뜻은 더 많이 알게 되는데 실천이 안 되면 심령이 돌처럼 완악해진다. 몰라서 행하지 않는 것보다 알고도 행하지 않는 죄가 더 무서운 죄이다.

그러므로 실천을 가장 잘할 수 있는 길은 깨닫자마자 곧바로 실천하는 것이다. 할 수 있을지 없을지, 하면 어떤 결과가 빚어질지, 이런 고민을 하지 말고 하나님이 명령하셨으니까 해야 한다고 생각하고 시도해야 한다. 나는 하나님의 신민(臣民)이기에 왕이신 하나님의 절대 명령이니까 무조건 순종하고 봐야지, 생각하고 나서면 길이 나타난다. 성령님이 행할 수 있도록 도와주신다.

전도를 실천할 경우, 일단 이웃 사람에게 가서 인사하는 것부터 시작하면 그다음 단계로 나아가기가 수월해진다. 관계가 껄끄러운 사람을 사랑해야 한다면 마음에 없더라도 커피 한 잔 사서 건네며 웃어주는 것으로 시작이 가능하다. 다른 사람에게 관심을 갖고 사랑을 나누는 것도 처음부터 무리할 필요 없으니 생일날 이모티콘 하나 보내는 것으로 출발할 수 있다. 기도하는 것도 하루에 5분 동안 무릎 꿇고 앉아 있기부터 시작하면 된다. 설교에 집중하기를 실천하려고 한다면 설교 필기를 몇 줄이라도 하는 것부터 시도해 보면 된다.

이런 식으로 하고 싶건 하고 싶지 않건, 쉽건 어렵건 간에 '하나님이 하라고 감동을 주실 때 일단 한번 시작해 보리라'고 다짐하고 시작하라. 그리고 나머지도 할 수 있도록 도와주실 것을 믿으면 된다. 하나님은 우리 마음속에서 선한 일을 시작하시고 그것을 지속하도록 끊임없이 북돋워 주시는 분이다(빌 1:6).

✛ 구체적으로 계획할 때 실천이 더 잘된다

19세기 부흥 운동의 주역은 미국의 위대한 부흥사 D. L. 무디 목사였다. 무디의 설교를 통해서 무려 백만 명이 전도되었다고 한다. 무디는 초등학교도 제대로 졸업하지 못한 구둣방 점원이었다. 학교 공부를 제대로 못했기에 그의 설교는 문법적으로 틀린 부분이 많았다고 한다. 하지만 그는 평생 새벽 4시에 일어나서 성경을 묵상하고 연구하는 습관을 죽는 날까지 지속했다.

어떤 사람이 무디의 성경책을 살펴볼 기회를 얻었다. 너무 많이 읽어서 닳아 버린 종이와 함께 페이지마다 깨알같이 쓰인 빽빽한 메모들, 밑줄 그은 부분들, 복잡하게 적혀 있는 여러 표시들이 무척 인상적이었다. 그런데 성경책 본문 옆에 'T. P.'라는 글자가 여기저기 쓰여 있었다. "선생님, 여기 'T. P.'라고 쓰신 것은 어떤 뜻입니까?" 그러자 무디는 "그것은 'Tried and Proven'이라는 말을 줄여 쓴 것입니다"라고 대답했다. 'Tried and Proven'은 '시도(실천, 실행)해 보았더니, 그 말은 맞는 것으로(진리로) 입증되더라'라는 뜻이다. 무디는 성경 구절을 읽고 나서 그 말씀을 자기 삶에서 실천에 옮겨 본 것이다. 그랬더니 그 말씀이 진리라는 것이 확실하게 더 믿어지더라는 고백이다.

성경은 그냥 읽기만 해도 진리인 것이 맞지만 내 삶으로 실천해 보면 더 놀라운 진리요, 생명이라는 사실을 확신할 수 있다. 무디의 설교와 성경 강의를 통해 수많은 사람이 회심한 것은 그가 열심히 성경을 연구한 것과 더불어 말씀대로 순종하는 삶을 살았기에 그 감화력이 변화의 은혜로 열매 맺힌 것이라 평가할 수 있다.

그렇다면 말씀을 묵상하는 사람들은 어떻게 실천하는 것이 효과적인가? 묵상 시간을 가지면서 자신의 실천을 계획하는 것이 바람직하다. 소리 내어 읽고 수시로 읊조리는 묵상과 더불어 노트에 자신이 깨달은 바를 쓸 때 적용까지 기록하는 것이 가장 유익하다. '적용'이란 배운 진리를 개인의 믿음, 인격, 삶에 연관시키는 작업이다. 적용은 주어진 본문이 '오늘 나에게 의미하는 바가 무엇인가?'를 생각하는 과정이다. 과거의 시간과 공간에서 주신 하나님의 교훈을 오늘 우리 삶의 정황, 문화적 환경 속으로 진입시키는 과정에는 우리 편에서의 실행, 행동이 반드시 요구된다.[166]

　이러한 삶에의 적용은 자동적으로 나오기가 어렵기 때문에 의지를 갖고 계획하는 것이 필요하다. 계획을 하고 그 계획을 실행에 옮기는지 스스로 점검하는 과정이 필요한 이유는 인간의 죄성과 오랜 세월 때 묻은 완악함과 게으름 때문이다. 그러기에 생각과 삶의 변화를 위해서는 일정한 과정의 훈련이 필요하다. 헨리 나우웬의 말대로, 하나님의 부름을 받았으나 순종하는 것은 생각보다 어렵기 때문에 우리에게는 훈련과 실천이라는 도움이 절실하다. 영적 훈련 내지 실천은 하나님이 역사하실 수 있는 자유로운 공간을 마련하는 방식이 될 수 있다.[167] 거룩한 목표를 갖고 지속적으로 영적인 훈련에 자신을 맡기면 성령님이 그 영혼을 놀랍게 변화시켜 가시는 경험을 하게 된다.

　온라인으로 말씀묵상학교와 말씀기도학교를 인도하는 가운데 배운 것을 자신의 삶에 구체적으로 적용하는 분들에게는 틀림없이 생각과 말과 행동의 변화가 일어나는 것을 목도하고 있다. 영국의 K선교사는 1년 넘게 두 과정을 두 번씩 수강했는데, 배우고 깨달은 것을 바로바로 적용하기 시작했다. 처음에는 자신만의 기도 공간을 만들어야겠다는 생각으로 기도 책상을 구입하여 그곳에 앉아 기도하고 말씀 묵상을 하는 시간을 가졌다. 그리고 가족과 이웃을 위해 기도하다 보니 남편과 자녀들을 사랑하는 마음이 더 생기면서 남편에게 아침저녁으로 진심을 다해서 허리 숙여 "사랑하고 존경합니다"라는 인사를 하게 되었다. 그리고 오랜 시간 꾸준하게 기도하고 묵상하는 습관을 익히면서 이런 고백을 하게 되었다.

> "… 어느새 잔잔하게 조용히 깊어지고 있는 나 자신의 지혜와 영성을 발견했다. 모든 사람을 예수님의 마음으로 사랑할 수 있겠다는 마음이 생겨났다. 나는 부족한 인간이고 내세울 게 없는데 예수님의 사랑을 갖고 사람들에게 다가갈 수 있겠다는 확신도 생겼다. … 점점 더 내 안 깊이 하나님의 사랑이 충만하게 하셨다. 어떤 자세로 살아야 하는지 확실히 보여 주셨다. 한 알의 밀알이 땅에 떨어져 많은 열매를 맺는 방법도 실제로 경험하게 하셨고, 예수님이 우물가의 여인을 찾으셨던 것처럼 내가 긍휼한 마음으로 영혼에게 다가가는 법도 알게 하셨다."

그녀는 그리스도의 사랑을 가지고 소외된 영혼에게 먼저 다가가서 손을 내밀기 시작했고, 믿지 않는 직장 동료들을 집으로 초대해서 음식을 만들어 대접하기 시작했다. 그들을 위해 기도하면서 사랑을 베풀자 사람들이 먼저 다가와서 마음의 고민을 털어놓으며 전도의 열매가 맺히기 시작했다. 생명의 말씀으로 가슴을 채우면 그 가슴에 하나님의 마음이 형성되고, 그 마음으로 이웃을 사랑할 때 하나님의 사랑이 그들에게도 보이게 된다. 말씀 묵상한 것을 삶 속에 실제로 적용할 때 성령님께서 묵상하는 사람과 그 주위 사람들을 은혜의 물결 속으로 이끄시는 것이다.

귀납적 큐티 묵상 방법(관찰, 해석, 적용)도 유익하다

큐티 묵상 방법에는 여러 가지가 있다. 나의 경우, 제일 처음에는 '성서유니온식'(마르틴 루터식)으로 큐티 묵상을 했다. 그다음으로 기도의 순서 'ACTS'를 배우고 나서는 그 순서와 원리를 큐티 묵상에 접목해서 그 순서대로 묵상을 했다. 이후 좀 더 구체적으로 해 보자는 마음으로 'SPACE'식 질문에 답을 찾아 가며 노트에 깨알같이 적었다. 그러나 매번 'SPACE'식으로 하는 것은 불가능했다. 그러다 서서히 질문의 틀을 배제하고 그냥 자연스럽게 흐름에 맡기는 식으로 큐티 묵상을 적어 보았다. '관찰, 해석, 적용' 식으로 노트에 적어 보았다. 그리고 지금까지 계속해서 '관찰, 해석, 적용' 식으로 큐티 묵상을 하고 있다.

'관찰'은 오늘 읽은 본문을 나의 말로 다시 적어 보는 것이다. 어릴 때 독후감 숙제를 할 때 기본적으로 했던 '줄거리 요약하기'라고 보면 된다. 그리고 '해석'은 말은 해석이지만 큐티 묵상이 성경 공부 시간은 아니기에, 해석이라기보다는 '느낌, 깨달음, 발견한 진리'라고 부르는 편이 더 정확할 것이다. 본문을 여러 번 읽으면서 내 심령 속에 발견되고, 느껴지고, 새로이 알게 된 진리들을 적어 보는 것이다. '적용'은 내가 오늘의 본문을 묵상하고 나서 실천에 옮기려고 결심한 내용을 적는 것이다. 모든 종류의 큐티 묵상 방법이 다 마찬가지겠지만 결국은 마지막 단계인 '적용'이 제대로 되어야 하나님을 진짜로 알고 그분에 의해 삶이 변화되는 수준에까지 도달할 수 있다.

내가 요한복음 1장 1-5절을 '관찰, 해석, 적용' 식으로 묵상한 내용을 소개한다. 2023년 1월 1일에 큐티 묵상했던 내용을 간추린 것이다.

관찰

말씀은 태초부터 계셨다. 그분은 하나님이시다. 그분은 창조주시다. 그분 안에는 생명이 있다. 그분 안의 생명은 사람들의 빛이다. 빛이 어둠에 비췄지만 어둠은 깨닫지 못하고 빛을 이기지 못했다.

해석

1. 하나님이시면서 창조주이시고 생명의 본체이시고 인간에게 빛이 되시는 말씀 그분은 예수님이시다. 왜 다른 이름도 많은데 예수님을 '말씀'이라고 부를까? 말은 그 사람을 알게 해 주는 도구이다. 말은 대화와 소통의 수단이다. 말을 하지 않으면 상대방의 의사를 알 수 없다. 예수님은 하나님을 인간에게 알게 해 주기 위해 오신 분이기에 '말씀'인 것 같다. 예수님은 하나님과 인간의 상호 소통을 가능하게 하시는 분이기에 '말씀'인 것 같다. 예수님은 인간이 하나님을 만날 수 있게 해 주는 다리 역할을 하시기에 '말씀'인 것 같다. '말씀'이신 예수님을 통하여 하나님을 더욱 깊이 알아 가자.

2. 예수님은 창조주이시다. 말씀 한마디로 무에서 유를 있게 하신 창조주가 바로 예수님이시다. 지금도 예수님은 살아 계신 창조주이시기에 예수님은 무엇이든 있게 하실 수 있다. 예수님이 하신 말씀을 기록한 성경을 믿으면 이 말씀의 토대 위에서 무슨 일이든 일어날 수 있다. 예수님의 능력을 믿고, 말씀이 가진 놀라운 힘을 의심하지 말고 그대로 믿자.

3. 예수님 안에는 생명이 있다. 죽은 사람도 살리는 생명이고, 모든 사람이 영원한 생명을 누리게 하는 생명 그 자체이시다. 그리고 그 생명이 어둠에 처한 사람들에게는 빛이 된다. 살아 있어야 소망이 있고, 살아 있어야 의미가 있다. 죽은 자는 일단 사는 것이 최우선이고, 살고 나서는 어둠을 물리치고 빛으로 들어가야 진정한 행복이 있다.

죽었던 나에게 영원한 생명을 선물로 주신 주님, 그리고 어둠 속에 빠져 있던 나를 빛의 세상으로 이끌어 주신 주님께 감사한다. 주님이 아니었더라면 나는 여전히 죽음의 인생, 어둠의 인생으로 소망도 기쁨도 평강도 없이 불쌍하게 살았을 것이다.

4. 방 안에 빛이 들어오면 어둠은 쫓겨 나간다. 어둠은 빛을 이길 수 없다. 그리고 어둠 속에 빠져 있으면 빛을 이해할 수 없다. 글자를 모르는 자가 진리의 책을 앞에 두고도 진리를 발견할 수 없는 것과 같은 이치이다. 쇠귀에 경 읽기가 되는 것이다.

어둠 속에서 헤매는 사람에게는 무엇보다 먼저 빛이신 예수님을 전해주어서 어둠에서 뛰쳐나오게 도와주어야 한다. 그다음부터 인생의 새로운 서광이 비친다. 빛이신 예수님을 만나야 자신의 인생에 덮친 어둠의 세력과 결별하고 새로운 인생으로 진입할 수 있다. 그런 점에서 생명과 빛이신 예수님을 증거하는 것이야말로 사람들에게 참된 행복을 선물해 주는 일이다.

적용

1. 올해 요한복음 설교를 통해서 예수님이 누구신지, 예수님을 통해서 하나님이 어떤 분이신지를 성도들에게 잘 소개하자.

2. 말씀의 능력을 체험하는 길은 말씀의 내용을 아는 데서부터 출발한다. 올해 연대기적 성경 통독과 그 설교를 통해서 성경의 스토리와 주제를 알게 하자.

3. 지금 하고 있는 새가족과의 일대일 양육을 지속하고, 이분이 끝나면 아직 믿음이 어린 다른 성도들에게로 계속 이어 가자.

4. 바쁜 일이 생겨서 큐티 묵상을 뒤로 미루다 보면 빠뜨리는 일이 있는데, 새벽기도회 후에 제일 먼저 큐티 묵상부터 하는 습관을 정착시키자.

적용의 구체화를 위한 '3P'와 '5P' 원리를 활용할 수 있다

적용할 것, 다시 말해서 실천에 옮길 사항을 생각하고 적을 때 유용한 적용의 기준이 있다. 흔히 '적용의 3P'라고 부른다.

1. 적용은 '개인적'이라야 한다(Personal).

2. 적용은 '구체적'이라야 한다(Practical).

3. 적용은 '가능'해야 한다(Possible).

'개인적'이라는 말은 적용을 나 자신에게 해야지, 다른 사람에게 해서는 안 된다는 뜻이다. '구체적'이라는 말은 추상적으로 하지 말고 아주 상세하게, 구체적인 실천 사항을 계획하는 것이 필요하다는 의미이다. '가능해야 한다'는 말은 실천할 수 있는 것이라야지, 실천이 불가능한 허황된 구상을 하면 안 된다는 말이다. 이 세 가지에다 두 가지를 더해서 '적용의 5P'로 정리할 수도 있다.

1. 적용은 '개인적'이라야 한다(Personal).
2. 적용은 '구체적'이라야 한다(Practical).
3. 적용은 '가능'해야 한다(Possible).
4. 적용은 '점진적'이라야 한다(Progressive).
5. 적용은 '평가 가능'해야 한다(Provable).

예를 들어, 전도서 6장 7절을 묵상한다고 가정해 보자. "사람의 수고는 다 자기의 입을 위함이나 그 식욕은 채울 수 없느니라." 이 구절을 '5P 원리'에 대입해서 꼼꼼하게 적용한다고 가정하면 이런 식이 될 것이다.

1. "지금의 나에게 필요한 것은"(Personal)
2. "몸무게를 좀 줄이는 것이다."(Practical)
3. "나는 몸무게를 6kg 줄여야겠다."(Possible)
4. "구체적으로 나는 매달 2kg씩 줄여야겠다."(Progressive)

5. "나는 이달 말까지 2kg 줄여야겠다."(Provable)[168]

사실은 이 적용 계획도 완벽하지는 않다. 좀 더 완벽하려면 살을 빼기 위해 음식 조절은 어떻게 할 것이며, 운동 계획은 어떻게 짜야 하며, 좋지 않은 생활 습관은 어떻게 고칠 것인가에 대한 메모도 필요할 것이다. 그 계획을 전부 실행하지는 못하고 절반만 실행한다고 해도 그 변화는 엄청날 것이다. 만약 이런 식으로 적용을 구체화해서 실천에 옮기기 시작한다면 두 달, 석 달만 제대로 묵상해도 그 변화를 가족이나 주위 사람들이 알아차릴 정도가 될 것이다. 그러면 그 사람의 성화(聖化)에 가속도가 붙을 확률이 높다.

하지만 모든 본문에 대해 이처럼 구체적인 실천 구상이 가능한 것은 아니다. 예를 들어 시편을 매일 한 편씩 묵상한다고 가정해 보자. 시편은 거의 대부분 하나님을 찬양하라는 내용이기에 매일 서로 다른 적용 사항을 발견하기가 쉽지 않다. 욥기를 읽는다고 할 때, 욥기는 이해하기조차 어려운 부분이 많기에 적용을 찾기가 난감할 때가 많다. 신명기는 "율법에 순종하라"는 명령들이 계속 반복되는데, 묵상할 때마다 그날그날 내가 순종해야 할 계명이 무엇일까를 적어 보는 것 또한 쉽지 않은 일이다. 요한계시록이나 다니엘서 후반부 같은 종말의 본문들은 상징적인 내용이 많고, 미래에 대한 역사적 예언이나 과거 사건에 대한 기록도 있어서 무엇을 어떻게 실천해야 할지 오리무중일 수 있다. 구약 역사서 본문들도 마찬가지다. 사실 성경의 많은 본문을 묵상하다 보면 그 본문에서 깨달은 바를 구체적인 행동 계획으로 만들기가 쉽지 않다.

그러기에 '적용의 3P'나 '적용의 5P'는 절대적인 틀이 아니다. 그렇게 작성해서 적용할 수 있는 본문은 그 기준에 맞출 경우 가장 효과적인 변화가 가능하다는 의미이다. 구체적인 적용을 도출할 수 없는 본문에서 억지로 짜 맞추는 것은 오히려 바람직하지 않다. 그럴 때는 묵상의 일차적 정의대로 그날의 말씀을 음미하고 수시로 읊조리면서 하나님을 조용히 생각하고 감사하고 찬미하는 마음을 지속하는 것 자체가 가장 좋은 적용일 것이다.

우리의 삶이 변화되기 위한 계획을 짜는 것보다 더 우선순위는 우리의 생각을 하나님께 고정하는 것이다. 우리의 감정 속에 말씀이 즐거움으로 자리 잡기까지 지속적으로 말씀을 읊조리는 것이 삶의 변화를 가져오는 원천이다. 하루 종일 무슨 일을 할 때든 오늘 아침에 읽었던 구절들을 수시로 외우다 보면 자신도 모르게 말이나 행동이 달라지고 있다고 느껴질 수 있다. 그렇다면 나도 모르게 적용이 된 셈이다.

그러므로 구체적인 행동 계획을 적고 그대로 시도해 보는 것이 필요하기는 하지만 모든 본문, 모든 상황에서 절대적인 규칙이 될 필요는 없음을 기억해야 한다. '3P'나 '5P'식으로 상세히 적용하지 못했다고 낙심하거나 죄책감을 가질 필요는 없다는 뜻이다. 묵상은 삶의 굴레나 인생의 규칙이 아니라, 즐거운 하나님과의 우정임을 잊어서는 안 된다. 사랑하는 사람을 위해서라면 무엇인가 하고 싶고, 좋아하는 사람의 눈에 들기 위해서 나 자신을 바꾸어 가고 싶고, 그리워하는 사람이 있으면 그 사람이 기뻐하게 달라지고 싶어지게 마련이다. 묵상을 통해서 하나님을 사랑하는 마음이 자라는 것, 그것이 바로 적용의 시작점이다.

✝ 성경의 공동체성, 신앙의 사회성을 기억하며 적용해야 한다

말씀 묵상은 기본적으로 하나님과 일대일의 관계를 맺는 방편이다. 신앙은 철저하게 일대일로 하나님과 만나는 데서부터 출발한다. 하지만 진정한 신앙생활은 하나님과도, 사람들과도 공동체적인 관계를 맺는 것이 본질이다. 우리가 일대일로 하나님과 관계를 맺는다고 하지만 그 하나님은 삼위일체의 본성을 지니신 분이다. 하나님이 삼위일체로 존재하신다는 것은 하나님이 고립적 존재로 계시는 것이 아니라, 관계적 존재로 계심을 의미한다.

하나님은 성부, 성자, 성령의 교제를 나누면서 상호 관계성을 특징으로 하는 분이시다(요 14:15-17, 15:26, 16:7-11).[169] 그러므로 성삼위 하나님을 믿는다면 인간도 서로서로 관계를 맺음으로 존재한다는 특징을 염두에 두어야 한다. 하나님이 하나님의 형상을 따라서 사람을 지으셨다는 말속에는 인간의 존재 자체가 홀로가 아니라 삼위일체를 닮은 공동체적 관계성을 기본으로 한다는 의미가 내포되어 있다. 그런 점에서 우리가 받는 구원 역시 공동체성을 기반으로 한다.

구원의 온전한 상태를 가리켜 '성화' 혹은 '온전'이라고 하는데, 레슬리 뉴비긴(Lesslie Newbigin)의 말처럼 우리가 함께 온전함을 이룰 때까지 우리 중 누구도 온전함을 이룰 수 없다.[170] 구원은 나 혼자가 아니라, 교회라는 공동체, 예수 그리스도라는 머리에 연결된 지체들이 함께 받는 것이기 때문이다. 교회를 떠나서 온전한 신앙이 불가능하다면 구원 역시 교회 공동체 안에서 누리는 것이다.

나는 어릴 때부터 몸이 약한 편이었다. 여섯 살 때 겪은 공포가 트라우마가 되어서 불면증으로 작용하다 보니 몸 전체가 쇠약해졌다. 위와 장도 약한 편이었고 운동을 즐겨 하는 성향이 아니다 보니 더더욱 자질구레한 병치레를 종종 했다. 지금은 좋아졌지만 과거에 설사가 자주 나면 배만 아픈 것이 아니라 온몸이 불편해졌다. 배가 아픈 동안에는 온몸이 편안할 수가 없다. 음식을 먹고 체하면 잘 수 없는 것은 물론 식사하는 일 자체가 불쾌한 고통으로 다가온다. 그럴 때는 일에도 집중할 수가 없다. 발톱이 살을 파고드는 일도 자주 겪었는데, 그럴 때면 걷는 것이 무척 불편하고 발가락에 온 신경이 집중되니하는 일에 능률이 오르지 않는다. 눈이 약한데 책을 봐야 하고 컴퓨터 작업을 매일 해야 하니 눈이 아플 때가 많다. 눈만 아픈데도 온몸이 찌뿌듯함을 느낀다. 몸의 한 부분이 안 좋으면 온몸이 불편해지는 법이다.

이 원리는 신앙생활에서 절실히 느낄 수 있다. 교회가 평안하면 내 신앙도 잘 자란다. 하지만 교회가 분쟁에 처해 있으면 개인의 신앙도 병들거나 침체될 수밖에 없다. 함께 신앙생활 하는 지체가 모범적이면 나도 모르는 사이 가랑비에 옷 젖듯이 그 사람의 모습을 본받게 된다. 내가 의도적으로 주목하여 보지 않아도 내 눈에 보이는 사람들의 모습은 나에게 지대한 영향을 끼친다. 만약 내가 자주 만나는 지체들이 만날 때마다 원망과 불평을 늘어놓는다면 어느새 내 입술에서도 남을 욕하는 소리가 나올 확률이 높다. 하지만 내가 자주 만나는 사람들이 전도와 봉사를 열심히 한다면 어느 순간부터 나도 전도해야지, 봉사해야지 하는 마음이 샘솟게 될 것이다. 이와 같이 신앙의 성장은 혼자서가 아니라, 교회 공동체의 울타리 안에서 이루어지는 법이다.

그러므로 말씀을 묵상한다고 할 때 성경이 쓰인 문화적 배경이 오늘날과 같은 개인주의적 문화가 아니라 집단주의적, 공동체적 문화를 바탕으로 하고 있다는 점을 놓쳐서는 안 된다. 성경의 저자들은 집단주의 사상을 갖고 글을 썼으며 첫 독자들 역시 가족과 친척, 이웃과의 집단적 연대 의식의 관점에서 글을 접했음을 기억해야 한다. [171] 성령님은 교회 공동체를 위해 성경을 주셨으며, 성경이 아는 개인은 '공동체 속의 개인'임을 이해하고 성경을 봐야 한다. [172]

성경의 가치관이 공동체성임을 망각하고 한순간의 경험이나 개인적 경건 훈련에 지나치게 초점을 맞추면 결국 율법주의에 빠지거나 예수 그리스도를 잃어버리고 만다. [173] 우리가 드리는 예배, 우리가 하는 기도, 성경 공부, 찬양, 사회봉사, 전도 등 모든 경건한 행위는 전부 다 사회적인 일이지, 하나님과 나만의 사적인 일일 수 없다. 하나님과 나만의 일로 생각한다면 하나님을 오해하는 것이다. 하나님과 나 사이의 모든 것이 나의 존재에 영향을 끼칠 뿐 아니라 그 관계가 다시 주변 모든 사람과의 관계를 바꿔 놓기에, 신앙이란 철저히 사회적일 수밖에 없는 것이다. [174]

그러므로 나 혼자가 아니라 '함께하는 삶'을 도외시하는 '영적인 삶'이라는 생각은 매우 위험하며, 신앙의 본질과 거리가 멀다. 영원한 사랑이자 영원한 진리이신 하나님과 어떻게 관계를 맺고 있는지를 검증하는 방법은 우리가 이웃과 어떤 관계를 맺고 있느냐를 보고 알 수 있다.[175]

그런 점에서 진정한 말씀 묵상은 나 자신을 '사회 속의 나'로 변화시켜 간다. 말씀 묵상에 관해서 비판하는 사람들의 견해 가운데, 말씀 묵상은 자기 자신에게만 초점을 맞추게 하여 개인주의적인 영성으로 변질시키는 영성 훈련 방법이라는 지적이 있다. 말씀 묵상 운동은 오로지 나 자신이 은혜 받고, 나 자신이 영적 기쁨을 누리고, 그래서 나 자신의 신앙이 자라 가는 데만 목적을 둔다는 점 때문에 비판을 받고 있다. 다르게 말하면, 말씀 묵상을 하는 사람들이 이웃에 대해서나 세상에 대해서 무관심하다는 점을 지적하는 것이다.

이런 비판을 받는다는 것은 그 사람이 말씀 묵상을 제대로 하고 있지 않다는 반증이다. 말씀은 사람을 변화시킨다. 그런데 수많은 관계로 얽혀 있는 사람의 인생에서 한 사람의 변화가 그가 속한 공동체를 변화시키지 않을 수는 없다. 연애와 기침은 숨길 수 없다는 말이 있다. 주님과 사랑에 빠지는 것이 말씀 묵상의 열매라면, 말씀 묵상을 은혜롭게 하는 성도는 주님과 누리는 사랑을 숨길 수 없고, 그 안에 내주하시는 주님의 사랑과 평강과 공의가 주위 사람들에게 비치는 것이 자연스러운 일이다.

묵상의 열매는 하나님의 사랑과 공의를 세상 속에서 구현하기 위한 실천이다

신구약 성경 66권에서 나타나는 하나님 성품의 두 가지 핵심은 '사랑'과 '공의'이다. 그렇다면 말씀을 묵상한다는 의미는 하나님 아버지의 성품 두 가지를 닮아 가는 변화에 있다. 그러기에 말씀 묵상의 열매는 사랑과 공의의 발현이라야 하며, 그 사랑과 공의가 구체적으로 드러나는 현장은 가정과 교회와 일터와 학교와 세상이다. 특히 죄악으로 물든 이 세상을 복음으로 변화시키는 것이 하나님의 원대한 목적이라면 그 하나님의 계획을 실현하는 데는 말씀 묵상으로 하나님의 뜻을 받드는 신자가 있어야 한다. 그런 점에서 성경을 읽을 때 나 자신을 위한 말씀으로만 읽는 것이 아니라, 하나님이 창조하신 이 세상과 그 세상에서 살아가는 사람들을 위한 하나님의 뜻으로 이해하고 적용하는 태도가 필요하다.

노벨문학상 수상 작가인 존 스타인벡(John Steinbeck)의 《분노의 포도》는 1930년대 미국 경제가 최악의 상황일 때 캘리포니아로 이주한 한 가정의 이야기를 그린 것이다. 경제가 바닥인 상황에서 오클라호마 주에 몇 년째 밀어닥친 모래 폭풍과 기근으로 인해 땅을 뺏기고 몰락한 톰 조드의 일가는 일자리가 많다는 캘리포니아로 떠난다. 그 가문의 이주에 우연히 합류한 짐 케이시 목사가 그 가족에게 많은 정신적인 영향을 끼친다.

짐 케이시 목사에게 영향을 가장 많이 받은 주인공 톰은 짐 케이시 목사가 평소에 암송하던 성경 구절을 기억해 낸다. "두 사람이 한 사

람보다 나음은 그들이 수고함으로 좋은 상을 얻을 것임이라 혹시 그
들이 넘어지면 하나가 그 동무를 붙들어 일으키려니와 홀로 있어 넘
어지고 붙들어 일으킬 자가 없는 자에게는 화가 있으리라"(전 4:9-10).

그는 이 구절을 당시 사회 상황과 자신의 할 일에 적용한다. 그때
캘리포니아로 이주하려는 수십만 명의 이주민들은 잠잘 곳과 먹을
양식이 없어 하루하루 고통 속에 살아가고 있었다. 그런데 부유한 지
주들이 일자리보다 일하려는 사람들이 차고 넘친다는 현실을 악용하
여 품삯을 말도 안 되게 깎아 폭리를 취하고 가난한 자들을 더 주리게
하는 모습을 보면서 그는 분노한다. 그는 이처럼 비참하고 부조리한
상황에서 같은 아픔과 포부를 가진 사람들이 함께 마음과 뜻을 모아
서 이 상황을 해결해 나가려는 몸부림을 치는 것이 필요하다고, 이 일
에 자신도 나서 보아야겠다고 생각한다. [176]

톰은 현재 자신이 처한 환경 그리고 자신이 해야 할 행동과 관련하
여 성경 말씀을 해석하고 적용했다. 하나님이 관심을 가지시는 가난
한 자들에 관해 깊이 생각하면서 성경을 묵상할 때 이러한 적용이 도
출될 수 있다. 내가 섬기는 하나님 아버지의 성품이 어떠하며, 그분이
어떤 상황에 가슴 아파하며 분노하시는지를 알 때, 그리스도인들은
자연스럽게 그분의 뜻을 세상의 현실에 관련지으면서 내가 할 일을
고민해 보게 된다.

리처드 스턴스(Richard Stearns)의 말대로, 예수 그리스도를 따르는 자
가 되었다면 하나님과의 개인적 관계가 이루어져 사람이 달라지는
정도에서 만족해서는 안 된다. 세상과의 공적인 관계도 달라져서 세

상을 변화시키는 행동이 따라야 한다. 온전한 복음 선포란 복음을 전도하는 활동만이 아니라 병자와 가난한 자들을 위한 자비, 성경적 정의의 구현, 세계에 만연한 온갖 잘못을 바로잡기 위한 시도도 포함하는 것이다.[177] 영국의 복음주의 신학자 존 스토트(John Stott)도 이렇게 말했다.

> 창조의 하나님은 또한 정의의 하나님이시기에 세계에서 일어나는 불의와 압제를 미워하시며, 정의를 사랑하시고, 도처에서 이를 촉진시키신다. 그러므로 하나님이 인간 공동체에 대한 정의에 관심을 가지신다면, 분명 그의 백성도 그분의 관심사를 공유해야 한다.[178]

윌리엄 윌버포스(William Wilberforce)는 영국에서 일평생 노예 제도 폐지를 위해 동분서주한 정치가였다. 그는 28세 하원 의원으로서 삶의 목표를 노예 무역 폐지와 사회 개혁으로 설정하고, 1788년 노예 무역 폐지 법안을 최초로 의회에 상정했다. 그로부터 20년간 노예 무역 폐지 법안은 의회를 통과하지 못했다. 그 당시 영국 경제의 한 축을 담당했던 노예 무역을 폐지하자는 윌버포스를 향해 의회 안에서나 사회적으로 비난과 인신공격, 가짜 뉴스가 쏟아졌고, 심지어 수차례 생명의 위협을 당하는 일까지 일어났지만 그는 굴하지 않았다. 결국 노예 무역 폐지 운동을 시작한 지 20년 만인 1807년에 노예 무역 폐지 법안이 통과되었다. 그리고 그로부터 26년 뒤인 1833년, 영국에서 노예 제도 자체를 금지하는 법안이 통과되었다.

이 과정의 주역인 윌버포스 그리고 후에 '클래펌 써클'(Clapham Circle)로 불린 그의 친구들은 모두 하나님을 경외하는 신실한 사람들이었다. 그들은 성경을 믿는 신앙의 발로로서 이 험난한 개혁을 추진했던 것이다. 특히 윌버포스는 어릴 때부터 기도와 묵상을 해 온 사람이었다. 매일 무릎 꿇고 기도하고 성경을 읽는 시간을 가지는 가운데 그는 사회적 약자를 돕고 정의를 구현하는 일에 흔들리지 않고 매진할 수 있었던 것이다.[179]

✝ 말씀 묵상을 함께 나누는 모임을 갖는 것이 유익하다

한때 번성했던 수도원이 있었다. 많은 사람이 떠나고 나이 든 수도사 다섯 명만 남아 있었다. 수도원 주위 숲속에는 한 경건한 랍비가 은거하고 있었는데, 어느 날 수도원장이 그에게 찾아가서 말했다. "저희 수도원이 다시 번성할 수 있는 방법이 있다면 조언해 주십시오." 그러자 랍비는 빙그레 웃으면서 대답했다. "제가 뭘 알겠습니까? 다만 한 가지 말씀을 드리면 남은 다섯 분의 수사님들 중 한 분이 바로 주님이시라는 것입니다." 수도원장은 이 말을 수사들에게 전했다. 그러자 다들 궁금해했다. "우리 가운데 누가 주님이실까?"

그때부터 수도원에 변화가 생기기 시작했다. 혹시 상대방이 주님이신 줄 몰라 뵙고 무례를 저지르지 않도록 말과 태도를 주의했다. 그리고 혹시 상대방이 주님이신지도 모르니까 최대한의 예의와 사랑과 섬김으로 대하게 되었다. 그렇게 수도원에 사랑과 존중이 넘치게 되었고, 주님이 보고 계신다 싶어서 기도 생활, 봉사 생활도 더 열심히 하게 되었다. 수도원의 영적 활기가 점차 소문이 나자 하나둘 사람들이 모여들었고, 수도원은 다시 번성하게 되었다.[180]

이 일화는 마태복음 25장 31-46절 본문과 맥이 닿는 이야기이다. 지극히 작은 자 한 사람에게 한 말과 행동이 바로 예수님께 한 행동이다. 이 땅에서 내가 만나는 지극히 작은 자 한 사람이 알고 보니 예수 그리스도이시라는 것이다. 주리고 목마르고 병들고 나그네 된 자들만이 아니라 사실은 이 땅에 사는 모든 이웃이 다 하나님 앞에서는 작은 자들이다.

모든 인간은 다 알고 보면 불쌍하고 외롭고 힘든 짐을 지고 가는 사람들이다. 모든 사람에게는 누군가의 위로가 필요하고, 누군가의 격려가 필요하고, 따뜻한 눈길과 말 한마디가 필요한 법이다. 그러기에 우리는 서로에게 이웃으로 다가가야 하며, 한 사람, 한 사람을 하나님의 형상으로 존귀하게 대하고, 마음을 낮추어 서로에게 배우려는 자세를 가져야 한다. 그러한 마음으로 내가 말씀을 묵상하면서 깨달은 은혜를 나눌 때 은혜는 배가된다. 그리고 원래 성경이 우리 손에 전해진 목적 자체가 신앙 공동체 속에서 함께 듣고 함께 읽는 용도였으며, 공동체 속에서의 다양한 말씀 나눔을 위해 주어졌음을 상기해야 할 것이다.[181]

최선의 적용은 내가 받은 은혜를 서로 나눌 때 일어난다. 나 혼자서 큐티 묵상하고 나 혼자서 되새기는 것도 좋지만, 가장 바람직한 모습은 서로 나누는 공동체에 속하는 것이다. 사람은 무엇이든 혼자서

할 때보다 같이하는 무리가 있을 때 더 진지하고 열정적으로 임하게 된다. 서로 은근한 경쟁도 되고, 선한 자극도 주게 되고, 함께 기도해 줌으로 영적 성장도 일어나고, 다른 사람이 깨달은 점과 적용하는 점을 듣고 보면서 학습 효과가 배가된다.

똑같은 본문이라도 10명이나 100명이 큐티 묵상하면 서로 다른 깨달음이 나온다. 같은 말씀이라도 여러 사람이 나눌 때 들어 보면 적용점이 각양각색이다. 그러기에 혼자서 말씀을 묵상하는 것보다 여럿이 같이하면 그 말씀에서 길어 올리는 샘물은 몇 배 더 다양해지며, 그 말씀에서 흘러나오는 적용 역시 수십 가지의 색깔로 빛나게 된다.

다양한 사람들이 모여 다양한 시각으로 본문을 보면서 서로가 받은 은혜를 나누면 나에게도 영적 성장이 일어난다. 그리고 서로의 매일 묵상 습관을 체크해 주면서 서로의 영성을 든든하게 세워 주는 효과가 발생한다. 서로가 생활 속에서 말씀 적용을 제대로 실천하고 있는지 건전한 감시자, 점검자, 격려자의 역할을 해 주니, 말씀대로 사는 삶에 더욱더 박차를 가할 수 있다. 그러니 혼자 하는 것보다 같이 묵상을 나눌수록 삶이 말씀으로 빠르게 변화될 것이다. 진정한 영성 형성은 개인과 회중이 함께 하나님의 목소리를 듣고, 순종하며, 하나님에 의해 변형되어 갈 때 잘 일어나는 법이기 때문이다.[182] 그리고 그렇게 말씀의 은혜를 나누고 서로 기도해 주는 모임은 그리스도 안의 가족애로 결속하게 된다. 진정한 복음 안에서의 교회 공동체 형성은 말씀 중심, 기도 중심의 모임에서 비롯된다.

어떤 랍비가 서재에 앉아 있는데 누군가가 찾아와서 문을 두드렸다. 랍비의 제자 중 하나가 들어와 이렇게 고백했다. "선생님, 제가 선생님을 얼마나 사랑하는지, 단지 그 말씀을 드리고 싶었습니다." 랍비는 읽던 책을 내려놓고 안경 너머로 제자를 쳐다보고는 물었다. "나를 아프게 하는 것이 무엇인가?" 제자는 갑작스런 질문에 어리둥절하여 랍비를 바라보았다. "네?" 랍비는 다시 물었다. "나를 아프게 하는 것이 무엇인가?" 제자는 할 말을 못 찾고 서 있다가 결국 어깨를 으쓱하며 대답했다. "모르겠습니다." 그러자 랍비가 되물었다. "나를 아프게 하는 것이 무엇인지도 모르면서 어떻게 나를 사랑할 수 있다는 거지?"[183]

이 이야기는 우리에게 진정한 형제 사랑을 하고 있는지를 묻고 있다. 그리스도가 명하신 바 이웃을 내 몸처럼 사랑한다면 그 사람의 아픔이 무엇인지 모를 수 없다. 그 사람이 추구하는 것이 무엇인지, 그 영혼 속에 도사린 가시가 무엇인지, 그가 간절히 기도하는 제목이 무엇인지 모른다면 진정으로 그 이웃을 사랑하는 상태가 아닐 것이다. 피상적으로 한두 번 만나서 대화하는 수준이 아니라, 자주 만나서 서로의 기도 제목을 나누고, 서로 은혜 받은 것을 나누고, 서로 실천하고 있거나 실천에 실패한 경험들을 나누다 보면 서로의 깊숙한 내면세계를 보게 되고, 그의 솔직한 아픔을 위해 기도해 주게 되고, 그가 처한 현실에 대한 연민도 느끼게 된다. 이런 관계가 친밀한 영적 관계이며, 이러한 공동체를 이룰 때 주님의 분부인 이웃 사랑의 계명을 실천하게 된다.

그러므로 큐티 묵상을 나누는 모임은 주님의 뜻에 순종하는 공동체를 형성하는 가장 효과적인 길이다. 정기적으로 큐티 묵상을 나눌 수 있는 영적인 친구를 찾고, 묵상 나눔 그룹을 만들기를 추천한다. 묵상 나눔은 자유롭게 은혜 받은 것만 나눌 수도 있지만, 더 나아가서 질문과 토론으로까지 확장해서 성경 공부 모임의 성격도 띨 수 있다.[184] 학생, 청년층의 나눔 모임이라면 성경 공부식으로 확장하는 것도 재미있고 유익할 것이다. 내가 온라인으로 인도하는 행복한 말씀 묵상학교도 강의만 하는 것이 아니라 반드시 조 모임을 해서 묵상한 내용을 나누게 한다. 스스로 묵상하고, 공동체 안에서 나누고, 다른 사람의 깨달음과 적용을 듣는 가운데 내가 미처 알지 못하는 사이에 성령님이 나를 조금씩 변화시켜 가시는 것이다.

╋ 가정에서 말씀이 살아나면 진정한 영성 회복이 이루어진다

성경이 공동체를 위해 주신 책이라면, 그 공동체의 최소 기본 단위가 가정임은 두말할 필요가 없다. 하나님은 교회를 통해 구원의 역사를 이루어 가시고, 세계 복음화를 성취해 가시지만, 그 교회 역시 가정이 모여서 형성된다. 미국의 청교도 코튼 매더(Cotton Mather)가 말한 바와 같이, 가정은 교회와 국가의 모판과 같다. 그러기에 가정이 망가지면 모든 것이 무너진다.[185] 반대로 가정이 회복되면 교회도, 교육도, 사회도 다시 일어설 수 있다. 그러므로 신앙의 출발도 가정임에 틀림없다. 교회 교육이 아니라 가정에서 부모가 자녀를 신앙으로 양육하는 것이 먼저라야 한다. 교회가 아무리 최선을 다해서 신앙 교육을 한다고 할지라도 자녀가 가정에서 부모를 보고 배우지 못한다면 올바른 믿음을 형성하기란 쉽지 않다.

이 책을 쓰고 있는 막바지에 어머니와 남동생이 나흘 간격으로 하나님의 부름을 받았다. 그 충격과 슬픔이 거의 두 달 동안 몸과 마음을 그로기 상태로 이끌었다. 그 이후 조금 추스르긴 했지만 그래도 순간순간 눈물이 솟아 나왔다. 드라마를 보거나 음악을 들을 때, 비슷한 연배의 사람들을 볼 때나 추억이 얽힌 물건을 볼 때면 눈물이 앞을 가렸다. 아마도 죽기 전까지는 수시로 밀려오는 그리움과 회한과 슬픔에서 완전하게 벗어나지는 못할 것 같다.

가족은 이렇게 온통 나의 마음 깊은 곳에 자리 잡은 사람들이다. 가족이라는 울타리에서 아무도 벗어날 수 없다. 내심으로 부정한다 해도 사람은 평생 가족의 내적 영향을 받게 된다. 특히 부모의 경우, 한 사람의 인격의 틀을 짓는 주형틀이라고 할 수 있다. 자녀는 부모의 신체 특징과 성격과 재능을 물려받음과 동시에 부모의 교육 방향에 지대한 영향을 받는다. 그러므로 한 사람의 인생에 부모가 끼치는 힘은 막강하다. 그런 점에서 부모는 항상 중대한 책임감을 가져야 한다. 나 한 사람의 어깨에 또 한 사람의 인생이 달렸다는 사실을 깊이 생각해야 한다. 내 자녀의 인생에 궁극적으로는 하나님이 주권적으로 새롭게 역사하실 수 있지만 기본적으로는 부모가 어떻게 하느냐에 따라 자녀의 많은 부분이 형성된다는 점을 늘 상기해야 한다.

하나님은 부모에게 자녀의 신앙에 대한 일차적인 책무를 지우셨다. "오늘 내가 네게 명하는 이 말씀을 너는 마음에 새기고 네 자녀에게 부지런히 가르치며 집에 앉았을 때에든지 길을 갈 때에든지 누워 있을 때에든지 일어날 때에든지 이 말씀을 강론할 것이며"(신 6:6-7). 하나님이 명령하신 쉐마의 말씀에 순종하여 신앙의 부모가 믿음의 자녀를 책임지고 영적으로 훈육할 때 성경의 지상 계명과 지상 명령은 효과적으로 성취될 것이다. 그리고 이것이 하나님의 절대적 명령이라면 모든 부모는 이 명령을 지키는 데 혼신의 힘을 다 쏟아야 한다. 돈을 번다는 것이, 자녀를 위한 환경을 열심히 조성한다는 것이, 좋은 학교에 보내기 위해 애쓴다는 것이 결코 이 절대 명령을 소홀히 하는 데 핑계가 될 수는 없다.

말씀 묵상 나눔도 부모와 어린 자녀가 함께한다면 자녀의 평생 신앙생활의 토대가 견고해질 수 있다. 그 이전에 가족이 다 같이 성경을 소리 내어 읽고 함께 암송한다면 그 가정의 믿음은 흔들리지 않는 반석 위에 세워진 것과 같다. 가정 예배를 통해서 서로 돌아가면서 성경을 읽고 느낀 점을 이야기하는 것만 시작해도 바람직하다. 더 나아가 부모와 자녀가 함께 그날 읽은 공통의 본문 묵상을 토대로 나눔과 토론을 한다면, 믿음뿐만 아니라 인성과 지성이라는 두 마리 토끼까지도 사로잡을 수 있다.

아이들이 아직 나이가 어리다면 우선 밤에 잠 들기 전에 침대 머리맡에서 어린이 성경을 10분씩 읽어 주는 것만으로도 아이의 평생 신앙과 인성, 학습 능력의 토대를 튼튼하게 쌓는 셈이 될 것이다. 아이에게 성경을 읽어 주고, 같이 읽고, 함께 대화하고 토론함으로 온 가족의 믿음이 견고히 서는 동시에 가족애도 하나로 결속되며, 아이들의 인성이 훌륭하게 다듬어질 뿐 아니라 학교 공부에서의 성취를 위한 뼈대도 세울 수 있다. 따라서 진정한 의미에서 주야로 말씀과 더불어 사는 삶은 하나님이 주시는 '복'을 넘치게 누리는 길이다.

개인이 집에서 소리 내어 성경을 읽으면서 암송도 하고 반복하여 읊조리는 것이 묵상의 기본이다. 그리고 가정에서 가족들이 함께 묵상 습관을 들여서 매주 한 번이라도 서로의 깨달음과 적용을 나눈다면 금상첨화이다. 아울러 교회에서도 묵상과 나눔 모임이 만들어져서 서로의 영적 달리기를 조절해 주는 페이스메이커(pace maker)의 역할을 해 준다면 공동체의 영적 질이 매우 높아질 것이다.

온 교회가 같은 본문으로 매일 묵상하고, 예배 시간에 묵상에 기초한 설교가 전달되며 한 주에 한 번 나눔 모임을 갖는다면 그 교회는 점점 더 하나님의 기쁨이 되어 갈 수 있다. 매번 예배마다 같은 스타일로 모이기보다 주일 오후나 다른 예배 시간을 활용하여 성도들에게 개인 묵상 시간을 주고 나서 다 같이 묵상한 내용을 발표하고 간증하면서 목회자가 전체 교훈을 종합해 주는 방식도 유익할 것이다.[186] 수요 기도회나 다른 예배 모임에서 좀 더 심도 깊은 묵상을 위해 성도들이 본문에서 질문을 발견하고, 짝을 지어 서로 묻고 답하는 시간을 가지며, 그 후에 목회자가 전체 질문을 갖고 말씀을 풀어 가는 방식 또한 시도해 본다면 유익이 클 것이다.[187] 이렇게 성도들이 직접 본문을 깊이 묵상하고 그 본문에 대한 질문과 토론을 해 본다면 성경 말씀을 자신들의 삶에 더 구체적으로 연결 지을 수 있다.

직장 신우회에서나 군대 내무반 소그룹 모임, 학교 기독 동아리에서도 예배나 기도회와는 별도로 묵상 나눔 그룹을 만들어 지속적으로 나눈다면 묵상이 점점 더 깊어지고 넓어질 것이다. 주 예수님이 다시 오시는 그날까지 말씀을 읽고 묵상하며 서로 나누는 은혜의 공동체가 꾸준히 지속될 때, 하나님이 꿈꾸시던 그 나라가 마침내 이루어질 것이다.

요약

- ○ 성경 말씀은 즉각 순종하라고 주신 하나님의 음성이다.
- ○ 누구나 곧바로 실천에 옮기면 실천이 가능하다.
- ○ 구체적으로 계획할 때 실천이 더 잘된다.
- ○ 귀납적 큐티 묵상 방법(관찰, 해석, 적용)도 유익하다.
- ○ 적용의 구체화를 위한 '3P'와 '5P' 원리를 활용할 수 있다.
- ○ 성경의 공동체성, 신앙의 사회성을 기억하며 적용해야 한다.
- ○ 묵상의 열매는 하나님의 사랑과 공의를 세상 속에서 구현하기 위한 실천이다.
- ○ 말씀 묵상을 함께 나누는 모임을 갖는 것이 유익하다.
- ○ 가정에서 말씀이 살아나면 진정한 영성 회복이 이루어진다.

소그룹 나눔

1. 가장 실천하기 싫고, 실천하기 힘든 하나님의 명령들은 무엇인지 나누어 보자.
2. 적용의 '5P'가 어떤 내용인지 이야기해 보자(261쪽 참고).
3. 말씀 묵상을 하면서 내가 얻고 싶은 유익이나 개인적 응답만이 아니라 시대와 사회와 관련해서, 그리고 내가 세상을 어떻게 섬길 것인가에 대해서 적용한 적이 있다면 나누어 보자.
4. 말씀 묵상을 혼자 하는 것보다 서로 나누는 그룹을 갖는 것이 어떤 유익을 주는지에 대해 이야기해 보자(271-275쪽 참고).
5. 우리 가정의 말씀 생활에 대해 나누고 앞으로 어떤 변화가 필요할지 이야기해 보자.

연습

o 마태복음 8장 5-13절을 읽고 나서 '관찰, 해석, 적용'식으로 정리해 보자. 그러고 나서 깨닫고 결심한 것을 나누어 보자.

 주간 과제

o 베드로후서 1장 1-11절을 소리 내어 10회 읽고 나서 종일 읊조리자. 그리고 본문을 '관찰, 해석, 적용'식으로 정리해 보자. '5P'의 원리로 적용점을 정리해 보고, 한 주간 실천해 보자.

해 아래 새로운 것은 없다. 아무리 새로운 발견인 것처럼 보여도 실은 이미 오래전에 파 놓은 우물에서 퍼 올린 물이다. 오늘의 지식은 어제를 살았던 선진들의 지식에 빚지고 있다. 이 책 역시 훌륭한 믿음의 선배들이 쓴 책을 토대로 쓴 것이다. 이 책을 집필하는 가운데 스스로에게 주관적으로 유익했다고 여기는 책들을 정리해 본다. 일반 서적이 아닌 기독교 서적, 국내에서 출간된 책에 한정하여 60권을 추려서 소개해 본다.

묵상의 신학적 토대에 관해서는 존 제퍼슨 데이비스의 《묵상, 하나님과의 교통》(CLC)이 잘 정리해 주고 있다. 묵상의 개념과 필요성, 그 유익에 대해서는 김기현의 《모든 사람을 위한 성경 묵상법》(성서유니온), 짐 다우닝의 《묵상》(네비게이토출판사), 오대원의 《묵상하는 그리스도인》(예수전도단), 토머스 왓슨의 《묵상의 산에 오르라》(생명의말씀사), 데이비드 색스톤의 《마음을 위한 하나님의 전투 계획》(개혁된실천사), 에드먼드 캘러미의 《이것이 기독교인의 묵상이다》(PTL), 유진 피터슨의 《균형있는 목회자》(좋은씨앗), 빌럼 판 엇 스페이커르의 《기도 묵상 시련》(그책의사람들), 하용조의 《하용조 목사의 큐티하면 행복해집니다》(두란노), 이기훈의 《큐티와 신앙》(두란노), 박대영의 《묵상의 여정》(성서유니온), 강준민의 《영성의 뿌리는 묵상입니다》(토기장이) 등이 도움이 된다.

묵상의 핵심이 말씀을 읊조리면서 마음에 새기고 하루 종일 즐기는 과정이라는 점에 대해서는 유진 피터슨의 《이 책을 먹으라》(IVP)가 잘 설명해 준다. 성경을 낭독하는 것과 초대 교회의 읽기 모습에 관해서는 제프리 아서스의 《말씀을 낭독하라》(국민북스), 김인철의 《성경은 낭독이다》(오도스),

백신종, 주해홍이 편저한 《이 책을 먹으라》(에스라성경통독사역원), 브라이언 라이트의 《1세기 그리스도인의 공동 읽기》(IVP) 등을 참고할 만하다.

책(성경)을 읽는 원리와 방법에 대해서는 강영안의 《읽는다는 것》(IVP), 김기현의 《모든 사람을 위한 성경 독서법》(성서유니온), 정병태의 《내 인생을 바꾼 성경읽기 혁명: 뇌로 읽는 실천편》(한덤북스), 귀고 2세의 《성독-귀고 2세의 수도사의 사다리》(은성), M. 로버트 멀홀랜드의 《영성 형성을 위한 거룩한 독서》(은성), 마이클 케이시의 《거룩한 책 읽기-고대 그리스도인들은 어떻게 책을 읽었을까?》(성서와함께), 고든 D. 피, 더글라스 스튜어트의 《성경을 어떻게 읽을 것인가》(성서유니온) 등이 유익하다. 독서를 비롯한 전반적인 기독교 지성 연마의 길에 대해서는 제임스 사이어의 《지식건축법》(IVP)이 통찰력을 준다.

성경 암송에 관해서는 박종신의 《0.1%의 선택, 성경암송의 길》, 《성경 암송이 해답이다》(이상 성경암송학교), 강준민의 《성경 암송과 거룩한 습관》(두란노), 한창수의 《롬팔이팔》(규장) 등을 참고할 수 있다. 성경 암송을 중심으로 말씀을 가슴에 새기는 삶과 말씀을 근거로 드리는 말씀기도에 대해서는 규장에서 나온 지용훈의 《말씀으로 생각을 태우라》, 《말씀 그대로 예배하라》, 《말씀 사수》, 《말씀으로 기도하라》와 웨슬리 & 스테이시 캠블의 《영성으로 가는 길: 성경으로 기도하기》(WLI) 등이 유익하다.

큐티식 묵상의 구체적인 가이드북으로서는 김명호, 고상섭, 박희원의 《삶의 변화를 돕는 귀납적 큐티》(넥서스CROSS), 김원태의 《큐티 리더 누구나 할 수 있다》(두란노), 류익태의 《큐티 뿌리내리기》(요단), 성서유니온의 성경묵상 가이드북 시리즈인 《성경묵상 처음과정》, 《성경묵상 배움과정》, 《성경묵상 세움과정》 등이 도움이 된다. 큐티의 문제점과 그 대안에 대해서는 정성국, 지형은, 송인규의 《한국 교회 큐티 운동 다시 보기》(IVP), 말씀 묵상과 관련한 성경 해석에 관해서는 정성국의 《묵상과 해

석》(성서유니온), 길성남의 《성경이 무엇을 말하느냐》(성서유니온) 등을 참고
하면 된다.

하나님의 음성 듣기 내지는 하나님의 뜻을 아는 길에 대해서는 달라스
월라드의 《하나님의 음성》(IVP), 제럴드 싯처의 《하나님의 뜻》(성서유니온),
제임스 패커, 캐롤린 나이스트롬의 《제임스 패커의 하나님의 인도》(생명
의말씀사), 브루스 월키의 《하나님의 뜻 하나님의 인도》(생명의말씀사), 찰스
F. 스탠리의 《하나님의 음성을 듣는 법》(두란노) 등이 유익하다.

묵상의 적용에 관해서는 송인규의 《성경의 적용》(부흥과개혁사)이 정리
해 주고 있다. 묵상의 실제와 삶의 변화들과 교회 적용에 대해서는 김양
재의 《날마다 큐티하는 여자》(큐티엠), 김영애의 《갈대상자》, 《구름기둥》
(이상 두란노), 김병년의 《묵상과 일상》(성서유니온), 켄 가이어의 《묵상하는
삶》(두란노), 이동복의 《103동 204호 아파트 교회》(샘솟는기쁨) 등을 참고할
수 있다. 귀납적 성경 연구 원리를 활용하여 좀 더 심도 깊은 묵상을 하
고자 할 때의 지침서로는 김진규의 《성경 묵상 어떻게 할까?》(생명의샘)가
있다.

말씀 묵상의 적용이 개인주의를 넘어서 공동체와 사회에까지 확장되
어야 한다는 점에 대해서는 옥명호의 《나를 넘어서는 성경 묵상》(비아토
르), 랜돌프 리처즈, 리처드 제임스의 《개인주의를 넘어서는 성경 읽기》
(성서유니온) 등을 참고할 수 있다. 종합적으로, 말씀 묵상의 중요성과 태도
그리고 받은 은혜를 함께 나누는 공동체의 필요성 등에 대해서 디트리히
본회퍼의 《성도의 공동생활》(복 있는 사람)은 모든 그리스도인이 반드시 읽
어야 할 필독서이다.

주

여는 글___

1 고든 피, 제임스 휴스턴 외, 《신학자들과 성경 읽기》, 김진우 역 (고양: 터치북스, 2022), p.247.

1강___묵상의 본질은 읊조리는 것이다

2 R. 레어드 해리스, 글리슨 L 아쳐 2세, 브루스 K. 월트케, 《구약원어 신학사전(상)》(서울: 요단출판사, 1986), p.464.

3 같은 책, p.1095-1096.

4 김기현, 《모든 사람을 위한 성경 묵상법》(서울: 성서유니온, 2019), p.32.

5 귀고 2세, 《성독: 귀고 2세의 수도사의 사다리》, 엄성옥 역 (서울: 은성, 2018), p.21.

6 유진 피터슨, 《응답하는 기도》(서울: IVP, 2003), p.40-41.

7 에드먼드 캘러미, 《이것이 기독교인의 묵상이다》, 라은성 역 (서울: PTL, 2016), p.41.

8 이경용, 《말씀묵상기도》(서울: 스텝스톤, 2010), p.108-109.

9 엔조 비앙키, 《말씀에서 샘솟는 기도: 거룩한 독서로 들어가기》, 이연학 역 (칠곡: 분도출판사, 2001), p.79.

10 Gerad of Zutphen, 《*The Spiritual Ascent*》(London: Burns & Oates, 1908), p.26.

11 존 파이퍼, 《말씀으로 승리하라》, 전의우 역 (서울: IVP, 2016), p.79.

12 오대원, 《묵상하는 그리스도인》, 양혜정 역 (고양: 예수전도단, 2005), p.48-49.

13 이현수, 《네가 거듭나야 하리라》(서울: 두란노, 2002), p.155-158.

14 존 제퍼슨 데이비스, 《묵상, 하나님과의 교통》, 정성욱, 정인경 역 (서울: CLC, 2014), p.141.

15 이만홍, 《그리스도인의 묵상 1》(서울: 로뎀포레스트, 2023), p.22, 142, 182, 212.

16 박희병, 《선인들의 공부법》(파주: 창비, 2013), p.41, 77, 163.

17 디트리히 본회퍼, 《나를 따르라》, 김순현 역 (서울: 복 있는 사람, 2016), p.65-66.

18 Ian Ker, 《*John Henry Newman*》(New York: Oxford University Press, 1988), p.138.

19 Benedicta Ward, trans., 《*The Desert Christian*》(New York: Macmillan, 1975), p.242.

20 리처드 포스터, 《리처드 포스터의 묵상 기도》, 김명희 역 (서울: IVP, 2012), p.22-23.

21 토머스 왓슨, 《묵상의 산에 오르라》, 조계광 역 (서울: 생명의말씀사, 2013), p.206.

22 파커 파머, 《가르침과 배움의 영성》, 이종태 역 (서울: IVP, 2006), p.112.

23 오스왈드 챔버스, 《주님은 나의 최고봉 한영 합본》, 스데반 황 역 (서울: 토기장이, 2008), 2월 13일자.

24   헨리 나우웬, 《영성 수업》, 윤종석 역 (서울: 두란노, 2007), p.56.

2강___묵상의 출발은 소리 내어 읽는 것이다

25   오대원, 《묵상하는 그리스도인》, p.168-174.

26   같은 책, p.176.

27   아우구스티누스, 《고백록》, 김평옥 역 (서울: 범우사, 2002), p.120-121.

28   알베르토 망겔, 《독서의 역사》, 정명진 역 (서울: 세종서적, 2000), p.66.

29   월터 J. 옹, 《구술문화와 문자문화》, 임명진 역 (서울: 문예출판사, 1995), p.36.

30   한창수, 《롬팔이팔》 (서울: 규장, 2023), p.190-191에서 재인용.

31   이상명, "1세기 구전문화와 코리언-아메리칸 이민교회의 바람직한 성경 읽기", 백신종,
     주해홍 편저, 《이 책을 먹으라》 (미주한인복음주의신학회, 2020), p.63-64.

32   알베르토 망겔, 《독서의 역사》, p.72-73.

33   이상명, "1세기 구전문화와 코리언-아메리칸 이민교회의 바람직한 성경 읽기", 《이 책
     을 먹으라》, p.64.

34   알베르토 망겔, 《독서의 역사》, p.79.

35   브라이언 라이트, 《1세기 그리스도인의 공동 읽기》, 박규태 역 (서울: IVP, 2020), p.195.

36   김의원, "구약 성경에 나타난 율법 낭독", 《이 책을 먹으라》, p.16, 48, 50.

37   제프리 아서스, 《말씀을 낭독하라》, 김은정 역 (서울: 국민북스, 2019), p.28.

38   Jean LeClercq, 《The Love of Learning and the Desire for God: a Study of Monastic Culture》,
     (New York: Fordham University Press, 1982), p.73.

39   이경용, 《말씀묵상기도》, p.84.

40   유진 피터슨, 《균형있는 목회자》, 차성구 역 (서울: 좋은씨앗, 2002), p.168-173.

41   김호진, 《똑똑해지는 뇌과학 독서법》 (서울: 리텍콘텐츠, 2020), p.117-118.

42   유현심, 서상훈, 《하브루타 일상 수업》 (서울: 성안북스, 2019), p.40.

43   고영성, 김선, 《우리 아이 낭독 혁명》 (서울: 스마트북스, 2017), p.143-144.

44   유현심, 서상훈, 《하브루타 일상 수업》, p.40.

45   김호진, 《똑똑해지는 뇌과학 독서법》 (서울: 리텍콘텐츠, 2020), p.117-118.

46   김인철, 《성경은 낭독이다》 (시흥: 오도스, 2022), p.59.

47   같은 책, p.10.

48   제임스 사이어, 《지식건축법》, 윤종석 역 (서울: IVP, 2013), p.198.

49   제프리 아서스, 《말씀을 낭독하라》, p.26.

50   같은 책, p.34.

51 같은 책, p.12-13.

52 같은 책, p.13.

53 같은 책, p.40.

54 Hugh Blair, 《*Lectures on Rhetoric and Belles Lettres in Lester Thonssen and Craig Baird, Speech Criticism: The Development of Standards for Rhetorical Appraisal*》 (New York: Roland, 1948), p.364.

55 제프리 아서스, 《말씀을 낭독하라》, p.57-58.

56 김인철, 《성경은 낭독이다》, p.133-204. 낭독의 기초 이론과 낭독 연습을 위한 체계적인 제언들이 담겨 있으므로 참고하기 바란다.

57 제프리 아서스, 《말씀을 낭독하라》, p.164-176. 공동 낭독을 위한 큐시트 샘플이 있으니 참고하기 바란다.

3강___묵상의 기초는 성경 읽는 방법에 있다

58 정민, 《정민 선생님이 들려주는 고전독서법》(파주: 보림출판사, 2019), p.72-73.

59 강영안, 《읽는다는 것》(서울: IVP, 2020), p.107.

60 고영성, 김선, 《우리 아이 낭독 혁명》, p.34에서 재인용.

61 최승필, 《공부 머리 독서법》(남양주: 책구루, 2021), p.35, 38.

62 길성남, 《성경이 무엇을 말하느냐》(서울: 성서유니온, 2014), p.34에서 재인용.

63 엘런 데이비스, 《하나님의 진심》, 양혜원 역 (서울: 복 있는 사람, 2017), p.17.

64 정병태, 《내 인생을 바꾼 성경 읽기 혁명: 뇌로 읽는 실천편》(서울: 한사랑문화대학사, 2019), p.101.

65 그레엄 골즈워디, 《복음과 하나님의 나라》, 김영철 역 (서울: 성서유니온, 1988), p.38.

66 김영민, 《성경은 읽기다》(서울: 은혜의단비, 2020), p.127.

67 정민, 《정민 선생님이 들려주는 고전독서법》, p.83.

68 같은 책, p.55.

69 강준민, 《표현의 능력》(서울: 두란노, 2008), p.225-226.

70 박희천, 《내가 사랑한 성경》(서울: 국제제자훈련원, 2016), p.136.

71 배안호, 《성경, 나의 사랑 나의 생명》(서울: 국민북스, 2021), p.182-183.

72 최승필, 《공부 머리 독서법》, p.318.

73 김호진, 《똑똑해지는 뇌과학 독서법》, p.66-68.

74 마이클 케이시, 《거룩한 책 읽기: 고대 그리스도인들은 어떻게 성경을 읽었을까?》, 강창헌 역 (서울: 성서와함께, 2007), p.145-146.

4강___묵상의 절정은 성경 암송과 말씀기도이다

75 강영안, 《읽는다는 것》, p.106.

76 지용훈, 《말씀으로 생각을 태우라》 (서울: 규장, 2015), p.18-20.

77 지용훈, 《말씀 사수》 (서울: 규장, 2019), p.100-101.

78 박종신, 《0.1%의 선택, 성경암송의 길》 (아산: 성경암송학교, 2020), p.13.

79 브라이언 데일리, "교부들의 주해는 지금도 유용한가?: 초기 그리스도인의 시편 해석에 관한 몇 가지 고찰", 리처드 헤이스, 엘렌 데이비스 편, 《성경 읽기는 예술이다》, 박규태 역 (서울: 성서유니온, 2021), p.138-139.

80 Dom Idesbald van Houtryve, 《*Benedictine Peace*》 (Westminster, Md.: Newman Press, 1950), p.135.

81 제임스 사이어, 《지식건축법》, p.224.

82 지용훈, 《말씀으로 생각을 태우라》, p.186.

83 김형종, 《테필린》 (서울: 솔로몬, 2013), p.268.

84 박종신, 《0.1%의 선택, 성경암송의 길》, p.125-126.

85 같은 책, p.127-129, 182.

86 도슨 트로트맨, 《성경암송을 통하여 주님께 돌아오다》 (서울: 네비게이토출판사, 1986), p.9-26.

87 권창규, 《1세기 교회, 가정 예배》 (서울: 하온, 2023), p.115-116.

88 지용훈, 《말씀 사수》, p.115.

89 지용훈, 《말씀 그대로 예배하라》 (서울: 규장, 2017), p.279.

90 여운학, 《말씀 암송 자녀교육》 (서울: 규장, 2009), p.17.

91 박종신, 《성경암송이 해답이다》 (평택: 성경암송학교, 2014), p.235-236에서 재인용.

92 같은 책, p.273에서 재인용.

93 리처드 포스터, 《영적 훈련과 성장》, 권달천 역 (서울: 생명의말씀사, 1986), p.193.

94 짐 퀵, 《마지막 몰입》, 김미정 역 (서울: 비즈니스북스, 2021), p.87.

95 강준민, 《성경 암송과 거룩한 습관》 (서울: 두란노, 2019), p.155-156.

96 한창수, 《롬팔이팔》 (서울: 규장, 2023). 주일 오후 예배를 암송 중심으로 운영하는 사례가 있으므로 참고하기 바란다.

97 앤드류 머레이, 《골방에서 만나는 하나님》, 박이경 역 (서울: 아가페북스, 1993), p.81.

98 귀고 2세, 《성독: 귀고 2세의 수도사의 사다리》, p.35.

99 도널드 휘트니, 《오늘부터 다시 기도》, 김기철 역 (서울: 복 있는 사람, 2016), p.54.

100 박종신, 《0.1%의 선택, 성경암송의 길》, p.41.

101 Arnold A. Dallimore, 《*George Whitefield: The Life and Times of the Great Evangelist of the Eighteenth Century Revival*, vol. 1》 (London: Banner of Truth Trust, 1970), p.80. 국내판 《윗필드 씨! 마이크 좀 내려놓고 쉬세요!》(이레서원, 2021)

102 헨리 나우웬, 《영성 수업》, p.127.

5강___묵상의 핵심은 하나님의 음성을 듣는 것이다

103 래리 바커, 키티 왓슨, 《마음을 사로잡는 경청의 힘》, 윤정숙 역 (서울: 이아소, 2006), p.24.

104 게리 토마스, 《거룩한 영성》, 윤종석 역 (서울: CUP, 2012), p.156.

105 '안젤루스의 종'이란 로마 가톨릭이 주류인 마을에서 하루 세 번, 즉 아침 6시, 정오 그리고 오후 6시에 성당에서 울리는 종을 뜻한다. 그래서 '삼종 기도'(三鐘祈禱)라 부른다. '안젤루스'는 영어로 '천사'(angel)이다. 유명한 명화 장 프랑수아 밀레(Jean-François Millet)의 "만종"(晩鐘) 역시 삼종 기도 종소리를 들으면서 저녁 기도를 드리는 농부들의 모습을 그린 것이다.

106 Warren S. Smith, ed., 《*Bernard Shaw's Plays*》 (New York: W. W. Norton & Company, Inc., 1970), Scene V, p.190.

107 키스 앤더슨, 《경청의 영성》, 김성웅 역 (파주: 넥서스CROSS, 2017), p.229.

108 마크 & 패티 버클러, 《하나님과의 대화: 당신의 기도를 특별한 축복으로 만드는 비밀》, 임종원 역 (서울: 브니엘, 2006), p.179.

109 F. B. Meyer, 《*The Secret of Guidance*》 (Minneapolis, Minn.: Bethany Fellowship, 1978), p.15.

110 제럴드 싯처, 《하나님의 뜻》, 윤종석 역 (서울: 성서유니온, 2000), p.327-328.

111 달라스 윌라드, 《하나님의 음성》, 윤종석 역 (서울: IVP, 2001), p.41.

112 토머스 왓슨, 《묵상의 산에 오르라》, p.150-151.

113 Maurice Roberts, "O the Depth!", <*The Banner of Truth*>, July 1990, 2.

114 루이스 캐럴, 《이상한 나라의 앨리스》, 김서정 역, 앤서니 브라운 그림 (서울: 살림어린이, 2009), p.84.

115 김영봉, 《사귐의 기도》 (서울: IVP, 2002), p.184.

116 Elizabeth O'Connor, 《*Search for Silence*》 (Waco, Tex.: Word, 1972), p.118.

117 오대원, 《묵상하는 그리스도인》, p.289.

118 조태성, 《하나님의 음성 듣기》 (서울: 베다니출판사, 2013), p.42-43.

119 한기봉, "내 속엔 내가 너무도 많아", 《시가 된 노래, 노래가 된 시》⑩ '시인과 촌장' 하덕규의 <가시나무> 2022.01.18. 대한민국 정책브리핑(www.korea.kr), 《온라인 자료》, https://www.korea.kr/news/cultureColumnView.do?newsId=148898149.

2022.09.20. 접속.

120 송원준,《영성이 깊어지는 큐티》(서울: 두란노, 2000), p.69.

121 François Fénelon,《*Christian Perfection*》(Minneapolis: Bethany House, 1975), p.155-156.

122 디트리히 본회퍼,《성도의 공동생활》, 정현숙 역 (서울: 복 있는 사람, 2016), p.135.

123 오대원,《묵상하는 그리스도인》, p.161-163.

6강___묵상의 내용은 하나님과 나를 아는 지식이다

124 신구약 성경과 교회 역사에서 하루에 한 번, 두 번, 세 번, 다섯 번, 일곱 번 등 시간을 정하여 기도하는 습관을 지킨 기록에 대하여는 필자의 책《기도가 어려운 당신에게》(서울: 대한기독교서회, 2019), p.50-79를 참고하라.

125 조엘 비키, 마이클 리브스,《청교도, 하나님을 온전히 따르는 삶》, 신호섭 역 (서울: 지평서원, 2021), p.260.

126 Walter C. Kaiser, "What Is Biblical Meditation?" in《*Renewing Your Mind in a Secular World*》, ed. John D. Woodbridge (Chicago: Moody Press, 1985), p.39–53.

127 김재성,《청교도, 사상과 경건의 역사》(서울: 세움북스, 2020), p.147.

128 토머스 왓슨,《묵상의 산에 오르라》, p.190.

129 같은 책, p.179-189.

130 이용세,《개인 성경 연구》(서울: 성서유니온, 2007), p.43.

131 케네스 D. 보아,《기독교 영성, 그 열두 스펙트럼》, 송원준 역 (서울: 디모데, 2002), p.100.

132 Jonathan Edwards,《*The Works of Jonathan Edwards*》, rev. Edward Hickman (1834; reprint, Edinburgh, Scotland: The Banner of Truth Trust, 1974), vol. 1, 14.

133 김기현,《모든 사람을 위한 성경 묵상법》, p.215-216.

134 강영안,《읽는다는 것》, p.27-28.

135 에드먼드 칼러미,《이것이 기독교인의 묵상이다》, p.30.

136 같은 책, p.29.

137 같은 책, p.29.

138 헨리 나우웬,《탕자의 귀향》, 최종훈 역 (서울: 포이에마, 2016), p.18-41.

139 오대원,《묵상하는 그리스도인》, p.30에서 재인용.

140 Timothy Ward,《*Words of Life: Scripture as the Living and Active Word of God*》(Downers Grove, IL.: InterVarsity Press, 2009), p.48.

141 케네스 D. 보아,《기독교 영성, 그 열두 스펙트럼》, p.165.

142 제임스 패커, 캐롤 나이스트롬, 《제임스 패커의 기도》, 정옥배 역 (서울: IVP, 2008), p.197.

143 클라우스 이슬러, 《주님과 거닐다》, 양혜원 역 (서울: IVP, 2004), p.95.

144 제럴드 싯처, 《하나님의 뜻》, p.147.

145 Arthur W. Pink, 《*Practical Christianity*》 (Grand Rapids: Baker Book House, 1974), p.99.

146 로날드 클럭, 《영혼의 일기》, 오연희 역 (서울: 두란노, 1991), p.9, 23.

7강___묵상의 유익은 하나님의 인도를 받는 삶이다

147 강영안, 《읽는다는 것》, p.196-201.

148 같은 책, p.202.

149 김인철, 《성경은 낭독이다》, p.19.

150 싱클레어 퍼거슨, 《성경, 하나님의 말씀》, 김태곤 역 (서울: 생명의말씀사, 2015), p.222.

151 데이비드 색스톤, 《마음을 위한 하나님의 전투 계획》, 조계광 역 (서울: 개혁된실천사, 2019), p.173-174.

152 싱클레어 퍼거슨, 《성경, 하나님의 말씀》, p.223-224.

153 같은 책, p.224.

154 M. 로버트 멀홀랜드, 《영성 형성을 위한 거룩한 독서》, 최대형 역 (서울: 은성, 2004), p.60.

155 김인환, 《말씀을 붙들면 이긴다》 (서울: 두란노, 2008), p.42.

156 윤종하, 《묵상의 시간》 (서울: 성서유니온, 1983), p.35-36.

157 요한네스 파우쉬, 게르트 뵘, 《검은 양도 기도할 수 있다》, 박해영 역 (서울: 이가서, 2003), p.215-216.

158 찰스 스탠리, 《성령 충만 그 아름다운 삶》, 최원준 역 (서울: 두란노, 1997), p.86-91.

159 지용훈, 《말씀으로 생각을 태우라》, p.131-132.

160 제럴드 싯처, 《하나님의 뜻》, p.115.

161 Charles Simeon, 《*Let Wisdom Judge*》, University Address and Sermon Outlines, ed. Arthur Pollard (Inter-Varsity Fellowship, 1959), p.188-189.

162 김영길, 《은혜와 회복》 (서울: 쿰란출판사, 2018), p.238-241.

8강___묵상의 열매는 적용과 나눔을 통해 변화되는 삶이다

163 이덕주, 《한국교회 처음 이야기》 (서울: 홍성사, 2006), p.104-105.

164 김인철, 《성경은 낭독이다》, p.45.

165 C. S. 루이스, 《순전한 기독교》, 장경철, 이종태 역 (서울: 홍성사, 2001), p.206-207.

166 송인규, 《성경의 적용》 (서울: 부흥과개혁사, 2017), p.30, 36.

167 헨리 나우웬, 《영성 수업》, p.39.

168 릭 워렌, 《릭 워렌과 함께하는 개인 성경 연구》, 김창동 역 (서울: 도서출판 디모데, 2006), p.44에서 약간 변형한 것이다.

169 브루스 월트키, 《구약 신학》, 김귀탁 역 (서울: 부흥과개혁사, 2012), p.252.

170 James K. A. Smith, 《Desiring the Kingdom: Worship, Worldview, and Cultural Formation》 (Grand Rapids: Baker, 2009), p.158. 국내판 《하나님 나라를 욕망하라》 (IVP, 2016)

171 랜돌프 리처즈, 리처드 제임스, 《개인주의를 넘어서는 성경 읽기》, 윤상필 역 (서울: 성서유니온, 2022), p.16, 379.

172 정성국, 《묵상과 해석》 (서울: 성서유니온, 2018), p.94.

173 스캇 맥나이트, 《원, 라이프》, 박세혁 역 (서울: 성서유니온, 2015), p.19.

174 달라스 윌라드, 《마음의 혁신》, 윤종석 역 (서울: 복 있는 사람, 2003), p.308.

175 로완 윌리암스, 《사막의 지혜》, 민경찬, 이민희 역 (서울: 타임교육, 2019, p.30-31.

176 존 스타인벡, 《분노의 포도 2》, 김승욱 역 (서울: 민음사, 2008), p.369-372.

177 리처드 스턴스, 《구멍 난 복음》, 홍종락 역 (서울: 홍성사, 2010), p.13, 39.

178 존 스토트, 《온전한 그리스도인》, 한화룡 역 (서울: IVP, 2014), p.77.

179 옥명호, 《나를 넘어서는 성경묵상》 (서울: 비아토르, 2022), p.255-267.

180 류해욱, 《사랑이 없으면 우린 아무것도 아니라네》 (서울: 바오로딸, 2005), p.82-84.

181 정성국, 《묵상과 해석》, p.93-94.

182 존 애커만, 《들음의 영성》, 양혜란 역 (서울: 포이에마, 2009), p.40.

183 켄 가이어, 《묵상하는 삶》, 윤종석 역 (서울: 두란노, 2000), p.163-164.

184 김기현, 《모든 사람을 위한 성경 묵상법》, p.196-202. 질문과 토론을 포함한 묵상 나눔 모임 진행 매뉴얼이 소개되어 있으므로 참고하기 바란다.

185 조엘 비키, 마이클 리브스, 《청교도, 하나님을 온전히 따르는 삶》, p.277에서 재인용.

186 이동복, 《103동 204호 아파트 교회》 (서울: 샘솟는기쁨, 2021)에서 주일 오후 집중 말씀 묵상식 예배의 모델을 참고할 수 있다.

187 이종화, 《하브루타와 묵상》 (서울: 에쎈에스미디어, 2021)에서 하브루타 토론형 예배 모임의 모델을 참고할 수 있다.